날짜별로 본
오늘의 성경 사건

1월

2월

성경 사건 대기록 ❶

날짜별로 본
오늘의 성경 사건
1월·2월 편

초판발행일 | 2017년 11월 20일

지 은 이 | 노재명
펴 낸 이 | 배수현
디 자 인 | 박수정
홍   보 | 배성령
제   작 | 송재호

펴 낸 곳 | 가나북스 www.gnbooks.co.kr
출 판 등 록 | 제393-2009-12호
전   화 | 031) 408-8811(代)
팩   스 | 031) 501-8811

ISBN 979-11-86562-68-0(03230)

날짜별로 본

오늘의 성경사건

1월·2월편

노재명

'오늘의 성경 사건' 연재를 시작하며...

하나님께서는 아담의 범죄 이후 죄인들을 구원하시기 위한 계획을 세우셨고 여자의 후손을 통해 하나님의 구속역사를 이루셨습니다. 하나님께서는 각 시대 믿음의 사람들을 통해 하나님의 계획을 이루어 오셨고 마침내 여자의 후손으로 오신 예수 그리스도께서는 십자가에서 죽으시고 사흘 만에 부활하심으로 죄인들이 구원받을 수 있는 길을 열어 놓으셨습니다. 이처럼 죄인을 구원하기 위한 하나님의 구속역사와 그중심에서 구원의 길을 여신 예수 그리스도에 대한 복음은 '성경'이라는 특별 계시를 통해 현재의 우리들에게 전달되었습니다. 그런데 하나님의 구속역사를 담고 있는 성경은 현대를 사는 우리들과 시대적, 공간적, 역사적 그리고 사회-문화적 환경이 다른 상태로 기록되었기에 성경을 통해 하나님의 계시를 깨닫기 위해서는 '성경 배경의 이해'를 통한 성경 읽기가 필요합니다.

매일 한 사건씩 살펴보게 될 '오늘의 성경 사건'을 통한 매일 성경 연구는 우리 시대의 개념이 아닌 하나님의 구속역사가 일어난 시대와 공간 그리고 사회 문화적 배경을 이해할 수 있는 정보를 제공하며 다음과 같은 방법으로 성경 사건을 이해하도록 할 것입니다.

첫째, 오늘 날짜의 성경 사건을 병렬로 제시하여 하루에 성경 속 여러 사건을 빠르게 이해할 수 있도록 하겠습니다.

　고대 각 나라의 월력체계가 달랐고, 성경에 나타나는 월력체계가 현대의 서기력 체계와도 달랐지만(차후 설명) 매일 한 사건씩 날짜 별로 하나님의 구속역사를 살펴보겠습니다. 이제 '오늘의 성경 사건'을 통해 하루하루의 삶이 하나님의 구원 계획을 처음부터 자세히 살펴보고 전체적으로 하나님께서 역사하셨던 사건들을 이해할 수 있도록 하겠습니다. 또한 지금 우리 자신이 하나님의 구속사의 과정에서 어느 지점쯤에 서 있는지, 자신의 위치와 사명을 매일매일 발견할 수 있기를 소망합니다.

　둘째, 역사의 현장에서 당시의 배경을 이해하고 성경 본문을 연구할 수 있도록 시간적(역사적), 공간적(지리적), 사회 문화적 배경 요소들을 제공하겠습니다.

　성경이 하나님의 구속역사가 진행되는 과정에서 믿음의 선배들에게 하나님의 내언약이 주어지고 믿음의 선배들의 공시적 삶을 통시적(삶, 역사를 관통하여) 관점에서 하나님의 언약과 관련된 내용을 기술하고 있기에 각 시대, 각 사건의 공시적 현장 이해가 아주 중요합니다. 공시적 현장 이해를 통해 성경을 연구하고 이해하면, 첫 번째 성경에 기록된 사건은 허구나 소설이 아니라 분명히 지구상에서 역사적으로 발생했던 사건이었음을 인정하게 되고, 두 번째 그 시대와 장소, 당시의 배경적 요소들을 생각하고 성경 본문을 이해함으로 성경을 기록하게 하신 원저자인 하나님의 참뜻을 알 수 있습니다.

셋째, 성경에 나타난 사건들들 중 역사를 관통해서 이해해야 하는 사건들을 살펴보고 하나님의 구속역사가 어떻게 진행되었는지 이해할 수 있도록 하겠습니다.

각 시대의 성경 저자들은 사건에 등장하는 사람들의 모든 삶을 다 기록한 것이 아닙니다. 후대의 저자는 하나님의 내언약과 관련된 믿음의 선배들의 삶을 선별하거나 하나님의 내언약이 주어졌으나(만났으나) 떠났던 사람들의 삶을 하나님의 구속사적 관점에서 기록하고 있습니다. 예를 들어 창세기는 족장들의 삶 가운데 하나님의 언약과 관련된 삶들을 선별하여 기록하고 있고 출애굽기는 이스라엘 백성들의 삶 가운데 하나님의 언약과 관련된 삶들을 선별하여 기록하고 있고 약속의 땅에 들어가서 하나님의 횃불 언약을 이루는 삶을 살았으나 사사 시대에는 하나님의 언약을 떠나서 살 때 일어나는 삶들을 선별하여 기록하고 있고 사무엘서, 열왕기서, 역대기서는 모든 왕들의 이야기를 담고 있는 것 같지만 하나님의 언약과 관련된 왕들의 삶과 기록을 선별하여 기록하고 있습니다.

선별되어 기록된 사건들은 역사를 통해 보면 하나님께서 어떻게 구속역사를 진행시켜 오셨는지 깨달을 수 있게 합니다. 각 시대 믿음의 선배들의 공시적 삶들을 역사를 통해 이해하는 통시적 관점을 적용하여 연구하면 성경을 기록하게 하신 원저자인 하나님의 참뜻을 알 수 있습니다.

이제 하나님의 구속역사를 기록한 '오늘의 성경 사건'을 매일 한 사건씩 살펴보는 형식으로 진행하려고 합니다. 성경 속 사건이 없는 날에는 앞 사건과 관련된 내용들을 계속해서 연재하거나 기독교 절기에 맞춘 주제 그리고 한 인물들의 삶을 연재하는 형식으로 살펴보겠습니다.

믿음의 동역자 여러분!
오늘 하루도 광야에서 매일 주셨던 만나를 통해 하나님의 살아 계심과 함께 하시며 역사하셨던 것을 깨달았던 광야 세대처럼 '성경 속 오늘 사건'을 통해 매일 성경 속 사건을 살펴보고 우리의 삶에 동행하시는 하나님을 고백하며 하나님의 구속사를 우리의 삶 가운데 드러내고 전하시는 복음의 전도자가 되시길 기도합니다.

하루도 빠짐없이 매일 '오늘의 성경 사건'을 2년째 연구해 왔고
시간이 허락하는 한 계속해서 성경 본문을 연구해 하나님의 뜻을 찾는

노 재 명 목사 드림

•
•
•

1월의
성경 사건

1일

이스라엘 자손의
월력체계를 바꾸신 하나님(출 12:2)

오늘 날짜가 언급된 성경 사건은 다음과 같습니다.

사건 1   노아 601년 제1월 1일 땅 위에 물이 마름(창 8:13-14)
        땅이 완전히 말라 제2월 27일에 방주를 나오기까지 방주에 머무름

사건 2   히나님께서 애굽 땅에 머무는 이스라엘 백성에게 월력의 시작, 1년 정월 1
        일을 명하심(출 12:2)

사건 3   출애굽 2년 정월 1일 성막을 세움(출 40:2, 17)

사건 4   모세가 하나님의 말씀대로 출애굽 2년 제1월 1일부터 7일까지 아론과 그의
        아들들의 위임식을 거행함(출 40:1, 12-13; 레 8:1-29)

사건 5   히스기야 즉위 제1월 1일 성전을 거룩하게 하기 시작함(대하 29:17)

사건 6   주전 458년 아닥사스다 7년 2차 포로 귀환 시 제1월 1일에 바벨론에서 길
        을 떠나 제5월 1일에 예루살렘에 도착함(스 7:9)

사건 7   바벨론에서 2차로 포로 귀환한 후 에스라가 이방 여자들을 아내로 맞아 죄
        를 지은 사람들을 제10월 1일(주전 458. 12. 29)부터 조사를 시작하여 제1월
        1일(주전 457. 3. 26)에 마침(스 10:15-17)

사건 8   바벨론 포로 27년 정월 1일에 여호와의 말씀이 에스겔 선지자에게 임함(겔
        29:17)

사건 9   정월 첫날 흠 없는 수송아지를 골라 성소를 정결케 해야 함(겔 45:18-20)

오늘(제1월 1일) 날짜에 일어난 성경 사건은 많이 있습니다. 오늘은 성경 속 1월 1일 사건 중 430년 동안 애굽에 머물던 이스라엘 백성에게 나타나신 하나님께서 그들의 삶의 시간(월력체계)을 바꾸신 사건을 살펴보겠습니다.

הַחֹדֶשׁ הַזֶּה לָכֶם רֹאשׁ חֳדָשִׁים
רִאשׁוֹן הוּא לָכֶם לְחָדְשֵׁי הַשָּׁנָה:

'하호데쉬 하제 라켐 로쉬 호다쉼^ 리숀 후 라켐 레호드쉐 하샤나' (출 12:2)

출애굽기 12:2을 직역하면 **"이 달은 너희에게 달들의 머리(시작)이다. 그것은 너희들에게 그 해의 첫 달(1월 1일)이다"**입니다. 두 개의 '명사 문장'*으로 이루어진 하나님의 선언은 이스라엘 자손들이 애굽에서 쓰던 월력체계가 아니라, 하나님의 언약 백성으로 살아갈 수 있도록 새로운 월력체계를 쓰게 하신 것입니다. 하나님께서 그들의 조상 아브라함, 이삭, 야곱에게 약속하셨던 정하신 시간이 되었기에 이스라엘 백성은 이제 애굽에서 종으로서 사는 것이 아니라, 하나님의 약속을 이룰 당사자로서 하나님의 시간 속에 살아야 한다는 정의를 내리는 것입니다. 이스라엘 백성은 하나님의 말씀에 고백적 순종으로 뜻을 완성해야 했습니다.

고대 애굽은 해마다 일정한 시기에 나일강이 범람하는 것을 알았고 태양이 아닌 시리우스 별을 기준하여 1년의 월력체계를 만들어 사용했습니다. 애굽인들이 만든 월력 체계는 1년을 세 시기인 범람기('아케트', Akhet, 현재의 6월 중순~10월 중순), 성장기('페레트', Peret, 현재의 10월 중순~2월 중순), **수확기**('쉐무',

---

* 히브리어의 명사 문장은 동사가 없는 문장으로 정의, 선언, 상황설명에 쓰인다.

Shemu, 현재의 2월 중순~6월 중순)로 구분됩니다. 아프리카 중부지역에 비가 내리기 시작하면 나일강이 범람하여 농사를 지을 수 없었는데 이때 바로는 백성들에게 품삯을 주고 피라미드를 건축하게 했습니다. 이후 나일강에서 물이 빠지면 본격적으로 씨를 뿌렸고 비옥한 땅이었기에 곡식들은 잘 자랐는데 이때가 성장기입니다. 그리고 곡식이 익고 나면 수확하여 거두는 때가 되었는데 1년의 끝과 시작이 현대력 6월 중순경이었습니다.

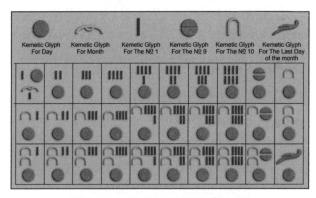

한 주가 10일로 이루어진 고대 애굽의 월력 시스템

애굽 사람들이 사용한 1년은 12개의 달로 구성되었습니다. 한 달은 3주, 30일, 한 주는 10일로 구성된 체계의 월력을 사용했습니다. 1년이 지나면 5일이 남게 되는데 이것은 따로 5일을 붙여 사용했고 1년이 약 365.25일인 것을 알고 있었지만 윤일을 넣어 윤달을 만들지 않고 농사와 축제일에 관련한 날짜를 변경해 맞추었습니다.

430년 동안 애굽에 머물며 애굽의 월력체계를 사용했던 이스라엘 백성은 이제 애굽의 시간이 아니라 하나님께서 바꾸어주신 날짜를 기억하고 사용해야 했습니다. 현대 사회처럼 시계나 스마트폰 등 날짜를 알려줄 다른 무엇인가가 없기에 하루하루를 기억해야 했습니다. 왜냐하면 하나님께서는 월력체계를 바꾸신 후, 바로 첫째 달 10일에 어린 양을 준비하라고 명령하셨기 때문입니다. 바뀐 월력 체계로 하루하루 기억하지 않으면 첫 번째 달 10일을 기억할 수 없었고 어린 양도 준비할 수 없었으며 유월절을 지키지도 못했을 것입니다.

> 이 달을 너희에게 달의 시작 곧 해의 첫 달이 되게 하고(출 12:2) 너희는 이스라엘 온 회중에게 말하여 이르라 이 달 열흘에 너희 각자가 어린 양을 잡을지니 각 가족대로 그 식구를 위하여 어린 양을 취하되(출 12:3) 그 어린 양에 대하여 식구가 너무 적으면 그 집의 이웃과 함께 사람 수를 따라서 하나를 잡고 각 사람이 먹을 수 있는 분량에 따라서 너희 어린 양을 계산할 것이며(출 12:4) 너희 어린 양은 흠 없고 일 년 된 수컷으로 하되 양이나 염소 중에서 취하고(출 12:5) 이 달 열 나흘날까지 간직하였다가 해 질 때에 이스라엘 회중이 그 양을 잡고(출 12:6)

하나님께서 월력체계를 바꾸신 때는 애굽력으로 하면 성장기('페레트', Peret, 현재의 10월 중순~2월 중순)의 끝이었습니다. 월력체계를 바꾸시고 15일이 되었을 때 출애굽 하게 하셨는데 이때 푸른 보리 이삭이 보였습니다. 황토색(메마른 땅)이었던 땅에 푸른 보리 이삭이 넘실거리는 풍경을 본 사람은 아마도 그 장면을 잊을 수 없을 것입니다. 아마도 하나님께서는 이때 출애굽 하게 하셔서 이스라엘 백성이 출애굽 하게 하신 하나님을 영원토록 자손 대대로 잊지 않고 기억하게 하시려 하셨을 것입니다. 출애굽 한 이스라엘 자손들은 약속의 땅에 들어가서도 푸른 보리 이삭이 보이게 되면 하나님께서 정하신 유월절과 무교절을 지키기 위해 준비하고 자신들의 조상들을 애굽에서 구원하신 하나님을 기억해야 했습니다.

성도 여러분!
400년간 괴롭힘을 당하리라고 아브람에게 말씀하셨던 횃불 언약의

황토색과 초록색이 정확하게 구분되는 나일 강가의 경작지와 주변 땅

기간이 끝나는 시점에서 이스라엘 백성에게 선언된 **"이 달은 너희에게 달의 시작이다. 그것은 너희들에게 그 해의 첫 달(1월 1일)이다"**라는 말씀은 이 시대 모든 믿는 자들에게도 동일하게 적용된다는 것을 기억합시다. 내가 예수를 그리스도라 고백하고 신앙생활을 한다면 하나님의 시간 체계로 살아가야 합니다. 어쩔 수 없이 세상의 시간 체계로 살 수밖에 없다고 하는 것은 핑계일 것입니다. 세상과 떨어져 살 수 없다고 하더라도 하나님의 시간 체계를 인정하고 살아가려고 한다면 분명히 하나님께서는 방법을 열어 주실 것입니다. 오늘도 하나님의 시간 속에서 하나님의 구속사를 이루기 위해 맡겨주신 직분을 잘 감당하는 하루가 되시길 기도합니다.

날짜 별 연구 활용 TIP

'365일 매일 성경공부'를 통해 성경에 사용된 월력체계를 먼저 공부하시려면 짝수달(4, 6, 8, 10, 12월) 30일과 31일이 있는 달(1, 3, 5, 7, 8, 9, 11, 12월)의 31일자 내용을 보시면 성경에 나타난 월력체계만 미리 공부하여 체계를 잡으실 수 있습니다.

출애굽 2년 제1월 1일 모세가 성막을 세움

오늘 날짜가 언급된 성경 사건은 없고, 다음은 오늘 날짜가 포함된 사건입니다.

사건 1 노아 601년 제1월 1일 땅 위에 물이 마른 지 2일째로 땅이 완전히 말라 제2월 27일에 방주를 나오기까지 방주에 머무름

사건 2 하나님께서 애굽 땅에 머무는 이스라엘 백성에게 월력체계를 바꾸어 주신 2일째(1월 1일 이스라엘 자손의 월력체계를 바꾸신 하나님 참조)

사건 3 모세가 하나님의 말씀대로 출애굽 2년 제1월 1일부터 7일까지 아론과 그의 아들들의 위임식을 거행하는 2일째(출 40:1, 12-13; 레 8:1-29)

사건 4 히스기야 첫해 제1월 1일 성전 거룩케 하기 시작한 후 2일째(대하 29:17)

사건 5 주전 458년 2차 포로 귀환 시 제1월 1일 바벨론을 떠난 후 2일째(스 7:9)

오늘은 성경 속 1월 1일 사건 중 출애굽 2년 정월 1일에 성막을 세운 사건을 살펴보겠습니다.

여호와께서는 모세에게 "너는 첫째 달 초하루에 성막 곧 회막을 세우고 (2) 또 증거궤를 들여놓고 또 휘장으로 그 궤를 가리고(3) 또 상을 들여놓고 그 위에 물품을 진설하고 등잔대를 들여놓아 불을 켜고(4) 또 금 향단을 증거궤 앞에 두고 성막 문에 휘장을 달고(5) 또 번제단을 회막의 성막 문 앞에 놓고(6) 또 물두멍을 회막과 제단 사이에 놓고 그 속에 물을 담고(7)

또 뜰 주위에 포장을 치고 뜰 문에 휘장을 달고(8) 또 관유를 가져다가 성막과 그 안에 있는 모든 것에 발라 그것과 그 모든 기구를 거룩하게 하라 그것이 거룩하리라(9) 너는 또 번제단과 그 모든 기구에 발라 그 안을 거룩하게 하라 그 제단이 지극히 거룩하리라(10) 너는 또 물두멍과 그 받침에 발라 거룩하게 하고(11) 너는 또 아론과 그 아들들을 회막 문으로 데려다가 물로 씻기고(12) 아론에게 거룩한 옷을 입히고 그에게 기름을 부어 거룩하게 하여 그가 내게 제사장의 직분을 행하게 하라(13) 너는 또 그 아들들을 데려다가 그들에게 겉옷을 입히고(14) 그 아버지에게 기름을 부음 같이 그들에게도 부어서 그들이 내게 제사장의 직분을 행하게 하라 그들이 기름 부음을 받았은즉 대대로 영영히 제사장이 되리라"(출 40:2-15)고 명령하셨습니다.

하나님께서 모세에게 말씀하실 때 제일 먼저 하신 말씀이 "첫 달의 날에, 그달의 첫날에"로 성막을 세우는 날짜를 강조하여 지정하셨습니다. 아마도 둘째 해 첫 달 첫날이 되기 전 명령하셨을 것인데 모세는 명령하신 그날짜에 맞추어 성막의 모든 기구를 만들도록 했습니다.

⊘ 하나님께서 명하신 회막을 세우고 성물을 들여놓는 순서

① 증거궤를 지성소에 들인다.
② 휘장으로 궤를 가린다.
③ 진설병 상을 들이고 물품을 진설한다.
④ 금등대를 들여놓고 불을 켠다.
⑤ 분향단을 증거궤 앞에 둔다.
⑥ 성막 문에 휘장을 단다.
⑦ 번제단을 회막의 성막 문 앞에 둔다.
⑧ 물두멍을 회막과 제단 사이에 두고 그 속에 물을 담는다.
⑨ 뜰 주위에 포장을 치고 뜰 문에 휘장을 단다.
⑩ 관유를 가져다 성막과 그 안의 모든 것에 발라 모든 기구를 거룩

하게 한다.

⑪ 물두멍과 그 받침에 기름을 발라 거룩하게 한다.

⑫ 아론과 그 아들들을 회막 문으로 데려다가 물로 씻긴다.

⑬ 아론에게 거룩한 옷을 입히고 그에게 기름을 부어 거룩하게 하여 그가 제사장 직분을 행하게 한다.

⑭ 아론의 아들들을 데려다가 겉옷을 입히고 기름을 부어 제사장 직분을 행하게 한다.

모세는 출애굽 둘째 해 첫째 곧 그달 초하루에 성막을 세우고 하나님께서 명하신 순서대로 다 준행했습니다(출 40:16-34). 모세는 자신이 하나님께서 말씀하신 대로 준행한 것을 기록함에 있어 1번의 **"그에게 여호와께서 명하신 대로"**('아쉐르 치바 아도나이 오토')와 7번의 **"여호와께서 모세에게 명하신 대로"**('카아쉐르 치바 아도나이 에트-모세', 출 40:19, 21, 23, 25, 27, 29, 32)를 써서 강조하고 있습니다.

אֲשֶׁר צִוָּה יְהוָה אֹתוֹ & כַּאֲשֶׁר צִוָּה יְהוָה אֶת־מֹשֶׁה
'카아쉐르 치바 아도나이 에트-모세'　　'아쉐르 치바 아도나이 오토'

모세는 모든 것을 마치고 번제단에서 번제와 소제를 그 위에 드렸습니다(출 40:29). 모세가 하나님께서 명령하신 대로 모든 것을 준행했을 때 구름이 회막에 덮이고 여호와의 영광이 성막에 충만했는데(출 40:34) 이로 인해 모세는 회막에 들어갈 수 없었습니다(출 40:35).

또 회막의 성막 문 앞에 번제단을 두고 번제와 소제를 그 위에 드리니 여호와께서 모세에게 명령하신 대로 되니라(출 40:29)

구름이 회막에 덮이고 여호와의 영광이 성막에 충만하매(출 40:34) 모세가 회막에 들

이스라엘 팀나 국립공원에 있는 성막 모형

어갈 수 없었으니 이는 구름이 회막 위에 덮이고 여호와의 영광이 성막에 충만함이었으며(출 40:35)

회막을 세운 후 회막에 덮였던 구름이 떠오를 때 이스라엘 자손이 그모든 행진하는 길에 앞으로 나아갔고 구름이 떠오르지 않을 때에는 떠오르는 날까지 머물렀습니다(출 40:36-37). 성막을 세운 후 낮에는 여호와의 구름이 성막 위에 있었고 밤에는 불 기둥이 그 구름 가운데 있음을 이스라엘 온 족속이 그 모든 행진하는 길에서 그들의 눈으로 보았습니다(출 40:38).

구름이 성막 위에서 떠오를 때에는 이스라엘 자손이 그 모든 행진하는 길에 앞으로 나아갔고(출 40:36) **구름이 떠오르지 않을 때에는 떠오르는 날까지 나아가지 아니하였으며**(출 40:37) **낮에는 여호와의 구름이 성막 위에 있고 밤에는 불이 그 구름 가운데에 있음을 이스라엘의 온 족속이 그 모든 행진하는 길에서 그들의 눈으로 보았더라**(출 40:38)

성도 여러분!

출애굽 한 후 2년 제1월 1일에 하나님께서 명하신 대로 성막을 세웠을 때 믿음이 없는 자들이나 불평하던 자들이나 섞여 살던 모든 사람들이 구름이 덮이고 영광이 성막에 충만하게 한 하나님의 임재를 경험했습니다. 아마도 이 순간만큼은 믿지 못함이나 불평은 없었을 것입니다. 그리고 낮에는 여호와의 구름이 밤에는 불이 구름 가운데 있어 항상 광야의 백성들과 함께 했습니다. 그러나 처음에는 구름 기둥과 불 기둥의 존재를 기억하고 하나님의 함께 하심을 느끼며 광야를 걸었지만 얼마 가지 못해 불평과 불만, 믿음 없는 소리가 다시 들렸음을 기억합시다. 오늘도 매일매일 나와 함께 하시는 하나님의 임재를 체험하고 매일 똑같이 함께하시는 것이 일상이 되어 함께 하심도 잊어버리는 삶이 되지 않도록 기억하며 나에게 맡겨 주신 직분을 잘 감당하는 하루가 되시길 기도합니다.

3일

모세가 아론과
그의 아들들에게
위임식을 행함(출 40:1, 12-13; 레 8:1-29)

오늘 날짜가 언급된 성경 사건은 없고, 다음은 오늘 날짜가 포함된 사건입니다.

사건 1   노아 601년 제1월 1일 땅 위에 물이 마른 지 3일째로 땅이 완전히 말라 제2월 27일에 방주를 나오기까지 방주에 머무름

사건 2   하나님께서 애굽 땅에 머무는 이스라엘 백성에게 월력체계를 바꾸어 주신 3일째(1월 1일 이스라엘 자손의 월력체계를 바꾸신 하나님 참조)

사건 3   모세가 하나님의 말씀대로 출애굽 2년 제1월 1일부터 7일까지 아론과 그의 아들들의 위임식을 거행하는 3일째(출 40:1, 12-13; 레 8:1-29)

사건 4   히스기야 첫해 제1월 1일 성전 거룩케 하기 시작한 후 3일째(대하 29:17)

사건 5   주전 458년 2차 포로 귀환 시 제1월 1일 바벨론을 떠난 후 3일째(스 7:9)

성막은 출애굽 2년 제1월 1일에 여호와 하나님의 명령대로 세워졌습니다(출 40:2, 17). 그리고 하나님께서는 아론을 구별하여 대제사장으로 삼으셨고 그의 아들들을 구별하여 제사장 직분을 행하게 하셨습니다. 이 의식은 7일 동안 진행되었는데 레위기 8장에 자세하게 기록되어 있습니다(레 8:33). 모세가 아론과 그의 아들들을 택해 대제사장과 제사장을 삼아 여호와 앞에 제사를 드릴 수 있도록 성결케 한 사건을 살펴보겠습니다.

❶ 온 회중 앞에서 모세를 통해 아론과 그의 아들들에게 직분을 주심

여호와께서는 모세를 불러 "너는 아론과 그의 아들들과 함께 그 의복과 관유와 속죄제의 수송아지와 숫양 두 마리와 무교병 한 광주리를 가지고(2) 온 회중을 회막 문에 모으라"(레 8:2-3)고 말씀하셨습니다(레 8:1-3). 여호와의 말씀 중 3절은 어순 도치되어 목적어인 "온 회중을"이 강조되었습니다. 하나님께서는 '온 회중' 앞에서 모세를 통해 아론과 그의 아들들에게 대제사장과 제사장의 위임식을 행하게 하셨습니다. 모세는 회중이 회막 문에 모였을 때 여호와께서 행하라고 명령하신 것을 말하고 그대로 준행했습니다(레 8:4-5).

❷ 하나님의 명령대로 진행된 위임식   ※ 파란색은 원어문장에서 강조되고 있는 내용

① 아론과 그의 아들들을 물로 씻김(레 8:6)

② 아론에게 속옷을 입히며 띠를 띠우고 겉옷을 입히며 에봇을 걸쳐 입히고 에봇의 장식 띠를 띠워서 에봇을 몸에 매고(레 8:7) 흉패를 붙이고 흉패에 우림과 둠밈을 넣고(레 8:8) 그의 머리에 관을 씌우고 그 관 위 전면에 금패를 붙임(레 8:9)

모든 것을 착용한 대제사장의 모습
by The Temple in Jerusalem

③ 관유로 성소 안의 기구에 기름을 발라 거룩하게 한 후 관유를 아론의 머리에 붓고 그에게 발라 거룩하게 함(레 8:12)

④ 아론의 아들들을 데려다가 그들에게 속옷을 입히고 띠를 띠우며 관을 씌움(레 8:13)

⑤ 속죄제의 수송아지를 끌어오니 아론과 그의 아들들이 그 속죄제의

수송아지 머리에 안수하고(레 8:14) 모세가 잡고 그 피를 가져다가 손
가락으로 그 피를 제단의 네 귀퉁이 뿔에 발라 제단을 깨끗하게 하고
그 피는(강조) 제단 밑에 쏟아 제단을 속하여 거룩하게 함(레 8:15)

⑥ 내장에 덮인 모든 기름과 간 꺼풀과 두 콩팥과 그 기름을 가져다가
모세가 제단 위에 불사름(레 8:16)

⑦ 그 수송아지 곧 그 가죽과 고기와 똥은(강조) 진영 밖에서 불사름(레 8:17)

⑧ 번제의 숫양을 드릴 때 아론과 그의 아들들이 그 숫양의 머리에 안수
함(레 8:18)

⑨ 모세가 숫양을 잡아 그 피를 제단 사방에 뿌림(레 8:19)

⑩ 숫양의(강조, 숫양을) 각을 뜨고 모세가 그 머리와 각 뜬 것과 기름을 불사
름(레 8:20)

⑪ 물로 내장과 정강이들을(강조) 씻고 그 숫양의 전부를 제단 위에서 여호와
께 뜨리는 화제로 불사름(레 8:21)

⑫ 다른 숫양 곧 위임식의 숫양을 취해 아론과 그의 아들들이 그 숫양의
머리에 안수함(레 8:22)

⑬ 모세가 숫양을 잡은 후 그 피를 가져다가 아론의 오른쪽 귓부리와 그
의 오른쪽 엄지손가락과 그의 오른쪽 엄지발가락에 바름(레 8:23)

⑭ 아론의 아들들을 데려다가 모세가 그 오른쪽 귓부리와 그들의 손의
오른쪽 엄지손가락과 그들의 발의 오른쪽 엄지발가락에 그 피를 바
르고 또 모세가 그 피를 제단 사방에 뿌림(레 8:24)

⑮ 모세가 숫양의 기름과 기름진 꼬리와 내장에 덮인 모든 기름과 간 꺼
풀과 두 콩팥과 그 기름과 오른쪽 뒷다리를 떼어내고(레 8:25) 여호와 앞
무교병 광주리에서(강조, 무교병들:복수) 무교병 한 개와 기름 섞은 떡 한 개와
전병 한 개를 가져다가 그 기름 위와 오른쪽 뒷다리 위에 놓고(레 8:26)
그 전부를 아론의 손과 그의 아들들의 손에 두어 여호와 앞에 흔들어

요제를 삼게 함(레 8:27)

⑯ 모세가 그것을 그들의 손에
서 가져다가 여호와께 드리
는 화제로 제단 위에 있는
번제물 위에 불사름(레 8:28)

⑰ 모세가 위임식에서 잡은 모
세의 몫인 숫양의 가슴을 가

위임식 재현 모습 by www.lds.org

져다가 여호와 앞에 흔들어 요제를 드림(레 8:29)

⑱ 모세가 관유와 제단 위의 피를 가져다가 아론과 그의 옷과 그의 아들
들과 그의 아들들의 옷에 뿌려서 아론과 그의 옷과 그의 아들들과 그
의 아들들의 옷을 거룩하게 함(레 8:30)

⑲ 모세가 아론과 그의 아들들에게 "내게 이미 명령하시기를 아론과 그
의 아들들은 먹으라 하셨은즉 너희는 회막 문에서 그 고기를 삶아 위
임식 광주리 안의 떡과 아울러 그곳에서 먹고(레 8:31) **고기와 떡의 나머지**
는 불(강조)사를지며(레 8:32) 위임식은 이레 동안 행하나니 위임식이 끝
나는 날까지 이레 동안은 **회막 문에**(강조) 나가지 말라(레 8:33) **오늘 행한 것**
은(강조) 여호와께서 너희를 위하여 속죄하게 하시려고 명령하신 것이
니(레 8:34) 너희는 칠 주야를 회막 문에 머물면서 여호와께서 지키라
고 하신 것을 지키라 그리하면 사망을 면하리라 내가 이같이 명령을
받았느니라(레 8:35)"라고 말함(레 8:31-35)

모세는 여호와 하나님께서 명령하신 말씀하신 대로 아론과 그의 아들
들에게 모든 일을 준행했습니다(레 8:36). 위임식이 진행된 후 아론과 그
의 아들들은 대제사장과 제사장으로서 행해야 할 직분에 대해 7일(출애굽
2년 제1월 1-7일) 동안 순종함으로 배워야 했습니다. 이 수습기간 동안 아론
의 두 아들 나답과 아비후가 하나님께서 정하신 불이 아닌 다른 불로 제

사를 드리다가 죽게 됩니다(레 10:1-2).

> 아론의 아들 나답과 아비후가 각기 향로를 가져다가 여호와께서 명령하시지 아니하
> 신 다른 불을 담아 여호와 앞에 분향하였더니(레 10:1) 불이 여호와 앞에서 나와 그들
> 을 삼키매 그들이 여호와 앞에서 죽은지라(레 10:2)

성도 여러분!

하나님의 언약공동체(교회)에서 주어지는 직분은 하나님께서 주신 직분임을 잊지 맙시다. 그리고 하나님의 직분을 감당할 때에는 내 생각이나 경험, 내가 편한 대로 일하는 것이 아니라 하나님께서 지정하신 방법과 절차에 순종해야 한다는 것을 잊지 맙시다. 오늘도 새로운 1년을 시작하며 새롭게 받은 직분이 있다면 다시 한번 그 직분의 성격과 감당해야 할 일이 무엇인지 정확히 알고 충성을 다짐하며 순종하는 하루가 되시길 기도합니다.

유다 왕 아하스의
거꾸로 가는 종교개혁

제
1
월

오늘 날짜가 언급된 성경 사건은 없고, 다음은 오늘 날짜가 포함된 사건입니다.

사건 1 노아 601년 제1월 1일 땅 위에 물이 마른 지 4일째로 땅이 완전히 말라 제 2월 27일에 방주를 나오기까지 방주에 머무름

사건 2 하나님께서 애굽 땅에 머무는 이스라엘 백성에게 월력체계를 바꾸어 주신 4 일째(1월 1일 이스라엘 자손의 월력체계를 바꾸신 하나님 참조)

사건 3 모세가 하나님의 말씀대로 출애굽 2년 제1월 1일부터 7일까지 아론과 그의 아들들의 위임식을 거행하는 4일째(출 40:1, 12-13; 레 8:1-29, 제1월 3일 모세가 아론과 그의 아들들에게 위임식을 행함 참조)

사건 4 히스기야 첫해 제1월 1일 성전 거룩케 하기 시작한 후 4일째(대하 29:17)

사건 5 주전 458년 2차 포로 귀환 시 제1월 1일 바벨론을 떠난 후 4일째(스 7:9)

오늘은 히스기야 왕이 즉위한 후 첫해 제1월 1일부터 성전을 거룩하게 했던 4일째 날입니다. 히스기야 왕이 16일 동안(대하 29:17) 성전을 청결케 할 수밖에 없었던 것은 그의 아버지 아하스 왕이 여호와 하나님을 떠나 악한 길로 행했기 때문입니다. 오늘은 아하스가 어떤 잘못을 했기에 히스기야 왕이 즉위해서 제일 먼저 성전을 청결케 했는지 살펴보겠습니다.

날짜별로 본 오늘의 성경 사건 29

첫째 달 초하루에 성결하게 하기를 시작하여 그 달 초팔일에 여호와의 낭실에 이르고 또 팔 일 동안 여호와의 전을 성결하게 하여 첫째 달 십육 일에 이르러 마치고 (대하 29:17)

요담의 아들 아하스는 남유다의 12대 왕으로 20세에 왕이 되어 16년(주전 731-715년) 동안 통치했습니다. 그의 통치에 대한 평가를 보면 그는 다윗왕 같이 여호와 하나님 보시기에 정직하게 행하지 않고(왕하 16:2) 이스라엘 여러 왕의 길로 행하며 여호와께서 이스라엘 자손 앞에서 쫓아내신 이방 사람의 가증한 일을 따라 자기 아들을 불 가운데로 지나가게 했고 산당들과 작은 산 위와 모든 푸른 나무 아래에서 제사드리고 분향했습니다. 이때 아람 왕 르신과 이스라엘 왕 베가가 예루살렘으로 올라와 싸우려고 성을 포위했지만 이기지는 못했습니다. 하지만 아람 왕 르신은 유다가 다스리던 엘랏을 손에 넣었고 아람 사람이 거주하게 했습니다(왕하 16:5-6).

문제는 아하스 왕이 전쟁을 만났을 때 하나님께 구하지 않고 앗수르왕 디글랏 빌레셀을 의지했다는 것입니다. 아하스 왕은 여호와의 성전과 왕궁 곳간에 있는 은금을 디글랏 빌레셀에게 예물로 보내며 "나는 왕의 신복이요 아들이라 이제 아람 왕과 이스라엘 왕이 나를 치니 청하건대 올라와 그 손에서 나를 구원하소서"라고 말하며 도움을 청했습니다(왕하 16:7-8). 이에 앗수르 왕은 그의 청을 듣고 아람의 수도 다메섹을 점령하고 그 백성을 사로잡아 가고 르신 왕을 죽였습니다. 이것으로 끝났으면 되었을 것을 아하스 왕은 디글랏 빌레셀을 만나기 위해 다메섹으로 거기 있는 제단을 보고 그 제단의 구조와 제도의 양식을 그려 제사장 우리야에게 보내 제단을 만들게 한 것이 하나님 앞에 더 큰 죄가 되었습니다(왕하 16:9-11).

아하스 왕은 다메섹에서 돌아와 새롭게 만든 제단을 보고 제단 앞에 나가 그 위에 자기의 번제물과 소제물을 불사르고 전제물을 붓고 수은제 짐승의 피를 제단에 뿌렸습니다. 그리고 여호와의 앞 곧 성전 앞에 있던 놋 제단을 새 제단과 여호와의 성전 사이에서 옮겨다가 그 제단 북쪽에 두었습니다(왕하 16:13-14). 아하스 왕은 제사장 우리야에게 "아침 번제물과 저녁 소제물과 왕의 번제물과 그 소제물과 모든 국민의 번제물과 그 소제물과 전제물을 다 이 큰 제단 위에 불사르고 또 번제물의 피와 다른 제물의 피를 다 그 위에 뿌리라 오직 놋 제단은 내가 주께 여쭐 일에만 쓰게 하라"라고 말했고 제사장 우리야는 왕의 명령대로 행했습니다(왕하 16:15-16). 아하스 왕은 여호와 하나님의 제단을 완전히 없앤 것이 아니라 자신이 여쭐 일이 있을 때 쓰기 위해 남겨두라고 했는데 여러 신을 섬기며 필요할 때 여호와 하나님을 찾겠다는 심산이었습니다. 더 나아가 아하스 왕은 거꾸로 가는 종교개혁을 했는데 물두멍 받침의 옆판을 떼어내고 받침대 위에서 물두멍을 떼어 내었고 놋소들이 받치고 있던 바다를 끌어내려 돌바닥 위에 두었으며 안식일에 쓰기 위해 성전에 만든 통로와 왕이 밖에서 들어갈 때 사용하는 입구를 앗수르 왕 때문에 여호와의 성전에서 옮겨 놓았습니다(왕하 16:17-18).

솔로몬 성전 상상도
아하스 왕은 새로운 제단을 만든 후 원래 제단을 북쪽으로 옮겼고 물두멍을 분리해 돌 위에 두었다.

바벨론 포로가 시작된 후에 기록된 역대기 저자의 아하스 왕에 대한 평가를 보면 열왕기하의 내용보다 더 자세한 내용이 서술되어 있습니다. 아하스 왕은 바알들의 우상을 부어 만들었고(대하 28:2), 힌놈의 아들 골짜기에서 분향하고 그의 아들들을 불살랐습니다(대하 28:3). 열왕기하에는 우상의 이름(바알), 장소(힌놈의 아들 골짜기)가 언급되지 않고 불 가운데 지나간 아들이 단수로 기록되었는데 역대기에는 '그의 아들들을'('에트-바나브', אֶת־בָּנָיו)로 복수가 쓰였습니다. 또한 역대기 저자는 아람 왕 르신과 이스라엘 왕 베가가 예루살렘을 침략한 것을 "**그러므로 그의 하나님 여호와께서 그를 아람 왕의 손에 넘기시매 그들이 쳐서 심히 많은 무리를 사로잡아 다메섹으로 갔으며 또 이스라엘 왕의 손에 넘기시매 그가 쳐서 크게 살륙하였으니 이는 그의 조상들의 하나님 여호와를 버렸음이라**"(대하 28:5-6a)고 기록합니다. 베가 왕은 남유다에서 하루 동안에 용사 십이만 명을 죽였고 남유다 백성 이십만 명을 포로로 잡고 그들의 재물을 많이 노략하여 사마리아로 가져가는(대하 28:6b-8) 전쟁의 상황을 더 자세하게 묘사합니다.

계속해서 역대기 저자는 북이스라엘 군대가 남유다 백성들을 포로로 잡아간 이후 상황을 기록합니다. 그에 따르면 북이스라엘에는 오뎃이라는 여호와의 선지자가 있었고, 그는 유다 백성을 포로로 잡아오는 북이스라엘 군대에게 "**너희 조상의 하나님 여호와께서 유다에게 진노하셨으므로 너희 손에 넘기셨거늘 너희의 노기가 충천하여 살륙하고(9) 이제 너희가 또 유다와 예루살렘 백성들을 압제하여 노예로 삼고자 생각하는도다 그러나 너희는 너희의 하나님 여호와께 범죄함이 없느냐(10) 그런즉 너희는 내 말을 듣고 너희의 형제들 중에서 사로잡아 온 포로를 놓아 돌아가게 하라 여호와의 진노가 너희에게 임박하였느니라**"(대하 28:9-11)고 외쳤습니다. 그리고 에브라임 자손의 우두머리였던 아사랴와 베레갸와 여히스기야와 아마사가 전쟁에서 돌아오는 자들을 막으며 "**너희는 이 포로를 이리로 끌어들이지 못하리라 너희가 행하는 일이 우리를 여호와께 허물이 있게 함이니 우리의 죄와 허물을 더하게 함이로다 우리의 허물이 이미 커서 진노하심이 이스라엘에게 임박하였느니라**"(대하 28:12-13)고 말했습니다.

여호와 하나님께서는 아하스 왕이 이방 신을 섬기며 거꾸로 가는 종교개혁을 해서 북이스라엘 왕 베가와 아람 왕 르신을 사용하셔서 남유다를 징계했지만 백성들까지 포로로 잡아가는 것을 허락하셨던 것은 아니었습니다. 북이스라엘 백성들 가운데에도 남유다에 대한 하나님에 징계에 대해 정확하게 알고 있었던 선지자와 지도자들이 있었다는 것은 북이스라엘 사람들 중에도 여호와 하나님을 두려워하고 섬기는 백성들이 있었음을 보여줍니다.

이에 북이스라엘의 무기를 가진 사람들이 포로와 노략한 물건들을 방백들과 온 회중 앞에 두었습니다. 이때 이름이 기록된 자들이(아사랴와 베레갸와 여히스기야와 아마사) 일어나 포로들을 선하게 대우했습니다. 벗은 자들은 옷을 가져다 입혔고 신을 신기고 먹이고 마시게 하였습니다. 또한 상처난 곳에 기름을 발라 주었고 약한 자들은 모두 나눈 후 태워 남유다의 성읍 종려나무 성 여리고로 데려다주었고 사마리아로 돌아왔습니다(대하 28:14-15).

이런 상황에서 에돔 사람들이 다시 와서 유다를 치고 백성들을 사로잡아갔고 아하스 왕은 앗수르 왕 디글랏 빌레셀에게 도움을 요청했습니다(대하 28:16-17). 블레셋 사람들도 유다의 세펠라와 네겝 성읍들을 침노하여 벧세메스와 아얄론과 그데롯과 소고 및 그 주변 마을들과 딤나 및 그 주변 마을들과 김소 및 그 주변 마을들을 점령하고 거기에 살았습니다(대하 28:18).

열왕기 저자는 아람 왕 르신과 북이스라엘 베가 두 나라가 남유다를 침략한 것으로 기록하지만 역대기 저자는 그 외 에돔과 블레셋도 남유다를 침략한 것으로 기록하고 있습니다. 이것은 남유다가 주변의 나라에 의해 사방에서 공격당하는 징계를 받았음을 알 수 있게 합니다. 역대기 저자는 사방에서 공격을 당한 것에 대해 **"이는 이스라엘 왕 아하스가 유다에서 망령되이 행하여 여호와께 크게 범죄하였으므로 여호와께서 유다를 낮추심이라 앗수르 왕 디글랏빌레셀이 그에게 이르렀으나 돕지 아니하고 도리어 그를 공격하였더라"**(대하 28:19-20)고 기록하고 있습니다. 아하스 왕은 앗수르 왕의 도움을 얻기 위해 여호와의 전과 왕궁과 방백들의 집에서 재물을 가져다가 앗수르 왕에게 주었으나 그에게 유익이 없었습니다(대하 28:21).

역대기 저자는 계속하여 아하스 왕이 곤고할 때에 더욱 여호와께 범죄 하였다(대하 28:22)고 말합니다. 자기를 친 다메섹 신들에게 제사하며 **"아람 왕들의 신들이 그들을 도왔으니 나도 그 신에게 제사하여 나를 돕게 하리라"**라고 말했는데 여호와 하나님께서는 그 신이 아하스와 온 이스라엘(남유다)를 망하게 했습니다(대하 28:23).

역대기 저자는 아하스의 거꾸로 가는 종교개혁도 자세하게 기록하고 있습니다. 아하스는 하나님의 전의 기구들을 모아 하나님의 전의 기구들을 부수고 또 여호와의 전 문들을 닫고 예루살렘 구석마다 제단을 쌓았고 유다 각 성읍에 산당을 세워 다른 신에게 분향하여 그의 조상들의 하나님 여호와를 진노하게 했다(대하 28:24-25)고 기록하고 있습니다.

히스기야 왕이
성전을 청결케 함(대하 29:17)

오늘 날짜가 언급된 성경 사건은 없고, 다음은 오늘 날짜가 포함된 사건입니다.

사건 1 노아 601년 제1월 1일 땅 위에 물이 마른 지 5일째로 땅이 완전히 말라 제2월 27일에 방주를 나오기까지 방주에 머무름

사건 2 하나님께서 애굽 땅에 머무는 이스라엘 백성에게 월력체계를 바꾸어 주신 5일째(1월 1일 이스라엘 자손의 월력체계를 바꾸신 하나님 참조)

사건 3 모세가 하나님의 말씀대로 출애굽 2년 제1월 1일부터 7일까지 아론과 그의 아들들의 위임식을 거행하는 5일째(출 40:1, 12-13; 레 8:1-29, 제1월 3일 모세가 아론과 그의 아들들에게 위임식을 행함 참조)

사건 4 히스기야 첫해 제1월 1일 성전을 거룩케 하기 시작한 후 5일째(제1월 4일 히스기야 왕이 성전청결을 시작 참조)

사건 5 주전 458년 2차 포로 귀환 시 제1월 1일 바벨론을 떠난 후 5일째(스 7:9)

히스기야는 아버지 아하스 왕과의 공동 통치를 끝내고 25세에 단독 통치를 시작하는 첫째 해 제1월 1일에 여호와의 전 문을 열고 성전을 수리하고 청결케 하도록 시작했습니다(대하 29:1-3, 17).

첫째 해 첫째 달에 여호와의 전 문들을 열고 수리하고(대하 29:3)

첫째 달 초하루에 성결하게 하기를 시작하여 그 달 초팔일에 여호와의 낭실에 이르고 또 팔 일 동안 여호와의 전을 성결하게 하여 첫째 달 십육 일에 이르러 마치고 (대하 29:17)

❶ 아하스 왕이 성전을 더럽히고 우상을 섬김

힌놈의 골짜기
이방 신에게 자녀를 불살라 제사를 드리는등 지옥의 골짜기로도 불렸던 곳이다. 사진의 중앙에 보이는 수도원은 가룟 유다가 성전에 던진 은전으로 산 피밭(아겔다마)의 위치에 세워졌다고 한다.

히스기야의 아버지 아하스 왕은 이스라엘 왕들의 길로 행하여 바알들의 우상을 부어 만들고, 힌놈의 아들 골짜기에서 분향하고 여호와께서 이스라엘 자손 앞에서 쫓아 내신 이방 사람들의 가증한 일을 본받아 그의 자녀들을 불사르고, 산당과 작은 산 위와 모든 푸른 나무 아래에서 제사를 드리며 분양했습니다(대하 28:2-4). 이런 아하스를 하나님 여호와께서 징계하셔서 그를 아람 왕이 다메섹으로 잡아 가게 하셨고 이스라엘 왕의 손에도 넘기셨습니다 (대하 28:5).

이스라엘 왕들의 길로 행하여 바알들의 우상을 부어 만들고(대하 28:2) 또 힌놈의 아들 골짜기에서 분향하고 여호와께서 이스라엘 자손 앞에서 쫓아내신 이방 사람들의 가증한 일을 본받아 그의 자녀들을 불사르고(대하 28:3) 또 산당과 작은 산 위와 모든 푸른 나무 아래에서 제사를 드리며 분향하니라(대하 28:4)

더 나아가 아하스 왕은 앗수르 왕 디글랏 빌레셋을 만나러 다메섹에 갔다가 거기 있는 제단을 보고 구조와 제도의 양식을 그려 제사장 우리야에게 보내 제단을 만들게 했습니다. 제사장 우리야는 아하스가 예루살렘으로 돌아오기 전 제단을 만들어 여호와의 놋 제단이 있던 자리에 세웠고, 아하스는 다메섹에서 돌아와 제단을 보고 제단 앞에 나아가 그 위에 제사를 드렸습니다(왕하 16:10-13). 이후 아하스는 제사장 우리야에게 "아침 번제물과 저녁 소제물과 왕의 번제물과 그 소제물과 모든 국민의 번제물과 그 소제물과 전제물을 다 이 큰 제단 위에 불사르고 또 번제물의 피와 다른 제물의 피를 다 그 위에 뿌리라 오직 놋 제단은 내가 주께 여쭐 일에만 쓰게 하라"(왕하 16:15)고 명령했고, 제사장 우리야는 아하스 왕이 명령한 대로 행했습니다(왕하 16:16).

아하스는 놋 제단 보다 더 큰 제단을 만들어 놋 제단을 북쪽으로 치운 후 세운 것도 모자라, 물두멍 받침의 옆판을 떼어내고 물두멍을 그 자리에서 옮겼고, 놋바다의 놋소 위에서 내려다가 돌판 위에 두었고, 안식일에 쓰기 위해 성전에 건축한 낭실과 왕이 밖에서 들어가는 낭실을 앗수르 왕을 두려워하여 여호와의 성전에 옮겨 세웠습니다(왕하 16:17-18).

> 아하스 왕이 물두멍 받침의 옆판을 떼내고 물두멍을 그 자리에서 옮기고 또 놋바다를 놋소 위에서 내려다가 돌판 위에 그것을 두며(왕하 16:17) 또 안식일에 쓰기 위하여 성전에 건축한 낭실과 왕이 밖에서 들어가는 낭실을 앗수르 왕을 두려워하여 여호와의 성전에 옮겨 세웠더라(왕하 16:18)

❷ 히스기야가 성전을 청결케 함

히스기야는 제사장들과 레위 사람들을 동쪽 광장에 모은 후 "레위 사람들아! 내 말을 들으라 이제 너희들 자신들을 거룩(성결)하게 하라! 너희 조상들의 하나님 여호와의 전을 성결하게 하라 그리고 거룩한 성소로부터 더러운 것을 없애라(5) 왜냐하면 우리들의 조상들은 죄를 지었다 그리고 그들은 우리들의 하나님 여호와의 운에서 악을 행했다 그리고 그들은 그를(하나님) 버렸다 그리고 그들은 그들의 얼굴들을 여호와께서 거하시는 곳으로부터 돌렸다 그리고 그들은 (하나님께 그들의) 등을 주었다(돌렸다)(6) 또한 그들은 낭실(현관방) 문을 닫았다 그리고 그들은 등불들을 껐다 그리고 그들은 향을 피우지 않았다 그리고 그들은 성소에서 이스라엘의 하나님께 번제물을 번제 드리지 않았다(7) 그리고 여호와의 진노가 유다와 예루살렘 위에 있었다 그리고 너희들이 너희들의 눈으로 보고 있는 것과 같이 여호와께서 그들을 공포(두려움)와 놀라움과 조롱거리로 만드셨다(8) 그리고 보라! 이로 인해 우리들의 조상들이 칼에 쓰러졌고, 우리들의 자녀와 우리들의 아내들이 포로로 사로잡혔다(9) 이제 나의 마음으로서 이스라엘의 하나님 여호와와 언약을 세우려고 한다 그러면 그의 맹렬하신 노가 우리들로부터 떠날 것이다(10) 나의 아들들아! 이제 너희들은 게으르지 말라 왜냐하면 여호와께서 너희들이 그의 앞에 서게 하기 위해, 그를 섬기게 하기 위해, 그에게 섬기는 자들과 향을 피우는 자들이 되게 하기 위해 너희들을 택하셨기 때문이었다(11)"(대하 29:5-11)고 말했습니다. 이에 레위 사람들이 일어나 그들의 형제들을 모아 성결하게 하고 성전으로 들어가서 히스기야 왕이 여호와의 말씀대로 명령한 것을 따라 여호와의 전을 깨끗하게 했습니다(대하 29:15-16)

자녀를 잡아 드리는 것을 원했던 몰렉신

히스기야는 아버지 아하스 왕과 공동 통치를 할 때는 어쩔 수 없었지만, 단독 통치를 시작하자마자 성전을 수리하고 여호와께 드리는 성전 제사를 회복했습니다. 성전을 수리한 그의 통치 첫째 해 첫 달 첫날은 주전 715년 제3월 20일(주일)입니다.

성도 여러분!

히스기야는 아버지 아하스 왕과 공동 통치를 할 때는 어쩔 수 없었지만 단독 통치를 시작하자마자 성전을 수리하고 여호와께 드리는 성전 제사를 회복을 한 것은 많은 생각을 하게 합니다. 내 능력이 부족하고 아직 상황이 되지 못해서 나의 뜻대로 행할 수 없었던 시기에는 어쩔 수 없지만 나의 시대가 되었고 내 마음대로 결정할 수 있는 시기가 되었고 '구원이 여호와 하나님께 있다'는 것을 고백하면서도 하나님의 뜻대로 행하지 못하는 것은 잘못된 신앙입니다. 오늘도 히스기야처럼 내 믿음으로 하나님 앞에 홀로 서서 하나님의 뜻에 순종하며 직분을 잘 감당하는 하루가 되시길 기도합니다.

6일

저녁이 되며 시작되는
성경 속 하루와 날의 개념

오늘 날짜가 언급된 성경 사건은 없고, 다음은 오늘 날짜가 포함된 사건입니다.

사건 1　노아 601년 제1월 1일 땅 위에 물이 마른 지 6일째로 땅이 완전히 말라 제2월 27일에 방주를 나오기까지 방주에 머무름

사건 2　하나님께서 애굽 땅에 머무는 이스라엘 백성에게 월력체계를 바꾸어 주신 6일째(1월 1일 이스라엘 자손의 월력체계를 바꾸신 하나님 참조)

사건 3　모세가 하나님의 말씀대로 출애굽 2년 제1월 1일부터 7일까지 아론과 그의 아들들의 위임식을 거행하는 6일째(출 40:1, 12-13; 레 8:1-29, 제1월 3일 모세가 아론과 그의 아들들에게 위임식을 행함 참조)

사건 4　히스기야 첫해 제1월 1일 성전을 거룩케 하기 시작한 후 6일째(제1월 4일 히스기야 왕이 성전청결을 시작 참조)

사건 5　주전 458년 2차 포로 귀환 시 제1월 1일 바벨론을 떠난 후 6일째(스 7:9)

오늘은 애굽에서 써오던 월력체계가 아닌 하나님의 백성으로서의 삶을 살기 위해 바꾸어주신 하나님의 월력체계를 사용한 지 6일째 되는 날입니다. 아직 애굽에 거하는 이스라엘 백성들이 바뀐 날의 개념을 정확히 이해하고 받아들이고 있는지 아니면 애굽의 날의 체계와 혼돈하여 사용하고 있는지에 대해 살펴보겠습니다.

　현대인들에게 하루는 자정(밤 0시 또는 12시)에 시작하여 하루가 24시간이 되는 시간 구분을 사용합니다. 또한 1시간, 1분, 1초 단위의 세분화된 단위를 사용하고 있습니다. 하지만 성경 시대에는 정확한 시간 구분을 할 수 없었고 세분화된 단위를 사용하지 못했습니다. 하루를 나누는 가장 큰 기준은 해가 지고 해가 뜨는 것이었지만 계절에 따라 낮과 밤의 길이가 달라지기에 시간의 간격은 당연히 차이가 있었지만 당시에는 문제가 되지 않았습니다.

　하나님께서는 '저녁이 되며 아침이 되니 이는 첫째 날이니라'고 말씀하셨던 것처럼 시내산에 머무는 이스라엘 자손들에게 모세를 통해 하루의 구성이 어떻게 되는지 확실하고 정확하게 말씀하셨습니다. 레위기 23장에서 하나님께서는 모세에게 제7월 10일이 속죄일이라 말씀하시며 이날은 어떤 일도 하지 말라고 말씀하셨습니다(레 23:27). 그리고 '그날'은 9일 저녁부터 시작되어 다음 날 저녁이 되기 전까지라고 말씀하셨습니다(레 23:29). 애굽에서 사용하던 하루의 개념으로는 9일이 끝나는 저녁이지만 창세기 1장에 나타난 하나님의 계산법으로는 10일이 시작하는 저녁입니다.

> **일곱째 달 열흘 날은 속죄일이니** 너희는 성회를 열고 스스로 괴롭게 하며 여호와께 화제를 드리고(레 23:27) 이 날에는 어떤 일도 하지 말 것은 너희를 위하여 너희 하나님 여호와 앞에 속죄할 속죄일이 됨이니라(레 23:28) 이 날에 스스로 괴롭게 하지 아니하는 자는 그 백성 중에서 끊어질 것이라(레 23:29) 이 날에 누구든지 어떤 일이라도 하는 자는 내가 그의 백성 중에서 멸절시키리니(레 23:30) 너희는 아무 일도 하지 말라 이는 너희가 거주하는 각처에서 대대로 지킬 영원한 규례니라(레 23:31) 이는 너희가 쉴 안식일이라 너희는 스스로 괴롭게 하고 **이 달 아흐렛날 저녁 곧 그 저녁부터 이튿날 저녁까지** 안식을 지킬 지니라(레 23:32)

하나님께서 정하신 하루는 애굽 사람들이 사용하던 하루보다 6시간 정도 먼저 시작하는 체계였습니다. 이스라엘 자손들은 애굽에서의 하루 체계를 버리고 해가 지고 저녁이 되면서 하루가 시작되는 하나님의 월력체계로 살아야 했습니다. 그러나 사사 시대, 왕국시대, 포로시대를 거쳐 예수님 당시까지도 하나님이 정하신 하루체계는 사용되지 못했습니다. 이런 이유로 유월절이 제1월 15일 저녁이 아니라 14일 저녁이라고 인식되며 지켜진 것으로 알 수 있습니다.

성경 속 믿음의 선배들의 삶 속에서 하루의 시간을 구분하는 개념도 시대를 따라 변했습니다. 구약시대에는 낮을 세분해서 구분하지는 않았지만 밤은 파수병들의 근무 교대 시간을 말하는 히브리어 '아쉬무라'(אַשְׁמֻרָה, 경으로 번역함)에 맞추어 세 시기로 구분했습니다. 이에 대한 번역은 초경(애 2:19), 이경 또는 중경(삿 7:19), 삼경 또는 새벽(출 14:24, 삼상 11:11)으로 번역했고 7번(시 63:6, 90:4, 119:148) 사용되었습니다.

초저녁에(밤 초경에) 일어나 부르짖을지어다 네 마음을 주의 얼굴 앞에 물 쏟듯 할지어다 각 길 어귀에서 주려 기진한 네 어린 자녀들의 생명을 위하여 주를 향하여 손을 들지어다 하였도다(애 2:19)
기드온과 그와 함께 한 백 명이 이경 초에 진영 근처에 이른즉 바로 파수꾼들을 교대한 때라 그들이 나팔을 불며 손에 가졌던 항아리를 부수니라(삿 7:19)
새벽에(삼경) 여호와께서 불과 구름 기둥 가운데서 애굽 군대를 보시고 애굽 군대를 어지럽게 하시며(출 14:24)
이튿날 사울이 백성을 삼 대로 나누고 새벽에 적진 한가운데로 들어가서 날이 더울 때까지 암몬 사람들을 치매 남은 자가 다 흩어져서 둘도 함께 한 자가 없었더라(삼상 11:11)

세월이 흘러 바벨론 포로시대를 지나며 그들의 영향을 받은 유대인들

은 낮을 12시간으로 나누었습니다. 예수님께서도 이 시대의 관습을 기
준으로 낮이 12시간이 아니냐고 말씀하셨습니다(요 11:9).

> **예수께서 대답하시되 낮이 열두 시간이 아니냐 사람이 낮에 다니면 이 세상의 빛을
> 보므로 실족하지 아니하고**(요 11:9)

로마시대로 들어오면서 하루의 시간체계는 변했습니다. 로마는 자
정(밤 0시)을 기준으로 12시간씩 구분했고, 밤은 4개의 구간인 '옵세'
(ὀψέ, 늦은, 저녁에), '메소뉘티온'(μεσονύκτιον, 한 밤중에), '알렉토로포니아'
(ἀλεκτοροφωνία, 수탉이 울 때), '프로이'(πρωι, 이른, 새벽)를 사용해 구분했
습니다.

복음서 저자들은 예수님께서 십자가를 지실 때 정확한 시간들을 언급
하고 있습니다. 마가는 제3시에 예수님께서 십자가에 못 박히셨으며(막
15:25), 마태와 누가는 '제6시에 온 땅에 어둠이 임해 제9시까지 계속되
었고 예수님께서 제9시에 운명하셨다'(마 27:45-46, 눅 23:44-46)고 기록합니
다. 그런데 요한은 '제6시에 예수님께서 빌라도에게 심문 받으셨다'(요
19:14)고 기록하여 제6시에 두 가지 사건이 동시에 발생한 것처럼 보입니
다. 요한복음이 가장 후기에 쓰였기에 이미 사도 요한은 마태와 누가가
쓴 글(성경)을 알았을 텐데 왜 같은 제6시에 다른 사건이 일어났다고 기
록 했을까요? 이것을 이해하려면 공관복음(마태, 마가, 누가복음)과 요한복음
이 다른 시간체계를 사용하고 있다는 것을 알아야 합니다.

> **때가 제삼시가 되어 십자가에 못 박으니라**(막 15:25)
> **제육시로부터 온 땅에 어둠이 임하여 제구시까지 계속되더니**(마 27:45) **제구시쯤에
> 예수께서 크게 소리 질러 이르시되 엘리 엘리 라마 사박다니 하시니 이는 곧 나의 하
> 나님, 나의 하나님, 어찌하여 나를 버리셨나이까 하는 뜻이라**(마 27:46)

때가 제육시쯤 되어 해가 빛을 잃고 온 땅에 어둠이 임하여 제구시까지 계속하며 (눅 23:44) **성소의 휘장이 한가운데가 찢어지더라**(눅 23:45) **예수께서 큰 소리로 불러 이르시되 아버지 내 영혼을 아버지 손에 부탁하나이다 하고 이 말씀을 하신 후 숨지시니라**(눅 23:46)

이 날은 유월절의 준비일이요 때는 제육시라 빌라도가 유대인들에게 이르되 보라 너희 왕이로다(요 19:14)

공관복음은 당시 유대인들이 사용하는 관습에 따라 하루를 구분한 시간을 사용했습니다. 유대인들은 해 뜰 때부터 해 질 때까지 12시간으로 구분했는데 이것은 당시 로마가 자정(밤 0시)을 기준으로 12시간씩 나눈 것과 비교하면 6시간의 차이가 생깁니다. 마태, 마가, 누가는 유대인들의 시간을 사용하였고, 요한은 에베소에 머물 때 그곳에 있는 성도들을 대상으로 복음서를 기록했기에 로마시간을 쓴 것으로 생각됩니다. 이렇게 보면 예수님께서 십자가에 달리신 공관복음의 기록인 3시(십자가에 달리심), 6시(해가 빛을 잃음), 9시(해가 빛을 회복하고 예수님께서 운명하심)는 로마 시간으로 하면 오전 9시, 12시(정오), 오후 3시가 됩니다. 이렇게 보면 요한이 말한 제6시에 빌라도에게 심문을 받으셨다는 것은 로마시간으로 아침 6시에 해당하고 3시간이 지나 오전 9시에 십자가에 못 박히신 것을 언급한 것으로 정확한 사실을 기록한 것입니다.

성도 여러분!

대부분의 사람들이 성경을 읽을 때 내가 경험한 것을 기준으로 성경 사건에 나타난 배경을 생각하고 읽습니다. 그런데 성경 속 사건이 기록된 시대의 배경을 이해하지 못하면 성경 본문의 내용을 정확하게 이해할 수 없습니다. 오늘은 성경 속 시간과 날짜에 대해 알아봤는데 좀 더 시간을 투자하여 성경 속 시대의 사회, 문화, 역사, 지리적 배경을 이해하며 성경을 읽는 습관을 들여 성경을 통해 하나님께서 말씀하시는 의도를 정확히 깨닫는 '리더'(Reader, 읽는 사람)가 되어 바른길로 인도하는 '리더'(Leader, 이끄는 사람)가 되시기 바랍니다. 오늘도 성경을 읽고 공부하며 나를 하나님의 구속사를 이루어 가시는 한 모퉁이를 감당하게 하셨다는 것을 깨닫고 맡기신 직분을 잘 감당하는 하루가 되시길 기도합니다.

7일

범죄 한 백성들을 위하여
속죄제를 드리라(겔 45:18-20)

오늘 날짜가 언급된 성경 사건은 하나님께서 에스겔 선지자를 통해 '제1월 7일'에 백성들을 위한 속죄제를 드리라고 말씀하시는 사건이 있습니다(겔 45:18-20). 다음은 오늘 날짜가 포함된 사건입니다.

사건 1   노아 601년 제1월 1일 땅 위에 물이 마른 지 7일째로 땅이 완전히 말라 제 2월 27일에 방주를 나오기까지 방주에 머무름

사건 2   하나님께서 애굽 땅에 머무는 이스라엘 백성에게 월력체계를 바꾸어 주신 7일째(1월 1일 이스라엘 자손의 월력체계를 바꾸신 하나님 참조)

사건 3   모세가 하나님의 말씀대로 출애굽 2년 제1월 1일부터 7일까지 아론과 그의 아들들의 위임식을 거행하는 7일째(출 40:1, 12-13; 레 8:1-29, 제1월 3일 모세가 아론과 그의 아들들에게 위임식을 행함 참조)

사건 4   모압평지에 진을 치고 머물던 이스라엘 백성이 요단강가로 이동하여 3일을 머무름(수 3:1)

사건 5   히스기야 첫해 제1월 1일 성전을 거룩케 하기 시작한 후 7일째(제1월 4일 히스기야 왕이 성전청결을 시작 참조)

사건 6   주전 458년 2차 포로 귀환 시 제1월 1일 바벨론을 떠난 후 7일째(스 7:9)

오늘은 성막을 세운 후 모세가 하나님께서 명령하신 대로 아론과 그의 아들들에게 제사장으로서의 위임식을 거하는 마지막 7일째 날입니다.

광야에서 처음으로 성막을 세우고 여호와 하나님께 드리는 제사를 감당하도록 아론과 그의 아들들에게 기름을 붓고 성결케 한 후 제사의 직분을 감당하게 했습니다. 지금부터는 오늘 날짜가 언급된 "그 달 칠일에도 모든 과실범과 모르고 범죄 한 자를 위하여 역시 그렇게 하여 성전을 속죄할지니라"(겔 45:20) 하나님의 말씀을 살펴보겠습니다.

에스겔 43:1-46:24은 예배가 회복될 것이라는 약속의 환상 체험을 기록하고 있습니다. 그중 에스겔 45:17절은 새로운 성전에서 진행될 제사 의식에 관하여 언급하고 있습니다. 그런데 성전에서 진행될 모든 제사보다 우선해야 하는 것이 성전 정결의식이었습니다. 하나님께서는 "첫째 달 초하룻날에 흠 없는 수송아지 한 마리를 가져다가 성소를 정결하게 하되(18) 제사장이 그 속죄제 희생제물의 피를 가져다가 성전 문설주와 제단 아래층 네 모퉁이와 안뜰 문설주에 바를 것이요(19) 그 달 칠일에도 모든 과실범과 모르고 범죄 한 자를 위하여 역시 그렇게 하여 성전을 속죄할지니라"(겔 45:18-20)고 말씀하셨습니다. 매년 제1월 1일에 모든 제사에 우선하여 성전을 정결케 하는 속죄제를 드려야 했고 7일에는 백성들 중 죄를 범한 자들을 위해 속죄제를 드리라고 말씀하고 계십니다.

이스라엘의 모든 죄를 사하는 속죄일은 제7월 10일이었고 이날은 지성소에 들어가 죄를 속하는 의식을 했습니다. 그러나 에스겔 45장에서는 한 해가 시작되는 봄인 제1월 1일과 7일에 지성소에는 들어가지 않고 성전과 백성 중 범죄 한 자들을 정결케 하기 위한 속죄제였습니다. 하나님께서 새 성전의 환상을 보여주시고 새 예배가 회복될 환상을 보여주시는 가운데 정하신 절기에 대한 규례는 이미 모세를 통해 레위기에 언급하셨던 내용과 비슷하지만 다른 점이 있습니다.

에스겔 45장의 하나님께서 말씀하시는 속죄제는 드려지는 '제물의 종

류'와 '희생 제물의 피를 처리하는 방법'에 있어 모세 율법에 언급된 속죄제와는 다른 점이 있습니다. 율법에 언급된 월삭을 비롯한 절기의 모든 속죄제물은 수염소입니다(민 28:15, 29:5). 그런데 여기서 하나님께서 말씀하신 제물은 수송아지입니다. 또한 율법에 언급된 월삭과 절기의 속죄제에서는 속죄일에 피를 뿌리는 것을 제외하고는 피를 뿌린다는 언급이 없습니다. 그런데 여기서는 에스겔 41:21에 언급된 문설주 곧 성소의 문설주에 피를 바르고 제단 모퉁이(겔 43:20)와 안뜰 문설주까지 피를 바르라고 말씀하셨습니다.

> 또 상번제와 그 전제 외에 숫염소 한 마리를 속죄제로 여호와께 드릴 것이니라(민 28:15)
>
> 또 너희를 속죄하기 위하여 숫염소 한 마리로 속죄제를 드리되(민 29:5)
>
> 네가 그 피를 가져다가 제단의 네 뿔과 아래층 네 모퉁이와 사방 가장자리에 발라 속죄하여 제단을 정결하게 하고(겔 43:20)

출애굽 한 이스라엘 백성들에게 하나님께서는 매월 1일을 월삭으로 지킬 것을 명하셨습니다(민 10:10, 28:11, 14). 그런데 오늘 본문에 언급된 제1월 1일의 월삭 제사는 특별한 절기를 준비하기 위해 성전을 정결케 하는 제사로 드려지도록 말씀하셨습니다. 하나님께서는 제1월 1일에 행했던 이 속제죄의식을 7일에도 행하라고 말씀하셨습니다. 그 이유는 '모든 과실범과 모르고 범죄 한 자'를 위한 것이었습니다(겔 45:20).

> 또 너희의 희락의 날과 너희가 정한 절기와 초하루에는 번제물을 드리고 화목제물을 드리며 나팔을 불라 그로 말미암아 너희의 하나님이 너희를 기억하시리라 나는 너희의 하나님 여호와니라(민 10:10)
>
> 초하루에는 수송아지 두 마리와 숫양 한 마리와 일 년 되고 흠 없는 숫양 일곱 마리로 여호와께 번제를 드리되(민 28:11)
>
> 그 전제는 수송아지 한 마리에 포도주 반 힌이요 숫양 한 마리에 삼분의 일 힌이요

어린 양 한 마리에 사분의 일 힌이니 이는 일 년 중 매월 초하루의 번제며(민 28:14)

제1月

역사적으로도 히스기야 왕은 즉위한 첫째 해 제1월 1일부터 16일 동안 성전을 청결케 한 적이 있습니다(제1월 4일 히스기야 왕이 성전청결을 시작함 참조). 히스기야 시대에는 그의 아버지 아하스 왕이 성전에서 여호와 하나님께 드리는 제사의 기능을 할 수 없을 정도로 성전을 더럽히고 이방의 제단을 세우고 우상을 위한 제의 형식을 취했기에 유월절과 무교절을 지켜야 하는 15일을 넘겨 성전을 청결케 한 후 2월 14일 저녁에 유월절을 지키고 7일 동안 무교절을 지킬 수 있었습니다(2월 14일 히스기야 왕이 종교개혁을 단행하고 유월절을 지킴 참조).

혹자는 제1월 1일 성전을 정결케 한 후 6일 지나 7일째 되는 날 다시 속죄 의식을 반복해야 한다는 것을 들어 '제7월 1일에 드리는 새해 월삭일의 제사'(민 29:1-6)로 생각하려 합니다. 그러나 제1월 1일에 행하는 것은 성전의 정결을 위한 것이고 7일째 행하는 것은 백성들의 범죄를 정결케 하기 위한 것으로 두 가지가 다른 것이기에 1일과 7일에 두 번 속죄제물을 하나님께 드려 성전과 백성들을 정결케 한 것으로 보는 것이 좋습니다.

> **일곱째 달에 이르러는 그 달 초하루에 성회로 모이고 아무 노동도 하지 말라 이는 너희가 나팔을 불 날이니라**(민 29:1) **너희는 수송아지 한 마리와 숫양 한 마리와 일 년 되고 흠 없는 숫양 일곱 마리를 여호와께 향기로운 번제로 드릴 것이며**(민 29:2) **그 소제로는 고운 가루에 기름을 섞어서 쓰되 수송아지에는 십분의 삼이요 숫양에는 십분의 이요**(민 29:3) **어린 양 일곱 마리에는 어린 양 한 마리마다 십분의 일을 드릴 것이며**(민 29:4) **또 너희를 속죄하기 위하여 숫염소 한 마리로 속죄제를 드리되**(민 29:5)

성도 여러분!

새 성전의 환상을 보여주시고 새로운 예배가 있을 것임을 말씀하시면서 범죄 한 백성들의 죄를 위해 속죄제를 드림으로 죄를 사한 후 예배하게 하시는 것은 하나님의 사랑입니다. 오늘도 성경을 일고 공부함으로 죄인임을 회개하여 범죄 한 상태로 하나님의 성전에 들어가고 새로운 예배에 참여하지 않을 수 있도록 한 하나님의 배려와 사랑에 감사하는 하루가 되시길 기도합니다.

히스기야가
솔로몬 성전의 낭실(현관)까지
성결케 함(대하 29:17)

오늘 날짜가 언급된 성경 사건은 히스기야가 여호와의 성전을 수리할 때 제1월 1일부터 8일까지 솔로몬 성전의 낭실(현관)까지 성결케 한 사건이 있습니다(대하 29:17). 다음은 오늘 날짜가 포함된 사건입니다.

사건 1 노아 601년 제1월 1일 땅 위에 물이 마른 지 8일째로 땅이 완전히 말라 제2월 27일에 방주를 나오기까지 방주에 머무름

사건 2 하나님께서 애굽 땅에 머무는 이스라엘 백성에게 월력체계를 바꾸어 주신 8일째(1월 1일 이스라엘 자손의 월력체계를 바꾸신 하나님 참조)

사건 3 이스라엘 백성이 요단강가로 이동하여 3일을 머무른 2일째(수 3:1)

사건 4 히스기야 첫해 제1월 1일 성전을 거룩케 하기 시작한 후 8일째(제1월 4일 히스기야 왕이 성전청결을 시작 참조)로 여호와의 낭실까지 성전을 성결케 함(대하 29:17)

사건 5 주전 458년 2차 포로 귀환 시 제1월 1일 바벨론을 떠난 후 8일째(스 7:9)

오늘은 히스기야가 단독 통치를 시작하며 솔로몬 성전을 성결케 했던 8일째 되는 날입니다. 오늘은 솔로몬 성전과 히스기야가 여호와의 낭실까지 성결하게(대하 29:17) 한 것에 대해 살펴보겠습니다.

❶ 솔로몬 성전의 건축

열왕기상 6:1은 솔로몬이 성전을 건축하시 시작한 때를 '이스라엘 자손이 애굽 땅에서 나온 지 480년이요 솔로몬이 이스라엘 왕이 된지 4년 시브월 곧 제2월'이라고 말합니다. 이때 솔로몬 성전의 기초가 놓였고 솔로몬 11년 불월 곧 제8월에 성전이 완성되었습니다(왕상 6:37-38).

> 넷째 해 시브월에 여호와의 성전 기초를 쌓았고(왕상 6:37) **열한째 해 불월 곧 여덟째 달에 그 설계와 식양대로 성전 건축이 다 끝났으니 솔로몬이 칠 년 동안 성전을 건축하였더라**(왕상 6:38)

솔로몬 성전이 건축된 기간을 열왕기상 6:38은 7년이라고 말하는데 당시 통일왕국 이스라엘이 왕의 통치연대와 월력 체계를 제7월부터 시작하는 민간력을 사용했기에 정확한 성전 건축 기간은 6년 6개월 정도입니다.

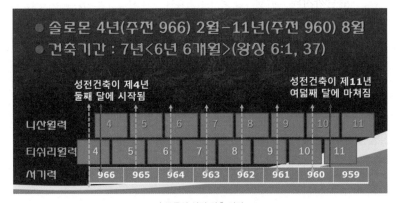

솔로몬의 성전 건축 기간

솔로몬의 채석장　　　　　　　　　돌을 떠내고 다듬는 모습

솔로몬은 성전을 건축할 때 돌을 뜨는 채석장에서 다듬었고 다듬은 돌을 가져다가 성전을 건축했기 때문에 건축하는 동안 성전 안에서는 방망이나 도끼나 모든 철 연장 소리가 들리지 않았습니다(왕상 6:7). 예루살렘 구시가지 북쪽 성벽에 있는 '솔로몬의 채석장'에 가 보면 성전을 건축하기 위해 돌을 떠낸 흔적을 볼 수 있습니다.

② 솔로몬 성전의 구조

솔로몬 왕이 여호와를 위해 건축한 성전은 길이가 60규빗, 너비는 20규빗, 높이는 30규빗입니다. 주랑이나 낭실로 번역된 현관은 20*10규빗으로 현관까지의 길이는 70규빗입니다(왕상 6:2-3).

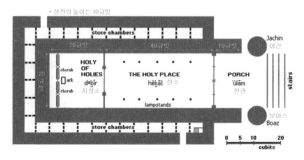

솔로몬 성전의 구조

성전의 내부는 백향목 널판으로 안벽 곧 성전 마루에서 천정까지 벽에 입혔고 또 잣나무 널판으로 성전 마루를 깔았습니다(왕상 6:15). 여호와의 언약궤가 두기 위해 성전 안에 내소(지성소)를 마련했는데(왕상 6:19) 공간을 구분하기 위해 성전 뒤쪽에서 20규빗 되는 곳에 마루에서 천정까지 백향목 널판으로 가로막았습니다(왕상 6:16). 결과적으로 내소(지성소)의 크기는 가로, 세로, 높이가 모두 20규빗인 정육면체 모양이었고 내부 전체가 정금으로 입혔고 백향목 제단도 정금으로 입혔습니다(왕상 6:20, 22).

내소(지성소)로 들어가는 입구에 올리브 나무로 된 문들을 달았는데 인방과 문설주는 '벽의 오분의 일이었습니다'(바른, 표준새, 공동번역은 '오각형이었다'로 번역합니다). 그리고 올리브 나무로 된 두 문짝 위에 그룹들과 종려나무들과 활짝 핀 꽃들 조각을 모두 새겼고 금으로 입혔습니다(왕상 6:32). 외소(성소)로 들어가는 입구에 올리브 나무로 된 문설주를 만들었는데 '벽의 사분의 일이었습니다'(바른, 표준새, 공동번역은 '사각형이었다'로 번역합니다). 문은 잣나무로 된 문짝을 두 개 만들었는데 문이 두 짝으로 접히게 하여 양쪽으로 접히게 만들었습니다. 문에는 그룹들과 종려나무와 활짝 핀 꽃들을 새기고 조각들 위에 금으로 입혔습니다. 마지막으로 다듬은 돌 세 층과 백향

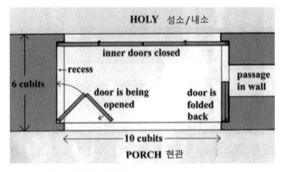

성소로 들어가는 입구의 모습 by Temple in Jerusalem

목 판자 한 층으로 둘러 안뜰을 만들었습니다(왕상 6:36).

❸ 솔로몬 성전의 낭실(현관)까지 성결케 함

히스기야 왕이 단독 통치를 시작한 첫째 해 제1월 1일부터 8일까지 여호와 하나님의 성전 문을 열고 성결케 한 곳은 지성소와 성소 그리고 낭실로 번역된 현관까지입니다(대하 29:17).

> 첫째 달 초하루에 성결하게 하기를 시작하여 그 달 초팔일에 여호와의 낭실에 이르고 또 팔 일 동안 여호와의 전을 성결하게 하여 첫째 달 십육 일에 이르러 마치고
> (대하 29:17)

역대하 29:17은 4개의 문장으로 이루어져 있습니다. 첫 번째와 세 번째 문장은 정상문장이고 두 번째와 네 번째 문장은 때를 나타내는 부사어가 술어 앞에 쓰여 강조되고 있습니다. 성전을 성결케 하기 시작한 때가 첫째 달 1일인데 8일 동안 성전 본체를 청결케 했고 다시 8일 동안 성전 마당의 기물들을 청결케 하여 첫째 달 16일에 끝낸 것을 강조합니다. 동사의 쓰임에 있어서도 8일 다시 시작할 때 '카다쉬'(거룩하다, 성별하다, 봉헌하다)의 '강조형'을 썼고, 완전히 마친 16일에도 '칼라'(마치다)의 '강조형'을 썼습니다.

제1월 1일부터 시작된 성전 청결사건은 8일째 되는 날 성전의 현관에 해당하는 낭실까지 성결케 했습니다. 이 사실을 원어에서는 '부사어(그리고 그 달(제1월) 8일에) + 술어(그들이 이르렀다) + 부사어(여호와의 낭실에)'(대하 29:17b)로 어순 도치하여 시간을 나타내는 부사어인 '그 달 8일에'를 강조하고 있습니다. 이것은 지성소와 성소에 해당하는 성전 본체를 8일 동안 성

결케 한 것을 알게 합니다.

히스기야 왕의 명령에 의해 성전을 8일 동안 청결케 한 것은 아하스 왕 때 성전에서 하나님을 위한 제사가 드려지지 않고 물리적으로도 성전이 회파 되거나 지저분해졌기 때문에 8일 동안 시간이 필요했음을 알 수 있습니다. 아하스는 하나님 성전의 기구들을 모아 깨뜨렸습니다. 이 때 '카차츠'가 쓰였는데 '잘라내다, 끊다, 베어내다'라고 번역되는 단어입니다. 계속해서 아하스는 성전 문을 닫았고 예루살렘 구석마다 제단을 쌓습니다(대하 28:24). 대하 28:24절은 4개의 '와우계속법-미완료' 문장으로 진행되는데 아하스의 '하나님의 전의 기구를 모으고, 그것을 깨뜨렸고, 성전 문을 닫고 예루살렘 구석구석에 제단을 쌓은' 행동이 순차적이며 연속적으로 진행되었음을 보여 줍니다.

> 아하스가 하나님의 전의 기구들을 모아 하나님의 전의 기구들을 부수고 또 여호와의
> 전 문들을 닫고 예루살렘 구석마다 제단을 쌓고(대하 28:24)

아하스 왕은 예루살렘뿐만 아니라 유다 각 성읍에 산당을 세웠습니다. 히브리어 본문을 보면 어순 도치되어 '부사어'인 '유다 성읍 모든 곳에'가 강조되고 있는 것을 알 수 있습니다. 모든 성읍에 산당을 세운 목적은 다른 신에게 분향하기 위함이었는데 여호와 하나님께서 이에 대해 진노하셨습니다(대하 28:25).

> 유다 각 성읍에 산당을 세워 다른 신에게 분향하여 그의 조상들의 하나님 여호와를
> 진노하게 하였더라(대하 28:25)

성도 여러분!
히스기야 왕이 성전을 정결케 하는 과정에서 성전 본체에 대한 청

결 곧 청소를 포함하여 있어야 할 성전의 각 기물들이 하나님께서 정하신 제 위치에 배치하는 과정이 있었음을 깨달았습니다. 신앙생활을 함에 있어 하나님에 대한 생각과 마음도 중요하지만 생각이나 마음을 담는 그릇인 몸 또한 청결해야 함을 깨닫습니다. 하나님의 언약공동체(교회)에 속한 나는 한 주일의 삶을 사는 동안 마음 뿐 아니라 몸도 때를 따라 있어야 할 곳에(예배나 교회) 머무르는지 돌아봅시다. 오늘도 하나님께서 원하시는 곳에서 하나님께서 맡겨주신 직분을 잘 감당하는 하루가 되시길 기도합니다.

9일

요단강과 아하와 강가에 3일간 머무르는 이스라엘 백성들

오늘 날짜가 언급된 성경 사건은 없습니다. 다음은 오늘 날짜가 포함된 사건입니다.

사건 1   노아 601년 제1월 1일 땅 위에 물이 마른 지 9일째로 땅이 완전히 말라 제 2월 27일에 방주를 나오기까지 방주에 머무름

사건 2   하나님께서 애굽 땅에 머무는 이스라엘 백성에게 월력체계를 바꾸어 주신 9 일째(1월 1일 이스라엘 자손의 월력체계를 바꾸신 하나님 참조)

사건 3   이스라엘 백성이 요단강가로 이동하여 3일을 머무른 3일째(수 3:1)

사건 4   히스기야 첫해 제1월 1일 성전을 거룩케 하기 시작한 후 9일째(제1월 4일 히스 기야 왕이 성전청결을 시작, 제1월 8일 히스기야가 여호와의 낭실까지 성전을 성결케 함 참조) 로 여호와의 낭실까지 성전을 성결케 함(대하 29:17)

사건 5   주전 458년 2차 포로 귀환 시 제1월 1일 바벨론을 떠난 후 9일째로 아하와 강에 도착하여 3일 동안 머무르는 1일째(스 8:15-36)

오늘은 이스라엘 백성이 모압평지에서 요단강가로 이동하여 3일을 머무른 3일째 날로 내일(제1월 10일) 요단강을 건너는 방법을 여호수아를 통해 제사장들과 백성들에게 명령한 날입니다. 또한 오늘은 에스라을 중심으로 제1월 1일 바벨론을 떠난 2차 포로 귀환하는 백성들이 9일째 되는 날 아하와 강변에서 3일간 장막을 치고 머무르며 금식 기도를 한 날

입니다. 오늘은 요단강과 아하와 강가에서 3일간 머무를 때 있었던 사건
에 대해 살펴보겠습니다.

하나님께서는 제1월 7일 모압평지를 떠나 요단강가에 도착한 이스라
엘 백성들을 3일 동안 머물게 하셨습니다. 3일째가 되는 끝 날인 오늘
(9일) 여호수아는 하나님께서 이미 자신에게 말씀하셨던 요단강 건너는
방법을 백성들과 제사장들에게 알려주었고 자신을 성결케 하라고 말했
습니다(수 3:1-5).

> **여호수아가 또 백성에게 이르되 너희는 자신을 성결하게 하라 여호와께서 내일 너희**
> **가운데에 기이한 일들을 행하시리라**(수 3:5)

여호수아는 백성들에게 명하여('차와', צָוָה, 명령하다, 부과하다, 부탁하다) "너희는
레위 사람 제사장들이 너희 하나님 여호와의 언약궤 메는 것을 보거든 너희가 있는 곳을 떠나
그 뒤를 따르라(3) 그러나 너희와 그 사이 거리가 이천 규빗쯤 되게 하고 그것에 가까이 하지는
말라 그리하면 너희가 행할 길을 알리니 너희가 이전에 이 길을 지나보지 못하였음이니라"(수
3:3-4)고 말했습니다. '차와'를 써서 표현한 것은 요단강을 건너기 위해 꼭
지켜야 할 하나님의 말씀을 전하는 것이기 때문입니다. 여호수아는 어
순 도치하여 주어인 '너희는'을 강조하여 언약궤를 멘 제사장들이 떠날
때 함께 유숙했던 장소를 떠나라(수 3:3)고 말했습니다. 또한 이스라엘 백
성들이 언약궤를 뒤따를 때 유지해야 할 거리인 이천 규빗을 잊지 않게
하기 위해 어순 도치하여 주어인 '거리는'을 강조했고 이어 '가까이하지
말라'('알-틱레부', אַל תִּקְרְבוּ)고 부정어를 써서 강조하고 있습니다(수 3:4).

계속해서 여호수아는 "너희는 자신을 성결하게 하라 여호와께서 내일 너희 가운데에
기이한 일들을 행하시리라"(수 3:5)고 말했고 제사장들에게는 "언약궤를 메라! 그리고

백성들 앞에서 건너라!"(수 3:6)고 명령했습니다. 이스라엘 백성들은 내일(10일) 하나님의 말씀대로 순종하여 요단강을 건너갑니다.

에스라 8:1-14에는 바벨론에서 돌아오는 2차 귀환자들 그룹의 리더들과 명수를 기록하고 있습니다. 이들은 바사 왕과 그의 자문관들이 예루살렘에 거하시는 이스라엘 하나님께 드리는 은금과(스 7:15) 바벨론 온 도에서 얻은 모든 은금을 가져가고 있습니다(스 7:15-18).

> **왕과 자문관들이 예루살렘에 거하시는 이스라엘 하나님께 성심으로 드리는 은금을 가져가고**(스 7:15)
> **또 네가 바벨론 온 도에서 얻을 모든 은금과 및 백성과 제사장들이 예루살렘에 있는 그들의 하나님의 성전을 위하여 기쁘게 드릴 예물을 가져다가**(스 7:16) **그들의 돈으로 수송아지와 숫양과 어린 양과 그 소제와 그 전제의 물품을 신속히 사서 예루살렘 네 하나님의 성전 제단 위에 드리고**(스 7:17) **그 나머지 은금은 너와 너의 형제가 좋게 여기는 일에 너희 하나님의 뜻을 따라 쓸지며**(스 7:18)

에스라는 아하와로 흐르는 강가에서 백성과 제사장들을 살폈는데 레위 자손이 한 사람도 없다는 것을 알게 되었습니다(스 8:15). 이에 에스라는 예루살렘으로 돌아가는 길을 3일 동안 멈추었습니다. 멈춘 이유는 두 가지인데 첫째는 성전에서 제사드릴 때 제사장을 도울 레위인들을 예루살렘으로 함께 가게 하기 위함이었고, 두 번째는 예루살렘까지 5개월 동안 하나님께서 함께 하시며 평안한 길을 주실 것을 간구하기 위함이었습니다.

> **내가 무리를 아하와로 흐르는 강가에 모으고 거기서 삼 일 동안 장막에 머물며 백성과 제사장들을 살핀즉 그중에 레위 자손이 한 사람도 없는지라**(스 8:15)

에스라 8:15을 원어로 보면 세 문장이 '와우계속법-미완료'로 '그리고 나는 … 모았다', '그리고 우리들은 … 머물렀다', '그리고 나는 … 살폈다'로 연속되는 사건을 서술합니다. 그런데 네 번째 문장은 '접속사-완료'를 사용하고 어순 도치하여 주어인 '레위 자손은'을 강조하여 "그런데 레위 자손은 그중에서 찾을 수 없었다"라고 강조하고 있습니다.

아마도 에스라는 2차 귀환을 시작하기 전 예루살렘으로 돌아갈 사람들을 모았을 것입니다. 그리고 모인 사람들과 함께 예루살렘으로 돌아가기 위해 바벨론을 떠났습니다. 그런데 에스라가 아하와 강변에서 인원을 살펴보던 중 자발적으로 예루살렘 귀환에 참여한 레위인들이 없는 것을 발견했습니다. 에스라는 잠시 예루살렘으로 돌아가는 여정을 멈춘 후 족장들과(엘리에셀과 아리엘과 스마야와 엘라단과 야립과 엘라단과 나단과 스가랴와 므술람), 명철한 사람들을(요야립과 엘라단) 불러 가시뱌 지방으로 보내 하나님의 성전을 위해 섬길 자를 데려오게 했습니다(스 8:17). 에스라의 마음을 보신 하나님의 도우심으로 레위 사람 38명과 다윗과 방백들이 레위 사람들을 섬기라고 준 느디딤 사람 중 성전 일꾼 220명을 찾을 수 있었습니다(스 8:18-20). 원어로 살펴볼 때 주의해서 보아야 할 것은 에스라 8:20이 어순 도치되어 주어인 '느디딤('네티님') 사람'이 강조되고 있다는 것입니다. '네티님'(הַנְּתִינִים)은 '나틴'의 복수로 '나탄'(נָתַן, 주다)에서 유래되어 '주어진 자들'로 번역되고 '성전 봉사자들'로 나타납니다. 느디딤 사람은 다윗과 방백들이 레위 사람들을 섬기라고 준 사람들로 성전의 일꾼이었는데 이들 220명이 함께 예루살렘으로 돌아가게 되었음을 강조하고 있습니다.

> 다윗과 방백들이 레위 사람들을 섬기라고 준 느디딤 사람 중 성전 일꾼은 이백이십
> 명이었는데 그들은 모두 지명 받은 이들이었더라(스 8:20)

이후 에스라는 금식을 선포했습니다(스 8:21-22). 그리고 예루살렘을 향해 가는 길에 평탄한 길을 달라고 하나님께 간구했습니다. 이러한 기도를 한 이유는 현재 예루살렘으로 여행하는 무리들을 보호해 주는 보병과 마병이 없었기 때문입니다. 당시 호위하는 군대나 무장한 용병이 없이 여행을 한다는 것은 위험한 일이었습니다. 에스라는 바벨론을 떠나기 전 바사 왕에게 "우리 하나님의 손은 자기를 찾는 모든 자에게 선을 베푸시고 자기를 배반하는 모든 자에게는 권능과 진노를 내리신다"라고 말했는데 자신들을 보호해 줄 군대가 함께 하는 것을 부끄러워했고 하나님께 모든 귀환 과정을 맡기기를 원했기 때문입니다. 에스라와 백성들은 하나님의 보호와 인도를 구했고 하나님께서는 이들의 기도를 들어주셨습니다(스 8:23).

그러므로 우리가 이를 위하여 금식하며 우리 하나님께 간구하였더니 그의 응낙하심을 입었느니라(스 8:23)

에스라가 2차 바벨론 포로 귀환의 지도자로서 아하와 강변에 3일을 머무르며 레위인과 느디딤 사람들을 찾아 함께 예루살렘으로 갔고, 또 금식을 선포한 후 하나님의 인도하심을 구했던 것은 어쩌면 자신이 살던 고향(바벨론 포로지)을 버리고 낯선 예루살렘으로 돌아가는 목적이 여호와 하나님을 믿는 신앙으로 하나님의 구속사를 이루기 위한 삶이라는 것을 고백해야 하는 과정이었다고 생각됩니다.

성도 여러분!
에스라와 2차 포로 귀환하는 백성들이 '예루살렘으로 가야 하지만 3일을 머물며 왜 가야 하는지? 가서 무엇을 해야 하는지?'를 깨닫고 그 일을 감당하기 위해 준비하는 모습을 살펴보았습니다. 나의 신앙의 삶에도 이러한 준비하는 자세가 있는지 머무르며 돌아보고 깨닫고 준비하는 모습이 있어야 합니다. 오늘도 목적을 가지고 해야 할 일이 무엇인지 깨닫고 부족한 것을 보충하여 예루살렘으로 간 2차 포로 귀환자들처럼 나의 신앙의 삶을 돌아보고 서두르지 않고 부족한 것이 있으면 채우고 가는 하루가 되시길 기도합니다.

10일

어린 양을 취하라 &
요단강을 건너라(수 3:14-17)

오늘 날짜가 언급된 성경 사건과 포함된 사건은 다음과 같습니다.

사건 1 노아 601년 제1월 1일 땅 위에 물이 마른 지 10일째로 땅이 완전히 말라 제 2월 27일에 방주를 나오기까지 방주에 머무름

사건 2 이스라엘 백성에게 월력체계를 바꾸어 주신 10일째로 장자의 재앙에서 넘어가기 위해 유월절 어린 양을 택하는 날(출 12:13)

사건 3 모압 평지에 머물렀던 이스라엘 백성들이 요단강을 건넘(수 4:19)

사건 4 히스기야 첫해 제1월 1일 성전을 거룩케 하기 시작한 후 10일째(제1월 4일 히스기야 왕이 성전청결을 시작, 제1월 8일 히스기야가 여호와의 낭실까지 성전을 성결케 함 참조)로 여호와의 낭실까지 성전을 성결케 함(대하 29:17)

사건 5 주전 458년 2차 포로 귀환 시 제1월 1일 바벨론을 떠난 후 10일째로 아하와 강에 도착하여 3일 동안 머무르는 2일째(스 8:15-36)

오늘은 유월절 어린 양을 택하는 날이며 모압 평지에 머물렀던 이스라엘 백성들이 요단강을 건넌 날입니다. 40년 광야 여정을 마치고 끊어진 요단강을 건너 약속의 땅으로 들어간 사건을 살펴보겠습니다.

❶ 제1월 10일에 '어린 양을 취하라!'

430년 동안 애굽에 머물던 이스라엘 백성들에게 새로운 월력체계를 주신 하나님께서는 제1월 10일에 흠 없는 어린 양을 취하라고 명령하셨습니다(출 12:3). 원어로 보면 어린 양을 취하라는 명령을 하실 때 부사어 '이 달 열흘에'에가 독립적으로 쓰여 강조되고 있습니다. '이 달 열흘에'가 강조된 것은 하나님께서 주신 새로운 월력체계를 기준으로 10일째 되는 날 흠 없는 어린 양을 준비하는 순종을 해야 했기 때문입니다. 10일째 되는 날 흠 없는 어린 양을 준비하지 않으면 10번째 재앙인 장자의 재앙이 일어날 때 이스라엘 백성의 장자들도 구원받을 수 없습니다. 하나님께서는 월력체계를 바꾼 지 10일째 되는 날 가족 단위로 흠 없는 어린 양을 택하게 하셨고 이스라엘 백성들은 날짜에 맞추어 흠 없는 어린 양을 준비하는 순종을 했습니다.

> 너희는 이스라엘 온 회중에게 말하여 이르라 이 달 열흘에 너희 각자가 어린 양을 잡
> 을지니 각 가족대로 그 식구를 위하여 어린 양을 취하되(출 12:3)

흠 없는 어린 양을 준비할 때 양은 각 가족대로 그 식구를 위해 어린 양을 취해야 합니다. 어린 양에 대해 식구가 너무 적으면 이웃 사람과 함께 사람 수를 따라서 한 마리를 잡는데 각 사람이 남기지 않고 먹을 수 있는 분량을 계산해야 했습니다(출 12:4). 또한 어린 양은 흠 없고 일 년 된 수컷으로 양이나 염소 중에서 취해야 했고 14일까지 간직한 후 해질 때 양을 잡아야 했습니다(출 12:5-6). 이스라엘 자손은 모세가 전한 하나님의 명령을 듣고 말씀하신 그대로 행했습니다(출 12:28). 원어로 보면 출애굽기 12:28c는 '와우계속법-미완료'가 아닌 '완료'를 사용하고 어순 도치되어 '여호와께서 모세와 아론에게 명하신 대로 그대로'가 강조되고 있습니다.

요단강이 흐르고 물이 범람하는 졸(Zor)과 양쪽 언덕지역인 골(Ghor)
평소의 요단강은 졸(Zor) 지역을 흐르는 사행천이다. 그런데 추수하는 시기(보리 추수)가 되면 요단강은 졸
지역 전체로 범람하여 언덕(골:Ghor)까지 차오른다.

❷ 출애굽 41년 제1월 10일에 '요단강을 건너라!'

출애굽 한지 41년째 제1월 10일에는 아주 중요한 사건이 일어났습니다. 오늘은 모압평지에서 요단강가로 이동하여 3일을 머물던 이스라엘 백성들이 여호수아의 지도하에 하나님께서 약속하신 가나안 땅에 들어가기 위해 끊어진 요단강을 건넌 날입니다. 요단강을 건너는 날인 오늘(제1월 10일) 여호와께서는 여호수아에게 **"내가 오늘부터 시작하여 너를 온 이스라엘의 목전에서 크게 하여 내가 모세와 함께 있었던 것 같이 너와 함께 있는 것을 그들이 알게 하리라(7) 너는 언약궤를 멘 제사장들에게 명령하여 이르기를 너희가 요단 물 가에 이르거든 요단에 들어서라 하라"**(수 3:7-8)고 말씀하셨습니다.

하나님께서 여호수아에게 하신 말씀은 모두 강조되었습니다. 어순 도치된 세 문장 중 여호수아 3:7b는 부사어인 '오늘부터(이 날부터)'가, 8a는 주어인 '너는(여호수아)'가, 8b는 부사어인 '너희가 요단에 요단 물가에 이르거든' 강조되었습니다. 하나님께서는 이스라엘 백성들이 요단강을 건널 수 있게 요단강을 끊으실 것인데 그 말씀을 여호수아를 통해 백성에게 전달하게 한 후 그 말씀대로 이루심으로 여호수아를 백성들 앞에 크

요단계곡지대와 요단강 물이 끊어져 쌓인 아담

요단강이 끊어져 쌓인 아담은 이스라엘 백성들이 요단강을 건넌 지점으로부터 북쪽으로 25Km정도 떨어진 곳이다.

게 하시려고 하셨습니다. 하나님께서 여호수아를 지칭하여 '네가'를 강조하시며 언약궤를 멘 제사장들에게 명령하라고 말씀하셨습니다.

하나님의 말씀을 들은 여호수아는 이스라엘 자손을 불러 "이리 와서 너희의 하나님 여호와의 말씀을 들으라"(수 3:9), "살아 계신 하나님이 너희 가운데에 계시사 가나안 족속과 헷 족속과 히위 족속과 브리스 족속과 기르가스 족속과 아모리 족속과 여부스 족속을 너희 앞에서 반드시 쫓아내실 줄을 이것으로서 너희가 알리라(10) 보라 온 땅의 주의 언약궤가 너희 앞에서 요단을 건너가나니(11) 이제 이스라엘 지파 중에서 각 지파에 한 사람씩 열두 명을 택하라(12) 온 땅의 주 여호와의 궤를 멘 제사장들의 발바닥이 요단 물을 밟고 멈추면 요단 물 곧 위에서부터 흘러내리던 물이 끊어지고 한 곳에 쌓여 서리라"(수 3:10-13)는 하나님의 말씀을 전했습니다. 하나님께서는 요단강을 건너는 과정을 여호수아에게 말씀하셨고 여호수아는 그대로 이스라엘 백성들에게 전했습니다. 하나님의 계획을 여호수아에게서 들은 이스라엘 백성들은 눈 앞에 도도하게 흐르는 요단강이 끊어지고 한 곳에 쌓여 서리라는 하나님의 말씀이 이루어지는 것을 체험하기 위해서는 순종만 하면 되었습니다.

제
1
月

요단강은 곡식 거두는 시기였기에 언덕까지 물이 넘쳤습니다(수 3:15). 제일 먼저 요단강으로 들어간 사람은 언약궤를 멘 제사장들이었습니다. 그런데 하나님께서는 "보라! 온 땅의 주의 언약궤가 너희 앞에서 요단으로 들어가나니"(수 3:10)라고 말씀하셨는데 명사문장이 쓰여 하나님께서 선언하셨음과 진행될 상황을 설명하고 있습니다. 제사장들이 백성들 앞서 가고 있지만 제사장들이 가는 것이 아니라 '온 땅의 주의 언약궤'가 먼저 앞서 가고 있으니 믿고 따르라고 말씀하셨던 것입니다. 언약궤를 멘 제사장이 요단강에 이르러 발을 들여놓았고 제사장들의 발이 물에 잠기자 하나님의 말씀대로 흘러내리던 물이 끊어졌습니다.

이스라엘 백성들은 물이 멈춰 쌓인 것을 볼 수 없었지만 물은 사르단 가까운 이스라엘 백성들이 요단강을 건너는 지점에서 25Km 정도 북쪽에 있는 아담 성읍 근처에 쌓였습니다. 물이 끊어지자 백성들은 여리고 앞으로 건넜는데 백성들이 다 건너기까지 언약궤를 멘 제사장들은 요단강 한가운데 서 있었습니다(수 3:14-17).

> 백성이 요단을 건너려고 자기들의 장막을 떠날 때에 제사장들은 언약궤를 메고 백성 앞에서 나아가니라(수 3:14) 요단이 곡식 거두는 시기에는 항상 언덕에 넘치더라 궤를 멘 자들이 요단에 이르며 궤를 멘 제사장들의 발이 물 가에 잠기자(수 3:15) 곧 위에서부터 흘러내리던 물이 그쳐서 사르단에 가까운 매우 멀리 있는 아담 성읍 변두리에 일어나 한 곳에 쌓이고 아라바의 바다 염해로 향하여 흘러가는 물은 온전히 끊어지매 백성이 여리고 앞으로 바로 건널새(수 3:16) 여호와의 언약궤를 멘 제사장들은 요단 가운데 마른 땅에 굳게 섰고 그 모든 백성이 요단을 건너기를 마칠 때까지 모든 이스라엘은 그 마른 땅으로 건너갔더라(수 3:17)

언약궤를 멘 제사장들이 하나님의 말씀대로 요단강에 들어섰기에 물이 끊어졌고 백성들은 눈 앞에 도도하게 흐르던 물은 전혀 보지 못한 채 요단강의 마른 땅을 밟고 건너갔습니다. 홍해를 건널 때에는 물이 벽이 되어 서 있었기에 언제 쏟아져 덮칠지 모르는 상황에서 두려움으로 건넜다면 요단강은 끊어져 강을 건너는 백성들은 물을 보지 못한 상황에서 마른 땅으로 요단을 건넌 것은 은혜입니다.

성도 여러분!
믿음이 없을지라도 믿음이 있는 공동체에 속해 있으면 공동체와 함께 약속의 땅으로 들어갈 수 있습니다. 당시 유일신 하나님의 말씀에 대해 의심하고 믿지 못하는 백성들도 있었을 것입니다. 하지만 믿음이 없었을 지라도 하나님의 말씀대로 눈 앞에서 강이 끊어지는 것을 목격하고 마른 땅으로 요단강을 건넌 후에는 하나님께서 행하신 일을 믿을 수 있었을 것입니다. 오늘도 내가 속한 공동체의 믿음 없는 사람들이 나를 통해 일하시는 하나님을 목격하고 더 큰 믿음을 소유할 수 있도록 믿음의 본을 보이는 하루가 되시길 기도합니다.

11일

요단강과 길갈에
12개의 돌들을
세움(수 4:1-:24)

오늘 날짜가 언급된 성경 사건과 포함된 사건은 다음과 같습니다.

사건 1   노아 601년 제1월 1일 땅 위에 물이 마른 지 11일째로 땅이 완전히 말라 제 2월 27일에 방주를 나오기까지 방주에 머무름

사건 2   요단강을 건너 약속의 땅에 들어간 후 2일째

사건 3   히스기야 첫해 제1월 1일 성전을 거룩케 하기 시작한 후 11일째(제1월 4일 히 스기야 왕이 성전청결을 시작, 제1월 8일 히스기야가 여호와의 낭실까지 성전을 성결케 함 참 조)로 여호와의 낭실까지 성전을 성결케 함(대하 29:17)

사건 4   주전 458년 2차 포로 귀환 시 제1월 1일 바벨론을 떠난 후 11일째로 아하 와 강에 도착하여 3일 동안 머무르는 3일째(스 8:15-36)

오늘은 어제 있었던 요단강을 건너는 사건을 계속해서 살펴보겠습니다. 하나님께서는 언약궤를 멘 제사장들이 서 있었던 요단강 바닥에서 길갈에 세울 12개의 돌을 취하게 하셨고, 그 자리에 강 밖에서 취한 12 개의 돌을 세우게 하셨는데 이렇게 행하게 하신 이유를 살펴보겠습니다.

언약궤를 멘 제사장들은 이스라엘 백성들이 다 건너가기까지 요단강 한가운데 서 있었습니다. 마지막 백성이 요단강을 건너가자 하나님께 서는 여호수아에게 **"너희를 위하여 각 지파에서 한 사람씩 백성들 가운데 12명을 취하**

Sacred Stones/Pillars and Altar Worship Site located in the Wilderness south of Israel. Photo by Uzi Avner. Used with permission in Sunday Software's Abraham & Sarah CD.

네겝에 세워진 돌
아마도 요단강과 길갈에 세워진 돌들도 이와 비슷한 개념으로 세워졌을 것이다. 성경에서 돌을 세우는 것은 신과의 만남이 있거나 제단을 쌓고 신에게 제사드릴 때 나타난다.

라!"(수 4:2)고 명령하셨습니다. (수 4:1-3). 그리고 "그들에게 명하여('차와') 이르라"라고 하셨는데 이때 '차와'(צָוָה, 명령하다, 부과하다, 부탁하다)를 사용합니다. '차와'를 써서 말씀하신 것은 꼭 순종해야 하는 하나님의 명령이기 때문입니다. 하나님께서는 "요단 가운데 제사장들의 발이 굳게 섰던 그곳에서 돌 열두 개를 들어내라!(명령) 그리고 옮겨라 그리고 오늘밤 너희가 묵을 곳에 두라"(수 4:3)고 말씀하셨습니다.

여호수아는 이스라엘 자손 가운데 각 지파에서 한 사람씩 세운 열두 사람을 불렀습니다. 그리고 "너희는 요단 한가운데 여호와 너희 하나님의 궤 앞으로 들어가라!(명령) 그리고 이스라엘 자손의 지파 수대로 너희 각 사람이 돌 한 개씩을 들어 올려라!(명령) 훗날 너희 자손이 '이 돌들이 무슨 뜻입니까?'라고 물을 때 이것이 너희 가운데 표적이 될 것이다 너희는 그들에게 말하기를 '요단강 물이 여호와의 언약궤 앞에서 끊어졌으니, 요단 물이 끊어졌으므로 이 돌들이 이스라엘 자손에게 영원히 기념이 될 것이다'라고 하여라"(수 4:4-7)고 말했습니다. 이스라엘 자손들은 여호수아가 명령한 대로, 여호와께서 여호수아에게 말씀하신 대로 요단강 가운데에서 이스라엘 자손들의 지파 수에 따라 돌 12개를 택했습니다. 그리고 그들이 머물 곳에 두었습니다. 또한 여호수아는 요단 가운데 곧 언약궤를 멘 제사장들의 발이 선 그 자리에 돌 12개를 세웠는데 내레이터는 오늘날까지 그 돌들이 거기에 있다고 말합니다(수 4:8-9).

이 모든 과정이 끝난 후 하나님께서는 여호수아에게 **"증거궤를 메고 있는 제사장들에게 명령하여 요단에서 올라오게 하여라"**(수 4:16)고 말씀하셨습니다. 하나님께서 여호수아에게 말씀하셨고 여호수아는 언약궤를 멘 제사장들에게 말하여 그들이 육지를 밟았을 때 요단강 물은 다시 흘러 언덕까지 넘쳤습니다(수 4:16-18). 원어로 보면 이 과정이 '와우계속법-미완료'로 기술되어 연속적으로 일어난 사건임을 알 수 있습니다. 그런데 그중 여호수아 4:18b가 '완료'를 써서 강조됩니다. '제사장들이 그 발바닥으로 마른 땅을 밟았다'(수 4:18b)고 언급할 때 '와우계속법-미완료'로 진행되던 문장이 '완료'로 쓰여 강조됩니다. 이것은 여호와의 언약궤를 멘 제사장들이 제일 마지막으로 나왔고 육지를 밟는 순간 요단강 물은 여전히 흘렀다는 것을 강조하는 것입니다. 제사장들이 제일 마지막으로 나왔지만 의미적으로 볼 때 언약궤가 의미하는 여호와 하나님께서 백성들이 보는 앞에서 제일 마지막으로 나온 것을 강조하고 있는 것입니다. 이후 여호수아 4:18cd는 다시 '와우계속법-미완료'가 쓰여 사건이 연속적으로 진행 되었음을 보여 줍니다.

⊙ 여호수아 4:15-18

'그리고 여호와께서 여호수아에게 말씀하셨다'(와우계속법-미완료, 수 4:15), '그리고 여호수아가 제사장들에게 명했다'(와우계속법-미완료, 수 4:17), '그리고 … 제사장들이 올라왔다'(와우계속법-미완료, 수 4:18a), **'제사장들이 그 발바닥으로 마른 땅을 밟았다'**(완료, 수 4:18b), '그리고 요단 물이 본래대로 흘렀다'(와우계

요단계곡지대(아라바)**의 골과 졸**
요단강은 평상시 졸지역을 사행천으로 흐르다 보리 추수 시기에 물이 불어나 졸지역 전체에 범람하고 물이 차올라 40여 미터 높이의 언덕인 골지역까지 넘쳤다.

속법-미완료, 수 4:18c), '그리고 예전처럼 언덕 위로 흘러넘쳤다'(와우계속법-미완료, 수 4:18d)

여호수아는 길갈에 진을 친 후 요단강에서 가져온 12개의 돌을 세웠습니다. 그리고 이스라엘 자손들에게 "후일에 너희의 자손들이 그들의 아버지에게 묻기를 이 돌들은 무슨 뜻이니이까 하거든(21) 너희는 너희의 자손들에게 알게 하여 이르기를 이스라엘이 마른 땅을 밟고 이 요단을 건넜음이라(22) 너희의 하나님 여호와께서 요단 물을 너희 앞에서 마르게 하사 너희를 건너게 하신 것이 너희의 하나님 여호와께서 우리 앞에 홍해를 말리시고 우리를 건너게 하심과 같았나니(23) 이는 땅의 모든 백성에게 여호와의 손이 강하신 것을 알게 하며 너희가 너희의 하나님 여호와를 항상 경외하게 하려 하심이라 하라"(수 4:24)고 말했습니다.

하나님께서는 여호수아에게 "오늘부터(요단강을 건너는 날, 출애굽 41년 제1월 10일) 시작하여 내가 너를 온 이스라엘이 보는 앞에서 위대하게 하여 내가 모세와 함께 있었던 것처럼 너와 함께 있음을 그들이 알게 할 것이다"(수 3:7)고 약속하셨었습니다. 그런데 이스라엘 백성이 요단강을 건너는 과정이 마친 후 내레이터는 '**그날에 여호와께서 온 이스라엘 백성의 목전에서 여호수아를 위대하게 하시니, 그가 살아 있는 동안 백성이 모세를 두려워한 것처럼 그를 두려워했다**'(수 4:14)고 언급합니다. 원어를 보면 어순 도치되어 부사어 '그날에'('바욤 하후', בַּיּוֹם הַהוּא)가 강조되어 하나님께서 '그날' 약속을 지키셨음을 강조하고 있습니다.

광야 40년의 여정을 마치는 이스라엘 백성들이 요단강을 건너 길갈에 진을 치는 과정을 정리하면 다음과 같습니다.

첫째, 제일 먼저 요단강에 들어간 사람은 여호와의 언약궤를 멘 제사장들이었습니다. 이들은 물에 들어가자 요단강 물을 끊어졌고 말랐으며 백성들은 요단강을 건너갔습니다. 이들은 모든 백성들이 건너가고 하나님께서 여호수아에게 명령하신 돌을 세우는 과정이 끝나도록 물이 끊어진 요단강 한가운데 서 있었습니다.

둘째, 언약궤를 멘 제사장 다음으로 요단강을 건너간 사람들은 르우벤, 갓, 므낫세 반지파입니다. 이들은 요단강 동편에 머물 때 모세에게 땅을 요구하여 분배 받았습니다. 그리고 모세에게 약속한 대로 다른 백성들보다 먼저 요단강을 건너 여호와 앞에서 싸우려고 여리고 평지로 갔습니다(수 4:12-13). 이들의 수는 4만 명 가량이라고 언급되는데 계수함을 받은 수 중 1/3(36%)에 해당합니다. 나머지 2/3의 남자들은 동쪽에 분배 받은 땅과 가족을 지키기 위해 요단강을 건너지 않았습니다.*

셋째, 9지파와 므낫세 반지파가 모두 요단강을 마른 땅으로 건넜습니다.

---

* 민수기 26장에서 르우벤 자손은 43,730명, 갓 자손은 40,500명(민 26:18), 므낫세 자손은 52,700명(민 26:34)으로 계수되었습니다. 요단강 동쪽에서 분배받은 두 지파와 므낫세 반의 남자의 수를 26,350이라고 하면 총 110,580명입니다.

넷째, 하나님께서 요단강을 끊어지게 하셨고 마르게 하신 후 이스라엘 백성들이 건너간 것을 후세들이 기억할 수 있도록 요단강에서 12개의 돌을 취해 길갈에 세웠고(수 4:20) 강 밖에서 취한 12개의 돌을 언약궤를 멘 제사장이 서 있던 자리에 두어 증거물을 삼았습니다. 이스라엘 모든 백성들이 요단강을 건너가고 여호와께서 여호수아에게 명령하신 일이 다 마치기까지 언약궤를 멘 제사장들은 요단 가운데 서 있었습니다.

다섯째, 모든 백성이 요단강을 건넜을 때 여호와의 말씀에 따라 여호수아는 제사장들에게 요단강에서 올라오라고 명령했고 여호와의 언약궤를 멘 제사장들이 요단강 가운데서 올라왔습니다. 모든 백성이 다 건넌 후 여호와의 궤와 제사장들이 백성들이 보는 앞에서 건넜습니다. 제사장들이 발바닥으로 언덕의 마른 땅을 밟았을 때 물이 본래대로 흘러 예전처럼 언덕 위로 흘러넘쳤습니다(수 4:15-18).

마지막으로 이스라엘 백성들은 요단에서 올라온 후 여리고 동쪽 끝에 있는 길갈에 진을 쳤습니다. 여호수아는 길갈에서 가져온 돌 12개를 길갈에 세웠습니다(수 4:19-20)

성도 여러분!

광야 여정 40년이 지나 약속의 땅으로 들어가기 위해 요단강을 건너는 사건은 하나님께서 말씀하신 대로 순종함으로 이루었습니다. 여호수아와 제사장, 그리고 이스라엘 백성들은 하나님의 구속사가 진행되는 역사적 현장에서 지시하신 대로 순종함으로 이루는 체험을 하기만 하면 되었습니다. 하나님의 구속사는 이 시간에도 하나님의 언약을 깨달은 성도들에 의해 진행되고 있습니다. 오늘도 하나님의 구속사가 하나님의 언약, 곧 하나님의 말씀을 깨달은 나의 삶 가운데에서 나의 순종함으로 진행된다는 것을 고백하고 하나님 말씀대로 순종하는 하루가 되시길 기도합니다.

12일

길갈에서 할례를 행함(수 5:2-9) &
아하와 강을 떠남(스 7:6-9)

오늘 날짜가 언급된 성경 사건은 아하와 강에서 떠나는 사건이 있습니다. 오늘 날짜가 포함된 사건은 다음과 같습니다.

사건 1　노아 601년 제1월 1일 땅 위에 물이 마른 지 12일째로 땅이 완전히 말라 제2월 27일에 방주를 나오기까지 방주에 머무름

사건 2　요단강을 건너 약속의 땅에 들어간 후 3일째

사건 3　히스기야 첫해 제1월 1일 성전을 거룩케 하기 시작한 후 12일째(제1월 4일 히스기야 왕이 성전청결을 시작, 제1월 8일 히스기야가 여호와의 낭실까지 성전을 성결케 함 참조)로 여호와의 낭실까지 성전을 성결케 함(대하 29:17)

사건 4　주전 458년 2차 포로 귀환 시 제1월 1일 바벨론을 떠난 후 12일째로 아하와 강을 떠나는 날(스 7:6-9, 8:15-36)

오늘은 바벨론 2차 포로 귀환 시 3일을 머물렀던 아하와 강을 떠나는 날입니다. 하지만 사건 자체에 대한 기록은 많지 않기에 요단강을 건너 약속의 땅에 들어가 길갈에서 머물며 할례를 행하는 사건을 살펴보겠습니다.

아하와 강가에 3일간 머물며 성전에서 일할 레위인을 찾았고 금식하며 하나님께서 예루살렘까지 잘 인도하시기를 기도했던 에스라와 바벨

론 2차 포로 귀환 백성들은 오늘(제1월 12일) 예루살렘으로 떠났습니다. 에 스라는 예루살렘에 도착한 후 '우리 하나님의 손이 우리를 도우사 대적과 길에 매복 한 자의 손에서 건지신지라'(스 8:31)고 고백했습니다. 에스라 7장에는 2차 포로 귀환이 아닥사스다 왕 제7년 제1월 1일에 있었고 아하와 강에서 머물다 제1월 12일에 떠나 예루살렘에 도착한 것이 제5월 1일이라고 분명하게 말합니다(스 7:6-9). 바벨론에서 예루살렘으로의 2차 포로 귀환 여행은 꼬 박 4달이 걸렸습니다. 한 달 정도 걸리는 거리이지만 유아, 여자, 바벨 론에서 정리한 짐 등 여행하기에 힘든 조건들로 인해 오랜 시간이 걸린 것으로 생각됩니다.

> 이 에스라가 바벨론에서 올라왔으니 그는 이스라엘의 하나님 여호와께서 주신 모세
> 의 율법에 익숙한 학자로서 그의 하나님 여호와의 도우심을 입음으로 왕에게 구하는
> 것은 다 받는 자이더니(스 7:6) 아닥사스다 왕 제칠년에 이스라엘 자손과 제사장들과
> 레위 사람들과 노래하는 자들과 문지기들과 느디님 사람들 중에 몇 사람이 예루살렘
> 으로 올라올 때에(스 7:7) 이 에스라가 올라왔으니 왕의 제칠년 다섯째 달이라(스 7:8)
> 첫째 달 초하루에 바벨론에서 길을 떠났고 하나님의 선한 손의 도우심을 입어 다섯
> 째 달 초하루에 예루살렘에 이르니라(스 7:9)

이번에는 요단강은 건너 약속의 땅에 들어와 길갈에 머물 때 할례를 행한 사건을 살펴보겠습니다. 하나님께서는 길갈에서 여호수아에게 말 씀하셨는데 여호수아 5:2은 '그때에'('바에트 하히', בָּעֵת הַהִיא, 직역하면 '바로 그 시간 안에')로 시작합니다. 이 시점은 요단강을 건넌 바로 그날이나 다음 날 일 것입니다. 왜냐하면 할례를 행한 사건이 있은 후 제1월 14일 저녁에 유월절을 지켰기 때문입니다.

하나님께서는 여호수아에게 "너는 부싯돌로 칼을 만들어 이스라엘 자손들에게 다 시 할례를 행하라"(수 5:2)고 말씀하셨습니다. 여호수아는 하나님 말씀에 순

종하여 부싯돌로 칼을 만들어 할례 산에서 이스라엘 자손들에게 할례를 행했습니다(수 5:3). 성경은 여호수아가 할례를 시행한 이유를 '애굽에서 나온 모든 백성 중 남자 곧 모든 군사는 애굽에서 나온 후 광야 길에서 죽었는데(4) 그 나온 백성은 다 할례를 받았으나 다만 애굽에서 나온 후 광야 길에서 난 자는 할례를 받지 못하였음이라'(수 5:4-5)고 말합니다.

하나님께서 애굽을 떠나게 하신 이스라엘 자손들은 광야에서 여호와의 말씀에 순종하지 않았습니다. 하나님께서는 그들에게 "그들의 조상들에게 맹세하여 우리에게 주리라고 하신 땅 곧 젖과 꿀이 흐르는 땅을 그들이 보지 못하게 하리라"(수 5:6)고 말씀하신 후 애굽에서 나와 계수함을 입은 603,548명이 죽기까지 광야를 헤메게 하셨습니다(수 5:6). 애굽을 떠난 사람들은 그들의 아버지에게 할례를 받았는데 정작 할례를 받은 그들은 광야에서 태어난 자신들의 2세대에게는 할례를 행하지 않아 할례 없는 자가 되게 했습니다. 하나님께서는 광야에서 태어난 2세대들에게 할례를 행하라고 말씀하셨고 여호수아는 순종했습니다.

하나님께서 아브라함과 그가 낳을 이삭의 후손들에게 하나님의 내언약을 영원한 언약으로 주신 증표로서 할례를 명하실 때 할례를 받지 않은 자는 끊어지리라(죽을 것이다)고 말씀하셨습니다(창 17:14). 그런데 광야에서 태어난 2세들은 하나님의 말씀대로 태어 난지 8일 만에 할례를 받지 않았지만 죽지 않고 요단강을 건너 약속의 땅에 들어갈 수 있었습니다. 이것은 하나님의 사랑이요 끝까지 참으심이라 할 수 있습니다. 하나님의 언약을 믿음으로 순종하여 완전하게(정탐한 후 약속의 땅을 정복하지 못함) 이루지 못한 출애굽 1세대들은 광야에서 죽었지만, 광야 여정 가운데 태어난 2세대는 할례를 받지 않았지만 살리셨습니다.

할례를 받지 아니한 남자 곧 그 포피를 베지 아니한 자는 백성 중에서 끊어지리니 그가 내 언약을 배반하였음이니라(창 17:14)

광야에서 태어난 2세들이 그들의 아버지에게서 할례를 받지 못한 것은 출애굽 한 1세대들이 약속의 땅 가나안을 바라보지 않고 오히려

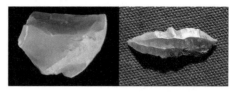
돌로 만든 할례 칼

젖과 꿀이 흐르는 땅을 애굽으로 생각하며 애굽을 잊지 못하며 모세를 원망했기 때문일 수 있습니다(민 16:13). 출애굽 1세대에게는 가나안 땅을 정탐한 후 믿지 못하게 되었을 때 하나님께서 아브라함과 이삭과 야곱에게 **"이 땅을 네 후손에게 주리라"**라고 말씀하셨던 젖과 꿀이 흐르는 가나안보다 애굽에서 종살이 하며 사는 것이 더 나았다는 인식이 남아 있었습니다. 이것은 광야의 이스라엘 백성들에게 "수치"였을 것입니다. 하나님께서는 요단강을 건넌 광야에서 태어난 2세대들이 할례를 받아 언약을 기억하게 하셨으며 애굽의 수치를 물러가게 하셨습니다. 기억해야 할 것은 보이는 할례를 행하지 않은 것이 "수치"가 아니라 언약을 기억하지 못하고 여호와께 순종하는 삶을 살지 못한 것이 "수치"라는 것을 알아야 합니다.

할례를 행한 백성들은 각 처소에서 머물며 낫기를 기다렸고 여호와께서는 여호수아에게 **"내가 오늘 애굽의 수치를 너희에게서 떠나가게 하였다 하셨으므로 그곳 이름을 오늘까지 길갈이라 하느니라"**(수 5:9)고 말씀하셨습니다. 원어를 보면 어순 도치되어 때를 의미하는 부사어 '그날'(하욤', הַיּוֹם, '오늘날'로 번역함)이 강조되었습니다. 이것은 약속의 땅을 정복해야 하는 시점에서 이스라엘 백성들에게 그 무엇보다도 먼저 하나님께서 아브라함에게 영원하리라

고 약속하셨던 '하나님의 내언약'이 계승되었고 할례를 통해 회복된 날이 중요함을 의미합니다. '길갈'은 하나님께서 지어주신 지명인데 이스라엘 백성들이 머물며 할례를 행한 곳, 약속의 땅에 들어와 처음으로 진친 곳을 하나님께서는 '길갈'이라 명하셨습니다.

잊지 말아야 할 것은 고난을 겪는 애굽에서도 하나님의 언약을 잊지 않고 할례를 행함으로 하나님의 언약이 이루어질 것임을 전했다는 것입니다. 그리고 때가 되어 하나님께서 약속하신 대로 하나님의 언약을 이룰 자로 출애굽 1세대는 광야로 나왔습니다. 출애굽 한 1세대는 할례도 받았고 하나님의 언약을 이룰 사람들이었는데 그들은 약속의 땅을 정탐한 후 오히려 믿지 못하게 되었습니다. 결과적으로 그들은 하나님에 대한 믿음 없음으로 약속의 땅에 들어가지 못하게 되었고, 다음 세대에게는 할례를 행하지 않음으로 영원한 하나님의 언약이 다음 세대에게 있음을 각인시키지 못했습니다. 그러나 하나님께서는 사랑으로 다음 세대에게 할례를 행하게 하심으로 기회를 주셨음을 감사해야 합니다.

성도 여러분!
나는 할례를 받고 출애굽 한 1세대로 끝까지 하나님의 언약을 이룰 성도입니까? 아니면 할례를 받고 출애굽 했지만 언약을 저버리고 다음 세대에게도 언약을 계승하지 않는 하나님의 언약을 놓은 자입니까? 오늘도 하나님을 믿는 백성으로 살아가면서 다음 세대에게 물려주어야 할 하나님의 언약을 내가 속한 공동체의 다음 세대에게 정확하게 가르치며 물려주고 있는지 돌아보고 영원한 하나님의 내언약을 이룰 당사자임을 확신하고 승리하는 하루가 되시길 기도합니다.

13일

하만이 유대인들을 죽이라는
조서를 써서 보냄(더 3:1-15)

제1월

오늘 날짜가 언급된 성경 사건은 하만이 유대인들을 죽이라는 조서를 써서 보낸 사건이 있습니다. 오늘 날짜가 포함된 사건은 다음과 같습니다.

사건 1 노아 601년 제1월 1일 땅 위에 물이 마른 지 13일째로 땅이 완전히 말라 제2월 27일에 방주를 나오기까지 방주에 머무름

사건 2 요단강을 건너 약속의 땅에 들어간 후 4일째

사건 3 히스기야 첫해 제1월 1일 성전을 거룩케 하기 시작한 후 13일째(제1월 4일 히스기야 왕이 성전청결을 시작, 제1월 8일 히스기야가 여호와의 낭실까지 성전을 성결케 함 참조)로 여호와의 낭실까지 성전을 성결케 함(대하 29:17)

사건 4 주전 458년 2차 포로 귀환 시 제1월 1일 바벨론을 떠난 후 13일째로 아하와 강을 떠난 지 2일째(스 7:6-9, 8:15-36)

사건 5 하만이 제12월 13일에 유대인들을 죽이라는 조서를 써서 보냄(더 3:12)

오늘은 바벨론 2차 포로 귀환 전 페르시아의 수산성에서 벌어진 하만이 전국에 사는 유대인들을 죽이려 했던 사건을 살펴보겠습니다. 이 사건은 아하수에로 7년 제10월(데벳월)에 에스더가 왕후가 된 후 5년이 지난 아하수에로 12년 제1월 13일(주전 474년 4월 17일)에 일어난 사건이며 제

날짜별로 본 오늘의 성경 사건 **81**

1차 포로 귀환(주전 537년)과 제2차 포로 귀환(주전 458년) 사이에 발생한 사건입니다.

페르시아 왕 아하수에로는 아각 사람 함므다다의 아들 하만의 지위를 높여 그와 함께한 모든 고관들 위의 자리를 임명했습니다. 왕궁의 문을 지키는 모든 신하가 왕의 명령대로 하만에게 꿇어 절했는데 모르드개는 꿇지도 않고 절하지도 않았습니다. 왕의 신하들은 **"너는 어찌하여 왕의 명령을 거역하느냐"**라고 말하며 하만에게 절하라고 날마다 권했지만 모르드개가 그들의 말을 듣지 않고 자기가 유다인임을 알렸습니다. 내레이터는 모르드개가 하만에게 절하지 않은 이유를 모르드개가 유다인이라고 언급했는데 이 사실을 왕의 신하들은 하만에게 알렸습니다(더 3:1-4). 이후 하만은 모르드개가 계속해서 무릎을 꿇지도 않고 절하지도 않는 것을 보고 화를 냈고 모르드개가 유다 사람이라는 보고를 들은 후에는 아하수에로의 온 나라에 있는 유다인 곧 모르드개의 민족을 다 죽이려고 했습니다(더 3:4-6).

하만은 아하수에로 왕 12년 제1월(니산월)에 제비를 뽑아 제12월(아달월) 정한 후(더 3:7) 아하수에로 왕에게 **"한 민족이 왕의 나라 각 지방 백성 중에 흩어져 거하는데 그 법률이 만민의 것과 달라서 왕의 법률을 지키지 아니하오니 용납하는 것이 왕에게 무익하니이다(8) 왕이 옳게 여기시거든 조서를 내려 그들을 진멸하소서 내가 은 일만 달란트를 왕의 일을 맡은 자의 손에 맡겨 왕의 금고에 드리리이다"**(더 3:8-9)라고 말했습니다. 아하수에로 왕은 반지를 손에서 빼 유다인의 대적 곧 아각 사람 함므다다의 아들 하만에게 주며 **"그 은을 네게 주고 그 백성도 그리하노니 너의 소견에 좋을 대로 행하라"**라고 말했습니다(더 3:10-11). 10000달란트의 은을 받는 것은 거절하고 하만이 가지도록 했지만 백성들에 대한 처리는 하만의 의도대로 처리하게 했습니다.

아하수에로와 에스더
아하수에로는 크세르크세스(Xerxes)로 영화 300에서 현재의 그리스 지역을 정복하려하는 잔인한 왕으로
묘사된다. by www.gettyimages.com

제1월 13일에 왕의 서기관이 소집되었고 하만의 명령에 따라 왕의 대신, 각 지방의 관리, 각 민족의 관원에게 아하수에로 왕의 이름으로 조서를 쓰되 곧 각 지방의 문자와 각 민족의 언어로 쓰고 왕의 반지로 인을 치고(더 3:12) 그 조서를 전령들을 통해 아하수에로 왕에게 속한 모든 지방에 보냈습니다. 그 내용은 '제12월(아달월) 13일 하루 동안 모든 유다 사람 모든 젊은이와 늙은이와 어린이와 여인들을 막론하고 죽이고 도륙하고 진멸하고 또 그 재산을 탈취하라'였습니다(더 3:13). 모든 도에 전달할 칙령을 기록한 조서의 사본을 모든 백성에게 선포하여 그날을 위하여 준비하게 했습니다. 전령들이 왕의 명령을 받들어 급히 나가매 그 조서가 도성 수산에도 반포되니 왕은 하만과 함께 앉아 마시되 수산 성은 술렁거렸습니다(더 3:14-15). 제1차 포로 귀환 한 후 성전을 완성하고(다리오 왕 6년 제12월 3일로 주전 515년 3월 12일) 예루살렘에 머문지 42년 정도 후 아하수에로의 통치에 속한 유다와 예루살렘도 큰 화를 입게 될 지경이었습니다.

아마도 제1월 13일 당일에 일어난 일은 아니지만 모르드개가 일어난 모든 일을 안 후 옷을 찢고 굵은 베옷을 입고 재를 뒤집어쓰고 성읍 안으로 나가 비통해하며 크게 통곡했습니다. 그는 베옷을 입고 왕궁으로 들어갈 수 없었기에 왕궁 문 앞까지 갔습니다(더 4:1-2). 모르드개의 이러한 행동은 왕의 허락을 통해 하만이 내린 조서가 잘못되었음과 유다 사람들이 하만의 계략으로 인해 억울하게 죽게 되었음을 왕이 알게 하기 위한 행동이었습니다. 하지만 모르드개의 이 행동은 왕에게 알려지지 않았을 것입니다. 왕의 명령과 조서가 전달된 각 도에서도 유다 사람들이 크게 애곡하고 금식하고 통곡하고 울부짖었고 수많은 사람이 베옷을 입고 재에 누웠습니다(더 1:3). 모르드개의 행동이 아하수에로 왕에게 전해지지는 않았지만 왕후 에스더에게는 소식이 전해졌고 에스더는 모르드개가 입을 의복을 보냈습니다. 하지만 모르드개는 베 옷을 벗지 않으려고 했습니다(더 4:4).

에스더는 내시 하닥을 불러 무슨 일인지 알아보게 했고 모르드개는 자기에게 일어난 모든 일과 하만이 유다 사람들을 진멸할 때 왕의 보물 창고에 들여놓기로 한 은에 대해 정확하게(파라샤, פָּרָשָׁה, 정확한 설명, 진술) 알려 주었고, 유다 사람을 진멸하라고 수산에서 내린 조서의 사본을 에스더에게 보내며 아하수에로 왕에게 나가 그 앞에서 자기 백성을 위하여 탄원하며 간청하도록 부탁했습니다(더 4:5-9).

모르드개는 에스더에게 왜 은에 대해 정확하게 알려 주었을까요? 하만이 유다 사람들을 죽이는 대신 바치겠다고 한 은 10000달란트의 양이 어느 정도이며 무슨 의미가 있을까요? 시기는 다르지만 성막을 지을 때 계수함을 받은 603,550명이 반 세겔씩 가져온 은은 100달란트 1775 세겔이었습니다(출 38:25-26). 계산해보면 1달란트는 3000세겔에 해당하고 모든 백성이 가져온 은을 세겔로 환산하면 301,775세겔입니다. 하만이 아하수에로에게 바치기로 한 10000달란트는 성막을 지은 때 가져온 은의 양에 99.4배에 해당하는 엄청난 양입니다(10000달란트*3000세겔/301775세겔=99.4). 무게(kg)로 환산하면 약 34만 kg에 해당하는데 역사가 헤로도투스는 당시 페르시아 전체 일 년 세금의 2/3에 해당하는 양이라고 말합니다.

> 계수된 회중이 드린 은은 성소의 세겔로 백 달란트와 천칠백칠십오 세겔이니(출
> 38:25) 계수된 자가 이십 세 이상으로 육십만 삼천오백오십 명인즉 성소의 세겔로 각
> 사람에게 은 한 베가 곧 반 세겔씩이라(출 38:26)

에스더는 "왕의 신하들과 왕의 각 지방 백성이 다 알거니와 남녀를 막론하고 부름을 받지 아니하고 안뜰에 들어가서 왕에게 나가면 오직 죽이는 법이요 왕이 그 자에게 금 규를 내밀어야 살 것이라 이제 내가 부름을 입어 왕에게 나가지 못한 지가 이미 삼십 일이라"(더 4:11)고 전했고 에스더의 말을 들은 모르드개는 "너는 왕궁에 있으니 모든 유다인 중에 홀로 목숨을 건지리라 생각하지 말라(13) 이때에 네가 만일 잠잠하여 말이 없으면 유다인은 다른 데로 말미암아 놓임과 구원을 얻으려니와 너와 네 아버지 집은 멸망하리라 네가 왕후의 자리를 얻은 것이 이때를 위함이 아닌지 누가 알겠느냐"(더 4:13-14)라고 회답했습니다. 모르드개는 페르시아 제국 내 127도에 퍼져 살고 있는 유다 백성들을 하나님께서 보호하실 것임을 확신했고 에스더가 왕후가 된 것이 이때를 위한 것일 수 있다고 확신했습니다. 마침내 에스더는 "당신은 가서 수산에 있는 유다인을 다 모으고 나를 위하여 금식하되 밤낮 삼 일을 먹지도 말고 마시지도 마소서 나도 나의 시녀와 더불어 이렇게 금식한 후에 규례를 어기고 왕에게 나아가리니 죽으면 죽으리이다"(더 4:16)고 회답했고 모르드개는 에스더가 명령한 대로 다 행했습니다(더 4:17).

에스더가 모르드개에게 전하는 에스더 4:16절을 직역하면 "당신은 가십시오!(명령형, 4:16a) 수산에서 만나는 모든 사람을 모으십시오!(명령형, 4:16b) 그리고 당신들은 나를 위하여 금식하십시오!(명령형, 4:16c) 그리고 당

신들은 먹지 마십시오(부정어 사용, 4:16d) 그리고 당신들은 삼일 밤낮 동안 마시지 마십시오(부정어 사용, 4:16e) 또한 나와 나의 시녀들은 그렇게 금식할 것입니다(4:16f) 그리고 그런 후에 규례를 어기고 왕에게 나아갈 것입니다(4:16g) 내가 죽어야 한다면 죽겠습니다(4:16h)"(에 4:16)입니다. 그녀의 말과 다짐 속에는 '삼일 밤낮을 금식하는 것'이 강조됩니다. 에스더 4:16f은 어순 도치되어 주어인 '나와 나의 시종들은'을 강조했는데 궁에 머무는 시녀들도(아마도 유다인들) 삼일 밤낮을 금식할 것임을 다짐했습니다. 또한 4:16g도 어순 도치되어 부사어인 '그리고 그렇게 한 후'('우베켄', וּבְכֵן) 가 강조되는데 '삼일 밤낮을 금식한 후'라는 의미를 강조한 것입니다. 4:16h는 미래의 일이지만 완료로 죽음을 각오했다는 것을 강조하고 있습니다. 에스더의 말을 전해 들은 모르드개는 에스더가 요구한 대로 수산성에 있는 유다인들을 모으고 삼일 밤낮으로 금식하며 기도했습니다.

에스더의 말에도 언급이 있었지만 페르시아의 규례에 의하면 왕이 부르지 않은 상태에서는 어느 누구도 왕을 만날 수 없었습니다. 왕의 부름을 받지 않은 사람이 왕 앞에 나오면 호위병에 의해 죽임을 당했습니다. 이런 규례는 왕의 신변 안전과 위엄을 높이기 위한 방법이었고 끊임없이 일어나는 정권 쟁취를 위한 암살 시도가 있었기 때문입니다. 헤로도투스는 메데왕 디오케스(Dioces)가 처음으로 이런 제도를 만들었고 고레스가 메데를 합병하여 페르시아 제국을 다스린 후에도 실행되었다고 말합니다.

사흘 동안의 금식 기도가 끝난 후 에스더는 왕후의 예복을 입고 죽게 되면 죽을 것이라는 마음으로 왕궁 맞은편에 있는 왕궁의 안뜰에 서 있었습니다. 이때 아하수에로 왕은 왕궁에서 궁의 대문을 마주 보고 왕좌에 앉아 있었습니다. 아하수에로 왕은 에스더가 뜰에 선 것을 보았고 그녀가 사랑스러워 왕이 그의 손에 든 금홀을 에스더에게 내밀었고 에스더는 다가가 금홀의 끝을 잡았습니다. 왕은 에스더가 너무 사랑스러웠는지 "에스더 왕후여, 그대에게 무슨 일이 있느냐? 그대의 소원이 무엇이냐? 왕국의 절반이라도 주겠다"라고 말했습니다. 에스더는 "왕께서 좋게 여기신다면 오늘 제가 왕을 위해 마련한 잔치에 하만과 함께 참석해 주십시오"라고 말했고 하만을 불러 함께 에스더가 마련한 잔치에 참석했습니다.

에스더의 행동은 아주 중요한 일을 앞두고 언약 백성이 가장 먼저 해야 할 일이 유일신 여호와 하나님께 기도하는 것임을 알게 합니다. 더나아가 죽기를 각오한 삼일 밤낮의 기도는 하나님께서 구원하시는 손을 베풀도록 하셨습니다. 아마도 하나님께서는 아하수에로를 잠들지 못하게 하셨고 그로 인해 역대 실록을 읽게 한 후 왕의 내시이자 문지기인 빅다나와 데레스 두 사람이 자신을(아하수에로 왕) 암살하려는 것을 모르드개가 고발한 사실을 듣게 하셨을 것입니다. 아하수에로는 하만을 시켜 모르드개에게 왕복을 입히고 말에 태워 성읍 광장에서 사람들에게 알리며 "왕께서 존귀하게 하기를 기뻐하시는 사람에게는 이같이 행하신다"라고 하도록 했습니다. 이 일로 격분한 하만은 에스더가 다시 베푼 잔치에 참석하여 실수를 범하게 되고 아하수에로 왕은 하만을 장대에 매달게 했습니다.

아하수에로 왕은 유다 사람들의 원수 하만의 집을 에스더에게 주었고 에스더는 모르드개가 자신과 어떤 관계인지 왕에게 밝혔고 모르드개가 왕 앞에 나오게 서게 되었습니다. 왕은 하만에게서 돌려받은 자신의 인장반지를 빼 모르드개에게 주었고, 에스더는 모르드개에게 하만의 집을 관리하게 했습니다(에 8:1-2). 이후 에스더는 왕 앞에서 그 발아래 엎드려 눈물을 흘리며 다시 말하기를 "아각 사람 하만이 유다 사람을 해치려고 꾸민 악한 흉계를 면하게 해주십시오"라고 왕에게 간청했습니다(에 8:3). 왕은 금 홀을 에스더에게 내밀었고 에스더가 일어나 왕 앞에 서서 **"왕께서 좋게 여기시고 제가 왕 앞에서 은총을 입었으며 이 일이 왕 앞에 합당하고 제가 왕의 눈에 기쁨이 되면 아각 사람 함므다다의 아들 하만이 왕의 각 도에 있는 유다 사람들을 진멸하려고 흉계를 꾸며 쓴 문서를 번복하는 조서를 내려 주십시오 제가 어떻게 제 민족에게 닥쳐오는 재앙을 보고 견딜 수 있겠습니까? 제가 어떻게 제 친족의 멸망을 보고 견딜 수 있겠습니까?"**라고 말했습니다(에 8:4-6). 에스더는 왕에게 말할 때 두 번 반복하여 '어떻게 보고 견딜 수 있겠습니까?'('에카카 유할 베라이티', אֵיכָכָה אוּכַל וְרָאִיתִי)라고 말하며 간청했습니다.

이에 아하수에로 왕은 유다 사람 모르드개에게 **"보아라! 하만이 유다 사람들을 죽이려 했기에 내가 그의 집을 에스더에게 주었고 사람들이 그를 나무에 매달았다 그대들도 그대들 보기에 좋은 대로 왕의 이름으로 유다 사람들에게 조서를 쓰고 왕의 인장 반지로 인을 쳐라 왕의 이름으로 서명하고 왕의 인장 반지로 인봉한 조서는 누구도 번복할 수 없다"**(에 8:7)고 말하며 전국 127도에 사는 유다인들이 살 수 있는 방법을 제시해 주었습니다.

성도 여러분!
아주 절박하고 위기의 순간을 만난 적이 있습니까? 그때 어떤 행동을 했는지 생각해 봅시다. 만약 먼저 하나님께 구하지 않고 사람의 방법을 써서 일을 해결하려고 했다면 어떻게 되었었는지도 생각해 보시기 바랍니다. 모르드개는 문제가 발생했을 때 베옷을 입고 회개하며 금식하는 모습을 보였습니다. 그리고 자신들에게 주어진 어려움이 하나님의 계획 속에 있음을 고백했고 하나님께서는 어떤 방법을 동원해서라도 언약의 백성들을 구원하실 것이라는 확신이 있었습니다. 오늘도 하나님의 구속사를 이어가는 언약 백성으로서의 삶을 살며 어려운 문제를 만났을 때 삶을 돌아보고 회개하며 해결 방법이 하나님께로부터 있을 것임을 고백하는 하루가 되시길 기도합니다.

어린 양의 피를
문 인방과 좌우 설주에
바르라!

오늘 날짜가 언급된 성경 사건은 애굽에 10번째 장자 재앙이 내릴 때 이스라엘 자손들의 장자를 죽음에서 구원하시기 위해 '어린 양의 피를 문 인방과 좌우 설주에 바르라!'는 하나님의 명령에 이스라엘 자손들이 순종한 사건이 있습니다. 오늘 날짜가 포함된 사건은 다음과 같습니다.

사건 1   노아 601년 제1월 1일 땅 위에 물이 마른 지 14일째로 땅이 완전히 말라 제 2월 27일에 방주를 나오기까지 방주에 머무름

사건 2   요단강을 건너 약속의 땅에 들어간 후 5일째

사건 3   히스기야 첫해 제1월 1일 성전을 거룩케 하기 시작한 후 14일째(제1월 4일 히 스기야 왕이 성전청결을 시작, 제1월 8일 히스기야가 여호와의 낭실까지 성전을 성결케 함 참 조)로 여호와의 낭실까지 성전을 성결케 함(대하 29:17)

사건 4   주전 458년 2차 포로 귀환 시 제1월 1일 바벨론을 떠난 후 14일째로 아하 와 강을 떠난 지 3일째(스 7:6-9, 8:15-36)

사건 5   하만이 제12월 13일에 유대인들을 죽이라는 조서를 써서 보낸 후 2일째(더 3:12)

오늘은 애굽에 내리는 마지막 재앙인 장자의 재앙 속에서 이스라엘 백 성들의 장자가 어떻게 구원을 받았는지 살펴보겠습니다.

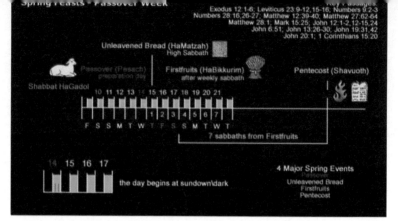

유월절, 무교절 그리고 해 질 때에('베인 하아르바임')에 대한 설명

　　장자가 죽지 않고 죽음을 넘어갈 수 있는 유월절을 지키기 위한 방법은 첫째 달 10일에 준비한 흠 없는 어린 양을 14일까지 잘 간직했다가 해질 때 양을 잡는 것으로 시작합니다. '해질 때'는 '베인 하아르바임'(בֵּין הָעַרְבַּיִם)으로 직역하면 '그 두 저녁 사이'로 번역할 수 있는데 이스라엘 백성들은 '해가 지는 때부터 완전히 해가 져서 밤이 되기까지 사이의 시간'으로 생각했습니다.

　　하나님께서는 유월절 의식을 지킴으로 장자의 생명이 보존될 수 있도록 다음과 같이 명령하셨습니다. "이 달 열 나흗날까지 간직하였다가 해 질 때에 이스라엘 회중이 그 양을 잡고(6) 그 피를 양을 먹을 집 좌우 문설주와 인방에 바르고(7) 그 밤에 그 고기를 불에 구워 무교병과 쓴 나물과 아울러 먹되(8) 날것으로나 물에 삶아서 먹지 말고 머리와 다리와 내장을 다 불에 구워 먹고(9) 아침까지 남겨두지 말며 아침까지 남은 것은 곧 불사르라(10) 너희는 그것을 이렇게 먹을지니 허리에 띠를 띠고 발에 신을 신고 손에 지팡이를 잡고 급히 먹으라 이것이 여호와의 유월절이니라(11) 내가 그 밤에 애굽 땅에 두루 다니며 사람이나 짐승을 막론하고 애굽 땅에 있는 모든 처음 난 것을 다 치고 애굽의 모든 신을 내가 심판하리라 나는 여호와라(12) 내가 애굽 땅을 칠 때에 그 피가 너희가 사는 집에 있어서 너희를 위하여 표적이 될지라 내가 피를 볼 때에 너희를 넘어가리니 재앙이 너희에게 내려 멸하지

**아니하리라(13) 너희는 이 날을 기념하여 여호
와의 절기를 삼아 영원한 규례로 대대로 지킬
지니라"**(출 12:6-14)"

시내산을 오르다 본 우슬초
당시의 우슬초는 집주변에서 쉽게 구할 수 있는
풀이었다.

제
1
월

하나님의 말씀 중 강조되는 문장

❶ 어린 양과 함께 먹어야 할 무교병과 쓴 나물(출 12:8)

출애굽기 12:8c는 동사문장으로 '그리고 너희들은 무교병과 쓴 나
물을 먹을 것이라'고 말씀하셨는데 어순 도치되어 목적어인 '무교병과
쓴 나물을'이 강조되었습니다. 출애굽기 12:6부터 '와우계속법-완료'로
'그리고 ... 간직하여라'(12:6a), '그리고 ... 잡으라'(12:6b), '그리고 ... 취
하라'(12:7a), '그리고 ... 바르라'(12:7a), '그리고 ... 먹으라'(12:8a)고 진행
되던 문장은 8b에서 어순이 도치되고 사건을 일으킨 행위보다는 '무엇
을'에 해당하는 '무교병과 쓴 나물을'에 관심을 가지게 합니다.

❷ 어린 양을 먹을 때 하지 말아야 할 것

① 날로나 물에 삶아 먹지 말라(출 12:9)
② 아침까지 남기지 말라(출 12:10a)

❸ 해야 할 것(출 12:10b)

① **아침까지 남은 것을 불로 태워야 한다**(출 12:10b)

출애굽기 12:10b는 동사문장으로 어순 도치되어 목적어인 '그것 중에 아침까지 남은 것을'과 부사어인 '불로'가 강조되었습니다. 계속해서 '와우계속법-완료'로 쓰였으나 10b에서 '미완료'가 사용되어 '무엇을' 인 '그것 중에 아침까지 남은 것을'에 관심을 가지게 합니다. 개역과 개역개정은 '아침까지 남은 것은'을 주어로 보고 '아침까지 남겨두지 말며 아침까지 남은 것은 곧 불사르라'(출 12:10)고 번역했으나 '너희들은 그것 중에 아침까지 남은 것을 불로 태워야 한다'로 번역해야 합니다.

② **대대로 영원한 규례를 지켜야 한다**(출 12:14c)

출애굽기 12:14c는 동사문장으로 어순 도치되어 부사어인 '대대로' 와 목적어인 '영원한 규례를'이 강조되었습니다. 계속해서 '와우계속법-완료'로 쓰였으나 '미완료'가 사용되어 '무엇을'인 '영원한 규례를'에 관심을 가집니다.

❹ **여호와 하나님께서 행하시는 장자재앙**

① **애굽의 모든 신에게 벌을 내릴 것이다**(출 12:12b)

출애굽기 12:12b는 동사문장으로 어순 도치되어 간접목적어인 '애굽의 모든 신에게'가 강조되었습니다. 계속해서 '와우계속법-완료'로 쓰였으나 12b에서 '미완료'가 사용되어 '무엇을'인 '벌을'에 관심을 가집니다.

② **나는 여호와다**(12:12c)

출애굽기 12:12b는 인칭대명사 '아니'(אֲנִי, 나는)가 사용되어 강조되었습니다.

③ 있지 않을 것이다 (12:13d)

출애굽기 12:13d는 부정어 '로'(아니다)가 사용되어 어린 양의 피가 보이는 집은 재앙이 넘어갈 것이 강조됩니다.

모세는 이스라엘 모든 장로를 부른 후 "너희는 나가서 너희의 가족대로 어린 양을 택하여 유월절 양으로 잡고(21) 우슬초 묶음을 가져다가 그릇에 담은 피에 적셔서 그 피를 문 인방과 좌우 설주에 뿌리고 아침까지 한 사람도 자기 집 문 밖에 나가지 말라(22) 여호와께서 애굽 사람들에게 재앙을 내리려고 지나가실 때에 문 인방과 좌우 문설주

문 인방과 좌우 설주에 어린 양의 피를 바르고 그 집 안에서 어린 양을 구워 먹음

의 피를 보시면 여호와께서 그 문을 넘으시고 멸하는 자에게 너희 집에 들어가서 너희를 치지 못하게 하실 것임이니라(23) 너희는 이 일을 규례로 삼아 너희와 너희 자손이 영원히 지킬 것이니(24) 너희는 여호와께서 허락하신 대로 너희에게 주시는 땅에 이를 때에 이 예식을 지킬 것이라(25) 이후에 너희의 자녀가 묻기를 이 예식이 무슨 뜻이냐 하거든(26) 너희는 이르기를 이는 여호와의 유월절 제사라 여호와께서 애굽 사람에게 재앙을 내리실 때에 애굽에 있는 이스라엘 자손의 집을 넘으사 우리의 집을 구원하셨느니라 하라"(출 12:21-27)라고 전했고, 백성은 머리 숙여 경배하고 물러가 여호와께서 모세와 아론에게 명령하신 그대로 행했습니다(출 12:28)

출애굽기 12:28에는 '아사'(행하다)가 두 번 쓰여 강조됩니다. 또한 12:28c는 어순 도치되어 목적어인 '여호와께서 아론에게 명하신 것을'과 부사어인 '그대로'가 강조되었습니다. 28a, 28b는 '와우계속법-미완료'로 쓰여 '그리고 … 물러갔다'(12:28a), '그리고 … 행했다'(12:28b)로 서술되었는데 12:28c는 '완료'가 사용되어 '무엇을'인 '여호와께서 모세

와 아론에게 명하신 것을'에 관심을 가집니다.

성도 여러분!
10번째 재앙인 장자의 재앙은 이유 여하를 막론하고 하나님의 말씀대로 순종하여야 집안의 장자와 짐승들의 초태생이 살 수 있었습니다. 어쩌면 하나님께서 말씀하실 때 사람의 머리로 이해가 안 되는 것들에 대해 질문하고 이해가 되어야 하나님께서 명하신 것을 하려고 하는 사람들도 있었을 것입니다. 그러나 하나님의 명령은 의문이 있어도 일단 그대로 순종해야 함을 알 수 있습니다. 오늘도 내 생각으로는 이해되지 않지만(예를 들어 원수를 사랑하라! 오른뺨을 때리거든 다른 쪽도 돌려대라!) 말씀하신 대로 말씀의 참 뜻을 깨닫고 순종하는 삶을 살겠다는 다짐으로 하루가 되시길 기도합니다.

하나님께서
장자의 재앙을
내리심(출 12:29-30)

오늘 날짜가 언급된 성경 사건은 애굽에 10번째 재앙으로 장자 재앙이 내린 사건과 무교절을 지키는 사건이 있습니다. 오늘 날짜가 포함된 사건은 다음과 같습니다.

사건 1 노아 601년 제1월 1일 땅 위에 물이 마른 지 15일째로 땅이 완전히 말라 제2월 27일에 방주를 나오기까지 방주에 머무름

사건 2 요단강을 건너 약속의 땅에 들어간 후 6일째로 이스라엘 자손들이 약속의 땅에서 난 것인 누룩 없는 빵과 볶은 곡식을 먹음(수 5:11)

사건 3 제1월 15일부터 21일까지 지키는 무교절의 첫날(출 12:16-20)
① 솔로몬 시대 성전을 지은 후 무교절을 지킴(대하 8:13)
② 제1차 포로 귀환 후 백성들이 중단되었던 성전을 완성하고(다리오 6년 제12월(아달월) 3일, 주전 515년 3월 12일) 유월절을 지킨 후 7일 동안 무교절을 지킴(에 6:19-22)

사건 4 히스기야 첫해 제1월 1일 성전을 거룩케 하기 시작한 후 15일째(제1월 4일 히스기야 왕이 성전청결을 시작, 제1월 8일 히스기야가 여호와의 낭실까지 성전을 성결케 함 참조)로 여호와의 낭실까지 성전을 성결케 함(대하 29:17)

사건 5 주전 458년 2차 포로 귀환 시 제1월 1일 바벨론을 떠난 후 15일째로 아하와 강을 떠난 지 4일째(스 7:6-9, 8:15-36)

사건 6 하만이 제12월 13일에 유대인들을 죽이라는 조서를 써서 보낸 후 3일째(더 3:12)

오늘은 애굽에 마지막으로 내린 10번째 장자 재앙과 라암셋(애굽)을 떠나는 이스라엘 자손에 대해 살펴보겠습니다. 또한 약속의 땅에 들어가 그 땅의 소산물을 먹는 것에 대해 살펴보겠습니다.

❶ 장자의 재앙

여호와 하나님께서 명령하신 대로 이스라엘 자손이 어린 양을 잡은 후, 그 피를 좌우 설주와 인방에 바른 집에서 어린 양을 불에 구워 쓴 나물과 함께 먹는 그 밤(15일 밤) 여호와께서 애굽 땅에서 모든 처음 난 것 곧 왕위에 앉은 바로의 장자로부터 옥에 갇힌 사람의 장자까지와 가축의 처음 난 것을 다 치셨습니다 (출 12:29). 이로 인해 애굽의 모든 집이 첫

현대 유대인들이
유월절에 먹는 음식과 포도주
정강이 뼈, 삶은 달걀, 쓴 나물(양고추냉이),
파슬리, 양상추, 소금물, 하로셋

것이 모두 죽었고, 그 밤에 바로와 그 모든 신하와 모든 애굽 사람이 일어났고 애굽에는 큰 울부짖음이 있었습니다(출 12:30).

> 밤중에 여호와께서 애굽 땅에서 모든 처음 난 것 곧 왕위에 앉은 바로의 장자로부터 옥에 갇힌 사람의 장자까지와 가축의 처음 난 것을 다 치시매(출 12:29) 그 밤에 바로와 그 모든 신하와 모든 애굽 사람이 일어나고 애굽에 큰 부르짖음이 있었으니 이는 그 나라에 죽임을 당하지 아니한 집이 하나도 없었음이었더라(출 12:30)

출애굽기 12:29은 '그리고 그 밤의 한가운데가 되었다 그리고 여호와께서 애굽의 처음 난 모든 것을 치셨다 …'고 언급하는데 출애굽기 12:29b에서 어순 도치되어 주어인 '여호와'가 강조됩니다. 장자 재앙을

여호와께서 행하셨음을 강조하고 있습니다. 또한 '와우계속법-미완료'로 쓰이던 문장은 12:29b에서 '완료'가 사용되며 '애굽의 처음 난 모든 것을'에 관심을 가집니다.

장자를 잃은 바로는 '그 밤에' 모세와 아론을 불렀습니다. '그 밤에'라는 표현 속에 당시 바로가 멤피스나 테베에 머무른 것이 아니라 라암셋 지역에 머물렀음을 알 수 있습니다. 장자 재앙이 있던 날 밤에 바로가 모세와 아론을 불렀고 애굽을 떠나라고 말한 것은 바로가 라암셋 근처에 머물렀고 그 가까운 지역에 모세와 아론이 머물렀기 때문입니다. 바로는 당장 떠날 것을 요구하며 6가지 명령을 했고, 마지막으로 '그리고 또한 나를 위하여 축복할 것이라고 부탁했습니다(출 12:31-32).

❷ 바로 왕의 6가지 명령(출 12:31-32)과 라암셋(애굽)을 떠남

① 일어나라!('쿠무')
② 내 백성 가운데서 떠나라!('체우')
③ 가라!('레쿠'),
④ 너희의 말대로 여호와를 섬기라!('이브두')
⑤ 너희의 말대로 소들과 양(염소)들과 취하라!('케후')
⑥ 가라!('레쿠')

출애굽기 12:32a는 어순 도치되어 목적어인 '너희들의 양(염소)들과 또한 너희들의 소들을'이 강조되었습니다.

장자의 재앙을 만난 바로 왕은 그 밤에(14일 밤=15일이 시작하는 밤) 모세와 아론을 불러 "일어나라! 너희와 이스라엘 자손이 일어나 내 백성 가운데서 떠나라!..."(출

12:31)고 말합니다. 이스라엘 자손들은 14일 밤(15일이 시작하는 밤) 애굽을 급히 떠나게 되었습니다. 이것은 장자의 재앙을 만난 바로 왕이 이스라엘 자손들을 빨리 애굽에서 떠나게 했기 때문입니다. 이스라엘 백성들은 발효 되지 못한 반죽을 그릇에 담아 옷에 싸서 떠났습니다. 하나님께서는 애굽 사람들에게 은혜를 입히시어 이스라엘 백성들에게 은, 금, 패물과 의복, 양과 소, 육축들을 주어 이끌고 나오게 하셨습니다. 하나님께서는 출애굽 한 이스라엘 백성을 '하나님의 군대'(출 7:4, 12:17, 12:41, 12:51, 민 1:3, 2:4)라고 표현 하셨습니다.

❸ 장자의 재앙과 꿈의 비석

스핑크스와 꿈의 비석(원)

스핑크스를 자세히 살펴보면 얼굴에 채색 흔적이 아직 남아 있으며, 턱수염이 있었는데 턱수염은 대영 박물관에 전시 중입니다. 앞의 양발 사이를 주의 깊게 살펴보면 조그마한 비석 하나를 발견할 수 있는데 이것을 '꿈의 비석(Dream stela)'라 부릅니다. 이것은 투트모세 4세(18대 왕조의 파라오로 주전 1425-1417년 재위)가 세운 것으로 장자가 아니었던 자신이 왕이 될 수 있었던 것을 기록했습니다.

당시 투트모세 4세는 형이 한 명이 있어서 도저히 왕이 될 수 없는 상황이었습니다. 그러나 모세가 그의 아비 아문호텝 2세와의 대결할 때 하나님께서 내린 마지막 재앙인 장자의 재앙을 통해 장자였던 그의 형이 죽게 되었고 차남인 투트모세 4세가 아비를 이어 왕이 되었던 것입니다. 카이로 박물관에 가보면 아멘호텝 2세와 10번째 장자 재앙시 먼

꿈의 비석 내용
어느 날 투트모세 4세가 피라미드 근처에서 낮잠을 자다 꿈을 꾸었다. 그는 꿈속에서 누워 있는 곳을 파라
그러면 왕관을 씌워 준다는 스핑크스의 이야기를 들었고 잠에서 깨어난 투트모세 4세는 인부를 데리고 와
서 누웠던 곳을 팠더니 오늘날 보이는 거대한 스핑크스를 발견하게 되었다.

저 죽었던 그의 장자 웨벤세누의 시신 두 구가 한 관에 들어 있음을 볼
수 있습니다.

정리하면 스핑크스는 4600년 전 카프레 파라오 시절에 만들어졌고
그 후 모래 속에 파묻혀 있습니다가 만들어진 지 1100년의 세월이 흐른
후 투트모세 4세에 의해 다시 발굴되어 세상에 모습을 드러냈고 이로 인
해 투트모세 4세는 왕이 되었으며 보답으로 '꿈의 비석'을 스핑크스의
다리 사이에 세웠습니다.

❹ 약속의 땅의 소산물을 먹는 이스라엘 백성들_(수 5:10-12)

출애굽 41년째 제1월 10일에 요단강을 건넌 이스라엘 백성들은 할례
를 행했고 14일 저녁에는 여리고 평지에서 유월절을 지켰습니다. 그리

고 유월절 이튿날 약속의 땅에서 난 소산물인 무교병과 볶은 곡식을 먹었습니다. 무교병을 먹은 이유는 유월절과 함께 시작되는 무교절 기간이었기에 7일 동안 무교병을 먹었을 것입니다. 이스라엘 백성들이 약속의 땅에 들어가 그 땅의 소산물을 먹은 다음 날 하나님께서는 만나를 그치게 하셨습니다.

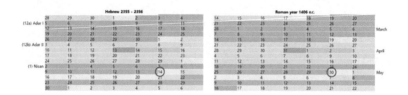

마이모니데스의 연구에 따르면 출애굽 41년째인 주전 1406년 제1월 14일 저녁은 일곱 번째 날이 시작되는 때로 안식일에 해당합니다. 그의 날짜 연구가 맞다면 만나는 제1월 14일 새벽까지 내렸는데 다음 날이 안식일이었기에 평일의 두 배가 내렸을 것입니다. 그리고 다음 날인 제1월 15일에는 만나가 내리지 않았고 그 땅의 소산물을 먹었습니다.

성도 여러분!

이스라엘 자손들을 바로 왕이 애굽에 잡아 둘 수 없었듯이 하나님의 언약이 이루어지는 때에는 하나님의 언약의 백성들은 세상이 잡아둘 수 없습니다. 하지만 애굽을 떠나는 것은 어쨌든 이스라엘 백성들 스스로의 발걸음이었습니다. 하나님의 약속이 실행되는 상황에서 언약의 당사자들이 하나님의 명령에 순종해야 함을 깨닫고 또한 스스로 움직여 애굽을 떠나야 함을 알았습니다. 오늘도 하나님의 명령에 응답하고 깨달은 후 스스로의 발걸음으로 하나님의 구속사에 참여하는 하루가 되시길 기도합니다.

제
1
월

히스기야가
성전을 성결하는 것을
완료함(대하 29:17)

오늘 날짜가 언급된 성경 사건은 히스기야가 성전을 16일 동안 청결케 한 사건이 있는데 성전 청결케 한 마지막 날입니다. 오늘 날짜가 포함된 사건은 다음과 같습니다.

사건 1 노아 601년 제1월 1일 땅 위에 물이 마른 지 16일째로 땅이 완전히 말라 제 2월 27일에 방주를 나오기까지 방주에 머무름

사건 2 요단강을 건너 약속의 땅에 들어간 후 7일째이며 제1월 15일부터 21일까지 지키는 무교절의 둘째 날(출 12:16-20)
① 솔로몬 시대 성전을 지은 후 무교절을 지킴(대하 8:13)
② 제1차 포로 귀환 후 백성들이 중단되었던 성전을 완성하고(다리오 6년 제12월(아달월) 3일, 주전 515년 3월 12일) 유월절을 지킨 후 7일 동안 무교절을 지킴(에 6:19-22)

사건 3 약속의 땅에 들어간 후 만나가 내리지 않은 날로 언급됨(수 5:10-12)

사건 4 히스기야 첫해 제1월 1일 성전을 거룩케 하기 시작한 후 16일째(제1월 4일 히스기야 왕이 성전청결을 시작, 제1월 8일 히스기야가 여호와의 낭실까지 성전을 성결케 함 참조)로 여호와의 낭실까지 성전을 성결케 함(대하 29:17)

사건 5 주전 458년 2차 포로 귀환 시 제1월 1일 바벨론을 떠난 후 16일째로 아하와 강을 떠난 지 5일째(스 7:6-9, 8:15-36)

사건 6 하만이 제12월 13일에 유대인들을 죽이라는 조서를 써서 보낸 후 4일째(더 3:12)

오늘은 히스기야가 단독 통치를 시작하는 첫째 해 첫째 달 16일 동안 성전을 청결케 한 마지막 날 사건과 만나가 그친 날에 대해 살펴보겠습니다.

히스기야는 왕이 된 첫째 해 첫째 달 첫날 여호와의 전 문을 열고 수리를 시작한 후 16일이 되어 마쳤습니다(대하 29:17). 역대하 29:17은 제1월 9-16일까지 8일 동안 성전 마당의 기물들을 청결케 했음을 기록합니다. 그런데 29:17d는 '그들이 첫째 달 16일에 마쳤다'고 기록하는데 어순 도치하여 마친 날인 부사어 '첫째 달 16일에'를 강조하고 있고 '마쳤다'로 번역된 '칼라'(완성하다, 끝내다, 마치다)동사의 피엘형(강조)을 써서 성전 성결케 하는 것은 '완전히 마쳤음'을 강조하고 있습니다.

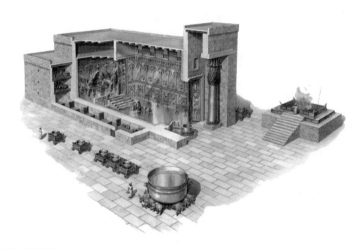

솔로몬 성전 상상도
히스기야는 16일 동안 성전을 성결케하고 원래 기능을 회복했다. by preceptbiblestudy.wordpress.com

> 첫째 달 초하루에 성결하게 하기를 시작하여 그 달 초팔일에 여호와의 낭실에 이르
> 고 또 팔 일 동안 여호와의 전을 성결하게 하여 첫째 달 십육 일에 이르러 마치고
> (대하 29:17)

성전을 청결케 한 후 레위 사람들은 히스기야 왕에게 "우리가 여호와의 온
전과 번제단과 그 모든 그릇들과 떡을 진설하는 상과 그 모든 그릇들을 깨끗하게 하였고(18)
또 아하스 왕이 왕위에 있어 범죄할 때에 버린 모든 그릇들도 우리가 정돈하고 성결하게 하여
여호와의 제단 앞에 두었나이다"(대하 29:18-19)라고 보고했습니다. 역대하 29:18
은 정확하게 '여호와의 온 전'과 '번제단과 거기에 딸린 모든 기구와 빵
차림 상과 거기에 딸린 모든 기구를 깨끗하게 했다'고 서술합니다. 역대
하 29:19a는 어순 도치되어 목적어인 '아하스 왕이 위에 있어 범죄할 때
에 버렸던 모든 기구를'이 강조되고 있습니다.

⟩ 하나님께서 내려 주시던 만나가 멈춤

제1월 15일 라암셋을 출발한 이스라엘 백성들은 제2월 15일 신광야
에 도착하였습니다. 이스라엘 백성들은 출애굽 할 때 발효되지 못한 반
죽 담은 그릇을 옷에 싸서 나왔는데 이것을 먹으며 한 달을 지냈을 것입
니다(출 12:39). 준비했던 먹을 것이 떨어질 때 백성들은 불평하기 시작했
고 하나님께서는 만나를 내려주셨습니다.

> 그들이 애굽으로부터 가지고 나온 발교되지 못한 반죽으로 무교병을 구웠으니 이는
> 그들이 애굽에서 쫓겨나므로 지체할 수 없었음이며 아무 양식도 준비하지 못하였음
> 이었더라(출 12:39)

만나는 이스라엘 백성이 홍해를 건너서 네 번째 머무른 엘림과 시내산

사이에 있는 신광야에서 내리기 시작했습니다. 신광야에 도착한 이스라엘 백성들은 먹을 것이 없어 굶어죽겠다고 모세를 원망했고 여호와께서는 이때 만나와 메추라기를 내려주셨습니다.

출애굽 한지 한 달이 지난 제2월 15일 이스라엘 백성들은 신광야에 도착했습니다(출 16:1). 그런데 한 달이 지난 때 이스라엘 자손들은 고기와 떡을 먹지 못함으로 인해 모세와 아론을 원망하며 "우리가 애굽 땅에서 고기 가마 곁에 앉아 있던 때와 떡을 배불리 먹던 때에 여호와의 손에 죽었더라면 좋았을 것을 너희가 이 광야로 우리를 인도해 내어 이 온 회중이 주려 죽게 하는도다"라고 말했습니다(출 16:2-3). 하나님께서는 백성들의 원망 소리를 들으시고 양식을 주신 것을 약속하신 후 만나와 메추라기를 내리시고 시험하셨습니다. 아침에는 만나를 주셨고 저녁에는 메추라기를 주셨는데(출 16:8) 백성들은 아침마다 각자가 하루분의 식량을 거두어야 했습니다(출 16:21). 만나는 매일 거두어야 하고 미리 많이 거두어 둘 수 없었는데 왜냐하면 하루가 지나면 거두어 둔 것에 벌레가 생기고 냄새가 낫기 때문입니다(출 16:19-20). 또한 여섯째 날은 두 배로 거두고 제7일에는 만나를 거두러 나가지 말라고 말씀하셨습니다. 그러나 처음에 순종하지 않은 백성들은 제7일째에도 광야로 나가 만나를 거두려 했지만 얻을 수 없었습니다(출 16:23-30).

여호와 하나님께서는 신광야에 머물며 매일 주시는 만나와 제7일째 내리지 않는 만나를 경험하게 하시며 안식일 규례를 정하셨고 지키게 하셨습니다. 이 만나는 약속의 땅 가나안에 들어가 그 땅의 곡식을 먹기까지 39년 11개월 동안 내렸습니다(출 16:35, 수 5:11-12).

성도 여러분!

아버지 아하스와 함께 공동 통치할 때에는 자신의 뜻대로 행할 수 없었던 히스기야 왕은 단독 통치를 시작하며 제일 먼저 한 일은 성전을 성결케 하는 것이었습니다. 신앙생활을 하며 하나님의 일을 감당하려 해도 시간, 재물, 능력이 없어 할 수 없을 때에는 하게 해달라고 간절하게 기도하지만 막상 모든 조건이 해결된 후 오히려 마음이 식어지는 경우가 있습니다. 하지만 이제 언약의 백성들의 먹을거리까지 챙기셨던 하나님을 믿고, 히스기야가 단독 통치를 시작하며 하나님의 일을 우선하여 처리하는 것을 깨달았듯이 오늘 각자 나의 삶이 하나님일이 우선되는 하루가 되시기를 기도합니다.

17일

무교절을 지키라!
무교병을 먹으라!(출 12:15-20)

오늘 날짜가 언급된 성경 사건은 없습니다. 오늘 날짜가 포함된 사건은 다음과 같습니다.

사건 1 노아 601년 제1월 1일 땅 위에 물이 마른 지 17일째로 땅이 완전히 말라 제2월 27일에 방주를 나오기까지 방주에 머무름

사건 2 요단강을 건너 약속의 땅에 들어간 후 8일째로 제1월 15일부터 21일까지 지키는 무교절의 셋째 날(출 12:16-20)
① 솔로몬 시대 성전을 지은 후 무교절을 지킴(대하 8:13)
② 제1차 포로 귀환 후 백성들이 중단되었던 성전을 완성하고(다리오 6년 제12월(아달월) 3일, 주전 515년 3월 12일) 유월절을 지킨 후 7일 동안 무교절을 지킴(에 6:19-22)

사건 3 주전 458년 2차 포로 귀환 시 제1월 1일 바벨론을 떠난 후 17일째로 아하와 강을 떠난 지 6일째(스 7:6-9, 8:15-36)

사건 4 하만이 제12월 13일에 유대인들을 죽이라는 조서를 써서 보낸 후 5일째(더 3:12)

하나님께서는 유월절을 지키는 날인 14일 저녁부터(15일이 시작되는 때) 21일 저녁까지 무교절 7일 동안은 누룩이 들어가지 않은 무교병을 먹으라고 명령하셨습니다(출 12:15-20). 오늘은 유월절과 관련된 무교절에 대해서 살펴보겠습니다.

무교절에 대한 명령에는 다른 어떤 명령보다 강조 형태가 많이 사용되는데 10개의 문장 중 8개의 문장이 강조됩니다.

> "너희는 이레 동안 무교병을 먹을지니 그 첫날에 누룩을 너희 집에서 제하라 무릇 첫날부터 일곱째 날까지 유교병을 먹는 자는 이스라엘에서 끊어지리라(출 12:15) 너희에게 첫날에도 성회요 일곱째 날에도 성회가 되리니 너희는 이 두 날에는 아무 일도 하지 말고 각자의 먹을 것만 갖출 것이니라(출 12:16) 너희는 무교절을 지키라 이 날에 내가 너희 군대를 애굽 땅에서 인도하여 내었음이니라 그러므로 너희가 영원한 규례로 삼아 대대로 이 날을 지킬지니라(출 12:17) 첫째 달 그 달 열 나흗날 저녁부터 이십일 일 저녁까지 너희는 무교병을 먹을 것이요(출 12:18) 이레 동안은 누룩이 너희 집에서 발견되지 아니하도록 하라 무릇 유교물을 먹는 자는 타국인이든지 본국에서 난 자든지를 막론하고 이스라엘 회중에서 끊어지리니(출 12:19) 너희는 아무 유교물이든지 먹지 말고 너희 모든 유하는 곳에서 무교병을 먹을지니라"(출 12:20)

⊙ 하나님의 말씀 중 강조되는 8문장

❶ 7일 동안 무교병을 먹으라(출 12:15)

출애굽기 12:15a, 15b는 모두 동사문장으로 어순 도치되어 부사어와, 목적어가 강조되었습니다. 12:15a에서는 부사어 '칠일 동안'과 목적어 '무교병을'이 강조되었고, 12:15b에서는 부사어 '반드시 그 첫날에'가 강조되었습니다.

① 12:15a, 부사어, 목적어 강조문장 : **부사어(칠일 동안) + 목적어(무교병을, '맛차') + 술어**(너희들은 먹으라)

② 12:15b, 부사어 강조문장 : **부사어(반드시 그 첫날에) + 술어**(너희들은 제거하라) **+ 목적어**(누룩을) **+ 부사어**(너희 집에서) 〈뒤 따르는 이유의 부사절은 생략함〉

❷ 무교절 첫날과 마지막 날은 거룩한 모임이 있게 하라(출 12:16)

출애굽기 12:16a, 16b는 동사문장으로 어순 도치 되어 모두 주어가 강조되었습니다. 12:16a에서는 '첫날'과 '마지막 날'이 강조되었고 12:16b에서는 '모든 일은'이 강조되었습니다. 주어 '모든 일은'이 단수로 표현되고 술어는 '아사'(행하다)의 '니팔'(수동)형에 부정어 '로'가 쓰였는데 '로 예아세'는 "행하여지지 않게 하라"가 되어 수동형으로 강조되었습니다.

① 12:16a, 주어 강조문장 : **주어(첫날에도 성회요 그리고 마지막 날에도 성회)** + 술어(될 것이다) + 목적어(너희들에게)

② 12:16b, 주어 강조문장 : **주어(모든 일은, 어떠한 일도)** + 술어(행하여지지 않게 하라) + 부사어(이 두 날에는) …

❸ 정월, 그달 14일 저녁에 먹으라(출 12:18)

출애굽기 12:18은 동사문장으로 어순 도치되어 부사어 '정월, 그달 14일 저녁에'가 강조되었습니다. 애굽의 하루 개념을 사용하던 이스라엘 자손들에게 저녁부터 시작되는 하루로 생활 시스템을 갑자기 바꾸는 것은 쉽지 않았을 것입니다. 하나님께서는 15일이 시작되는 밤에 유월절 어린 양을 먹으라고 말씀하셨는데, 그날은 이전의 개념으로 말하면 14일 밤에 해당하기에 '14일 저녁에'을 강조하신 것으로 생각됩니다.

14일 밤(15일 시작), 장자 재앙을 행하신 밤

14th Day	15	16	17	18	19	20	21st Day	
Day Begins At Sunrise	Night	Shabbat Day 12 Hrs Only						
무교절 →	1	2	3	4	5	6	7	

① 12:18, 부사어 강조문장 : **부사어(정월, 그 달 14일 저녁에)** + 술어(너희들은 먹으라/먹어야 한다) + 목적어(무교병을) +부사어(그달 21일 저녁까지)

❹ **7일 동안 누룩을 찾아지지 않게 하라**(출 12:19)

출애굽기 12:19은 동사문장으로 어순 도치되어 부사어 '칠일 동안에'와 주어 '누룩'이 강조되었습니다. 개역성경은 '칠일 동안은 누룩을'로 번역하고 있는데 "칠일 동안에 누룩이"로 번역해야 합니다. 술어는 '마차'(찾다)의 '니팔'(수동)형에 부정어 '로'가 쓰였는데 '로 이마체'는 '찾아지지 않게 하라'가 되어 수동형으로 강조되었습니다.

① 12:19, 부사어, 주어 강조문장 : **부사어(7일 동안에)** + **주어(누룩이)** + 술어(찾아지지 않게 하라) + 부사어(너희 집에서) + 이유의 부사절 생략

❺ **유교물을 먹지 말고 무교병을 먹으라**(출 12:20)

출애굽기 12:20a, 20b는 동사문장으로 어순 도치되어 목적어와 부사어가 강조됩니다. 20a에서는 목적어 '모든 유교물을', 20b에서는 부사어 '너희들이 거하는 모든 곳에서'가 강조되었습니다.

① 12:20a, 목적어 강조문장 : **목적어(모든 유교물을)** + 술어(너희들은 먹지 말라)
② 12:20b, 부사어 강조문장 : **부사어(너희들이 거하는 모든 곳에서)** + 술어(너희들은 먹어라) + 목적어(무교병을)

⊘ 강조되지 않은 두 문장

무교절에 대한 하나님의 말씀 중 유일하게 강조되지 않고 서술된 문장이 출 12:17a, 17b입니다. 어순 도치되어 강조되는 앞뒤의 4문장씩 사이에 강조되지 않은 문장으로 무교절을 지키는 의미인 "내가 너희 군대를 애굽 땅에서 인도하여 내었음이니라"라고 말씀하셨습니다. 그렇기 때문에 이스라엘 자손들은 대대로 영원한 규례로 삼아 지켜야 했습니다.

> 너희는 무교절을 지키라 이 날에 내가 너희 군대를 애굽 땅에서 인도하여 내었음
> 이니라 그러므로 너희가 영원한 규례로 삼아 대대로 이 날을 지킬지니라(출 12:17)

약속의 땅에서 지킨 무교절

오늘 날짜가 언급된 성경 사건은 없습니다. 오늘 날짜가 포함된 사건은 다음과 같습니다.

사건 1 노아 601년 제1월 1일 땅 위에 물이 마른 지 18일째로 땅이 완전히 말라 제 2월 27일에 방주를 나오기까지 방주에 머무름

사건 2 요단강을 건너 약속의 땅에 들어간 후 9일째로 제1월 15일부터 21일까지 지키는 무교절의 넷째 날(출 12:16-20)

① 솔로몬 시대 성전을 지은 후 무교절을 지킴(대하 8:13)

② 제1차 포로 귀환 후 백성들이 중단되었던 성전을 완성하고(다리오 6년 제 12월(아달월) 3일, 주전 515년 3월 12일) 유월절을 지킨 후 7일 동안 무교절을 지킴(에 6:19-22)

사건 3 주전 458년 2차 포로 귀환 시 제1월 1일 바벨론을 떠난 후 18일째로 아하와 강을 떠난 지 7일째(스 7:6-9, 8:15-36)

사건 4 하만이 제12월 13일에 유대인들을 죽이라는 조서를 써서 보낸 후 6일째(더 3:12)

하나님께서는 자손 대대로 무교절을 지키라고 말씀하셨습니다. 하나님께서 말씀하신 무교절은 언제부터 지켰을까요? 오늘은 구약 성경에서 무교절을 지킨 사건을 살펴보겠습니다.

⊙ 첫 무교절은 언제 지켰나?

애굽에서 유월절을 지키기 전 집안의 누룩을 다 제거한 후 유월절 어린 양을 잡고 피를 바르고 구워 먹었을 것입니다. 그러나 이후 7일 동안 무교절을 지켰다는 언급은 없습니다. 이스라엘 백성은 누룩을 넣지 않아 발효되지 않은 반죽으로 신광야에 도착하여 만나가 내리기까지 한 달을 먹었습니다. 이 빵은 누룩이 들어가지 않은 빵임을 분명하지만 애굽을 떠나 홍해를 건너야 했기에 정확하게 무교절을 지킨 것으로 나타나지 않습니다.

출애굽 2년째 되는 해 첫째 달에 여호와께서는 모세에게 **"이스라엘 자손은 정한 때에 유월절을 지키도록 하라! 이달 십사일 해 질 무렵 정한 때에 지키고 모든 규례와 법도를 따라 지켜라!"**(민 9:2)고 말씀하셨습니다. 모세는 이스라엘 백성들에게 전했고 이스라엘 백성들은 하나님께서 말씀하신 대로 유월절을 지켰습니다. 그런데 시체로 인해 부정해진 사람들이 제1월 14일 저녁에 유월절을 지키지 못했기에 모세에게 나와 **"비록 우리가 사람의 시체 때문에 부정하게 되었으나, 그렇다고 우리가 이스라엘 자손과 함께 정한 때에 여호와께 예물을 드리지 못하도록 금하시는 이유가 무엇입니까?"**라고 물었습니다. 이에 하나님께서는 모세에게 **"너는 이스라엘 자손에게 말하여라 너희나 너희 후손 가운데 누구라도 시체 때문에 부정하게 되었거나 먼 길을 여행하는 중이라 할지라도 그는 유월절을 지켜야 한다 둘째 달 14일 해 질 때에 유월절을 지켜 누룩 넣지 않은 빵과 쓴 나물을 먹되 그중에 아무것도 아침까지 남기지 말고 뼈를 부러뜨리지 말며 유월절의 모든 규례를 따라 지켜라…"**(민 9:10-14)고 말씀하셨습니다.

아마도 첫째 달에 유월절을 지키지 못했던 사람들은 둘째 달 14일 저녁에 유월절을 지켰을 것입니다. 그런데 이때에도 무교절을 지켰다는 언급은 없습니다. 만약 제1월에 무교절을 지켰다면 제1월에 유월절을 지

키지 못한 백성들은 분명히 무교절도 지키지 못했을 것이기에 제2월 14
일 저녁에 유월절을 지키고 7일 동안 무교절도 지낸 후 22일 이후에 시
내산을 떠나게 하셨을 것입니다. 그런데 하나님께서는 출애굽 2년 제2
월 20일 이스라엘 자손들이 시내산에서 떠나게 하셨습니다. 이렇게 보
면 무교절은 약속의 땅에 들어가기까지 광야에서는 지키지 않았던 것으
로 생각됩니다. 만약 시내산 밑에서 무교절을 지켰다고 해도 하나님께
서 말씀하신 대로 누룩을 넣지 않은 곡식으로 무교병을 만들어 먹는 무
교절은 아니었습니다. 왜냐하면 광야여정 중에는 곡식으로 빵을 만들지
않고 만나로 만들었기 때문입니다.

출애굽 41년 제1월 10일 요단강을 건너 약속의 땅에 들어간 이스라
엘 백성들은 하나님의 명령대로 바로 할례를 행함으로 아브라함과 약속
하신 영원한 언약인 하나님의 내언약을 회복했습니다. 그리고 제1월 14
일 저녁에 유월절을 지켰고 그다음 날 수고하지 않고 얻은 곡식으로 누
룩을 넣지 않은 무교병을 먹었습니다(수 5:10-11). 여호수아 5:11에 언급
된 '무교병을 먹었다'는 언급이 7일 동안 무교절을 지킨 것으로 생각할
수 있다면 이스라엘 백성들이 처음으로 무교절을 지킨 것은 출애굽 41
년째요, 약속의 땅에 들어간 첫째 해 제1월 15일부터 21일까지 무교절
을 지킨 것이 됩니다.

> 또 이스라엘 자손들이 길갈에 진 쳤고 그 달 십사일 저녁에는 여리고 평지에서 유월
> 절을 지켰으며(수 5:10) 유월절 이튿날에 그 땅의 소산물을 먹되 그날에 무교병과 볶
> 은 곡식을 먹었더라(수 5:11)

⊙ 왕들의 통치 시대에 지켜지지 않은 무교절

❶ 사사 시대의 무교절

약속의 땅에 들어간 첫해 제일 먼저 할례를 행하고 유월절을 지킨 후 무교절을 7일 동안 지킨 것이 무교절을 처음 지킨 것이라고 하면 이후 사사 시대에는 전혀 무교절을 지켰다는 언급이 없습니다. 역대하 35:17-18에는 요시야 8년 하나님께서 말씀하신 대로 유월절과 무교절을 지킨 사건이 나타납니다. 이때 내레이터는 '선지자 사무엘 이후로 이스라엘 가운데서 유월절을 이같이 지키지 못하였고 이스라엘 모든 왕들도 요시야가 제사장들과 레위 사람들과 모인 온 유다와 이스라엘 무리와 예루살렘 주민과 함께 지킨 것처럼은 유월절을 지키지 못하였다'(대하 35:18)고 언급합니다. 그렇다면 사사 시대에는 유월절과 무교절이 지켜지지 않았을지라도 최소한 사무엘 시대에는 유월절과 무교절을 지켰던 것으로 생각할 수 있습니다.

> 그때에 모인 이스라엘 자손이 유월절을 지키고 이어서 무교절을 칠 일 동안 지켰으니(대하 35:17) 선지자 사무엘 이후로 이스라엘 가운데서 유월절을 이같이 지키지 못하였고 이스라엘 모든 왕들도 요시야가 제사장들과 레위 사람들과 모인 온 유다와 이스라엘 무리와 예루살렘 주민과 함께 지킨 것처럼은 유월절을 지키지 못하였더라(대하 35:18)

❷ 왕국시대의 무교절

왕국시대 솔로몬이 통치할 때 성전을 지은 후 무교절을 지켰다는 언급이 있습니다(대하 8:12-13). 하지만 역대기 저자에 의하면 왕국시대에는 정확히 유월절과 무교절이 지켜지지 않았음을 알 수 있습니다(대하 35:18).

아하스는 거꾸로 가는 종교정책을 통해 예루살렘 성전에서 이방 신에게 제사를 드리는 등 범죄를 저질렀기에 이때에는 분명히 여호와께서 명하신 3대 절기를 지키지 않았을 것입니다(1월 5일 유다 왕 아하스의 거꾸로 가는 종교개혁 참조). 그런데 아하스의 아들 히스기야는 자신이 단독 통치를 시작한 후 제일 먼저 성전을 성결케 했습니다. 제1월 1일부터 16일 동안 성전을 성결하게 했는데 그 기간 중에 유월절이 포함되었고 무교절은 이미 시작되었기에 지킬 수 없었습니다. 히스기야는 백성들을 모아 제2월 14일 저녁 함께 유월절을 지켰고 7일씩 2번 14일 동안 무교절을 지켰습니다 (2월 14일 히스기야 왕이 종교개혁을 단행하고 유월절을 지킴과 2월 22일 다시 7일 동안 무교절을 지키기 시작하는 히스기야 왕과 백성들 참조).

> 솔로몬이 낭실 앞에 쌓은 여호와의 제단 위에 여호와께 번제를 드리되(대하 8:12) 모세의 명령을 따라 매일의 일과대로 안식일과 초하루와 정한 절기 곧 일 년의 세 절기 무교절과 칠칠절과 초막절에 드렸더라(대하 8:13)
> 그때에 모인 이스라엘 자손이 유월절을 지키고 이어서 무교절을 칠 일 동안 지켰으니(대하 35:17) 선지자 사무엘 이후로 이스라엘 가운데서 유월절을 이같이 지키지 못하였고 이스라엘 모든 왕들도 요시야가 제사장들과 레위 사람들과 모인 온 유다와 이스라엘 무리와 예루살렘 주민과 함께 지킨 것처럼은 유월절을 지키지 못하였더라(대하 35:18)

히스기야에 의해 여호와 하나님을 섬기는 회복된 예루살렘 성전 공동체는 그의 아들 므낫세의 통치를 지나며 다시 타락의 길을 걸었습니다. 이후 요시야 8년 제사장들을 중심 한 성전 개혁운동이 다시 일어났고 성전 공동체를 회복했습니다. 요시야는 제1월에 예루살렘에 모인 이스라엘 자손들과 유월절을 지키고 이어서 무교절을 7일 동안 지켰습니다. 내레이터는 이때의 유월절과 무교절이 하나님께서 명하신 대로 정확하게 지킨 절기라고 말하며 선지자 사무엘 이후로 이스라엘 가운데서 유월절을 이처럼 지키지 못했다고 언급합니다. 유월절만 언급했지만 무교절 또한 마찬가지였을 것입니다. 내레이터는 '이스라엘 모든 왕들도 요시야가 제사장들과 레위 사람들과 모인 온 유다와 이스라엘 무리와 예루살렘 주민과 함께 지킨 것처럼은 유월절을 지키지 못하였더라'고 서술하고 있습니다(대하 35:17-19)

③ 포로 귀환 후의 무교절

이후 남유다가 바벨론에게 3차 포로로 잡혀가며 무너진 후 예루살렘과 성전은 폐허로 변했습니다. 그런데 때가 되어 바벨론 포로에서 1차로 귀환한 백성들은 성전을 짓기 시작했습니다. 대적자들에게 방해를 받았지만 하나님의 도우심으로 예루살렘에 스룹바벨 성전이 제12월(아달월) 3일에 완성되었는데(다리오 6년 제12월(아달월) 3일, 주전 515년 3월 12일) 그 다음 달인 제1월 14일 저녁 유월절을 지켰고 7일 동안 무교절을 지켰습니다(에 6:19-22).

> 사로잡혔던 자의 자손이 첫째 달 십사일에 유월절을 지키되(라 6:19) 제사장들과 레위 사람들이 일제히 몸을 정결하게 하여 다 정결하매 사로잡혔던 자들의 모든 자손과 자기 형제 제사장들과 자기를 위하여 유월절 양을 잡으니(라 6:20) 사로잡혔다가 돌아온 이스라엘 자손과 자기 땅에 사는 이방 사람의 더러운 것으로부터 스스로를 구별한 모든 이스라엘 사람들에게 속하여 이스라엘의 하나님 여호와를 찾는 자들이 다 먹고(라 6:21) 즐거움으로 이레 동안 무교절을 지켰으니 이는 여호와께서 그들을 즐겁게 하시고 또 앗수르 왕의 마음을 그들에게로 돌려 이스라엘의 하나님이신 하나님의 성전 건축하는 손을 힘 있게 하도록 하셨음이었더라(라 6:22)

성도 여러분!
하나님께서는 자손 대대로 지키라고 말씀하신 무교절이 역사적으로 잘 지켜지지 않았고 그로 인하여 나라와 백성들이 어려움을 겪었음을 살펴보았습니다. 날짜를 기억하여 지키는 의무만 다하는 것이 중요한 것이 아니며 절기를 제정하시고 지키게 하신 이유를 깨닫고 지키는 것이 중요하다는 것은 누구나 다 알고 있습니다. 나의 신앙의 삶 속에서 성도가 드려야 할 예배를 잘 드리고 있는지 아니면 시간이나 날짜만 지키고 있지는 않은지 돌아봅시다. 오늘도 세상의 날짜와 시간에 따라 살며 하나님의 시간을 잊지 않고 시간을 다스리며 정하신 하나님의 시간에 정확한 장소에 머무르는 신앙이 되도록 노력하는 하루가 되시길 기도합니다.

19일

신광야까지의 출애굽 여정 ①

(라암셋을 떠나 숙곳에 진을 침)

오늘 날짜가 언급된 성경 사건은 없습니다. 오늘 날짜가 포함된 사건은 다음과 같습니다.

사건 1 노아 601년 제1월 1일 땅 위에 물이 마른 지 19일째로 땅이 완전히 말라 제2월 27일에 방주를 나오기까지 방주에 머무름

사건 2 요단강을 건너 약속의 땅에 들어간 후 10일째로 제1월 15일부터 21일까지 지키는 무교절의 다섯째 날(출 12:16-20)
　　　　① 솔로몬 시대 성전을 지은 후 무교절을 지킴(대하 8:13)
　　　　② 제1차 포로 귀환 후 백성들이 중단되었던 성전을 완성하고(다리오 6년 제12월(아달월) 3일, 주전 515년 3월 12일) 유월절을 지킨 후 7일 동안 무교절을 지킴(에 6:19-22)

사건 3 주전 458년 2차 포로 귀환 시 제1월 1일 바벨론을 떠난 후 19일째로 아하와 강을 떠난 지 8일째(스 7:6-9, 8:15-36)

사건 4 하만이 제12월 13일에 유대인들을 죽이라는 조서를 써서 보낸 후 7일째(더 3:12)

유대인 전승에 의하면 제1월 15일 라암셋을 출발한(민 33:3) 이스라엘 백성들이 홍해를 건넌 것은 7일째 되는 날(제1월 21일)이라고 합니다. 이 날은 하나님께서 정하신 절기로는 무교절의 마지막 날과 겹치는 날입니다. 오늘과 내일은 라암셋을 출발하여 홍해를 건너기 전까지의 출애굽

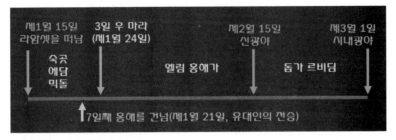

라암셋에서 시내광야까지의 여정
성경에 언급된 날짜(파란색)와 계산된 날짜(노란색)와 유대인의 전승(연두색)으로 구분

여정을 살펴보겠습니다.

바로의 꿈을 해석함으로 애굽에서 국무총리가 된 요셉은 아버지 야곱의 가족들을 초청합니다. 야곱은 70명의 가족을 이끌고 애굽으로 내려왔고 애굽 땅 중에서 약속의 땅 가나안으로 가기 좋은 위치에 있는 고센 땅을 요구했습니다(창 46:28-29). 요셉은 바로에게 말해 야곱의 가족들이 고센 땅에 거하도록 했고 야곱의 자손들은 이후 430년 동안 애굽에 머물며 많은 백성으로 불어났습니다. 하나님께서 정하신 기간이 지나며 이스라엘(야곱) 자손들은 한 민족, 한 국가를 형성할 수 있는 수로 불어났습니다. 하나님께서는 이스라엘 자손들은 애굽에서 떠나게 하셨는데 고센을 중심으로 여러 지역에 머물던 이스라엘 자손들은 모세의 인도로 라암셋을 떠나게 됩니다. 라암셋은 애굽의 동북부 제20주로 고센 지방의 한 성읍이며 이스라엘 백성의 고역으로 건설한 애굽의 한 국고성이었습니다(출 1:11).

> 야곱이 유다를 요셉에게 미리 보내어 자기를 고센으로 인도하게 하고 다 고센 땅에
> 이르니(창 46:28) 요셉이 그의 수레를 갖추고 고센으로 올라가서 그의 아버지 이스
> 라엘을 맞으며 그에게 보이고 그의 목을 어긋맞춰 안고 얼마 동안 울매(창 46:29)

감독들을 그들 위에 세우고 그들에게 무거운 짐을 지워 괴롭게 하여 그들에게 바로를 위하여 국고성 비돔과 라암셋을 건축하게 하니라(출 1:11)

하나님께서는 출애굽 하기 전 라암셋에 머물 때에 월력체계를 바꾸어 주셨습니다. 이스라엘 백성들은 애굽에서 쓰던 월력체계를 버리고 하나님께서 정하신 날을 해의 첫 달 첫날(제1월 1일)로 사용해야 했습니다(출 12:1-2). 이스라엘 백성들은 새롭게 바뀐 월력체계를 기준으로 하나님께서 말씀하신 대로 제1월 10일에 장자 재앙을 면하기 위해 어린 양을 준비했습니다. 그리고 14일 해질 때 어린 양을 잡았고 어린 양을 먹을 집의 설주와 인방에 어린 양의 피를 발랐습니다. 그리고 그날 밤(애굽에서 사용하던 월력으로 14일 저녁이고 15일이 시작하는 저녁)에 가족들이 함께 모여 하나님께서 명령하신 대로 어린 양을 구워먹었습니다. 하나님께서는 그 밤에 애굽 땅의 모든 첫 것을 죽이시는 장자의 재앙을 내리셨고 피를 바른 집은 죽음의 사자가 넘어갔습니다.

① 1월 14일 해질 때에 어린 양을 잡으라!
② 어린 양을 잡은 그 밤에 유월절을 지키라(출 12:1-14)
③ 1월 14일 저녁(15일이 시작하는 밤)
   하나님께서 애굽에 장자의 재앙을 내리심
   바로가 '떠나라 가서 여호와를 섬기라'고 보냄(출 12:29-36)
④ 1월 14일 저녁(15일이 시작하는 저녁)-1월 21일 저녁까지 무교절을 지키
   도록 명하심(출 12:15-20)
⑤ 1월 14일 밤(15일이 시작하는 밤) 라암셋을 떠남(민 33:3)

이스라엘 자손들은 14일 밤(15일이 시작하는 밤) 애굽을 급히 떠나게 되었습니다. 이것은 장자의 재앙을 만난 바로 왕이 이스라엘 자손들을 빨리

애굽에서 떠나게 했기 때문입니다. 이스라엘 백성들은 발효되지 못한 반죽을 그릇에 담아 옷에 싸서 떠났습니다. 하나님께서는 애굽 사람들에게 은혜를 입히시어 이스라엘 백성들에게 은, 금, 패물과 의복, 양과 소, 육축들을 주어 이끌고 나오게 하셨습니다. 하나님께서는 출애굽 한 이스라엘 백성을 '하나님의 군대'(출 7:4, 12:17, 12:41, 12:51, 민 1:3, 2:4)라고 표현 하셨습니다.

> 바로가 너희의 말을 듣지 아니할 터인즉 내가 내 손을 애굽에 뻗쳐 여러 큰 심판을 내리고 내 군대, 내 백성 이스라엘 자손을 그 땅에서 인도하여 낼지라(출 7:4)
> 너희는 무교절을 지키라 이 날에 내가 너희 군대를 애굽 땅에서 인도하여 내었음이니라 그러므로 너희가 영원한 규례로 삼아 대대로 이 날을 지킬지니라(출 12:17)

⊙ 숙곳에 진쳤고(민 33:5)

숙곳은 라암셋을 출발하여 처음으로 머무른 곳입니다(출 12:37). 다른 이름으로는 비돔이라 부르는데 숙곳은 정치적 명칭이요 비돔은 종교적 명칭이며 이스라엘 백성들이 노예로 노역하던 국고성으로(출 1:11) 애굽에서 추방된 자들이 떠나기 위해 경유하던 길목입니다. 모세와 본진이 라암셋을 떠나 숙곳에 이르렀을 때 고센 전체에 흩어져 있던 이스라엘 백성들이 자신들이 살던 곳을 떠나 숙곳에 모였을 것입니다. 성경은 이때 보행하는 하는 장정이 60만 가량이라고 말합니다. 모세는 요셉이 원했던 대로 요셉의 해골을 취하여 나왔습니다(창 50:25, 출 13:19).

> 이스라엘 자손이 라암셋을 떠나서 숙곳에 이르니 유아 외에 보행하는 장정이 육십만 가량이요(출 12:37)
> 요셉이 또 이스라엘 자손에게 맹세시켜 이르기를 하나님이 반드시 당신들을 돌보시

리니 당신들은 여기서 내 해골을 메고 올라가겠다 하라 하였더라(창 50:25)

모세가 요셉의 유골을 가졌으니 이는 요셉이 이스라엘 자손으로 단단히 맹세하게 하
여 이르기를 하나님이 반드시 너희를 찾아오시리니 너희는 내 유골을 여기서 가지고
나가라 하였음이더라(출 13:19)

숙곳에서 행한 일(출 13:1-16)

① 유월절 규례를 명하심
② 초태생을 구별하여 드릴 것을 명하심

항공사진으로 본 고센지역과 수르/에담 광야
에담에서 술 길이 시작되는데 이 길은 수르(에담) 광야를 지나 가데스 바네아를 거쳐 팔레스타인(약속의
땅)의 중앙산지 길과 연결된다. 숙곳과 에담 주변의 녹색 모습은 현대의 기술로 강물을 끌어와 녹화사업을
한 모습이다. 출애굽 시대에는 물이 흐르는 나일강을 벗어나면 바로 광야 또는 사막이었다.

텔 엘 마스쿠다
숙곳(비돔)으로 알려진 곳으로 진흙으로 만든 구조물이 남아있고 신전이었을 곳으로 추정되는 돌로 만든 구조물이 약간 남아있다.

요셉은 애굽에서 죽었습니다. 그러나 그는 아브라함과 이삭과 야곱에게 약속하신 하나님의 언약을 믿었기에 하나님께서 반드시 이스라엘 자손들은 애굽 땅에서 약속의 땅으로 인도하는 때가 있을 것임을 죽기 전에 가르쳤습니다. 요셉은 형제들에게 "나는 죽으나 하나님께서 형님들을 반드시 돌보시고 형님들을 이 애굽 땅에서 아브라함과 이삭과 야곱에게 맹세하신 그 땅으로 인도하실 것입니다"라고 말했고 이스라엘 자손들에게는 "하나님께서 반드시 너희를 찾아오실 것이니 너희는 여기서 내 뼈를 가지고 올라가거라"라고 말하며 다짐시켰습니다. 요셉의 다짐을 굳게 믿은 사람들은 요셉이 죽은 후 360년 동안 그의 말을 기억하여 자손들에게 가르쳤습니다. 마침내 때가 되어 출애굽하게 되었을 때 모세와 함께 요셉의 해골을 가지고 애굽을 떠났습니다.

요셉은 하나님께서 자신의 아버지 야곱이 애굽으로 내려올 때 약속하셨던 것(창 46:3-4)이 이루어지는 체험을 한 사람입니다. 하나님께서는 약속하신 대로 요셉을 통해 아버지 야곱을 약속의 땅 헤브론 막벨라 굴에 장사해 약속하신 것을 이루시는 분임을 깨닫게 하셨습니다. 야곱이 애굽에서 죽었지만 요셉을 통해 약속의 땅에 장사될 수 있었던 것은 요셉이 애굽에서 죽지만 때가 되면 약속의 땅으로 돌아간다는 확신을 가지게 했습니다. 그는 애굽의 총리에서 물러난 후 애굽에 머무는 이스라엘 자손들에게 하나님의 언약을 가르쳤을 것입니다. 그리고 애굽에서 죽으면서도 이스라엘 자손들에게 자신의 해골을 맡겼습니다. 이것은 하나님의 언약을 기억하게 하는 방법이었습니다.

성도 여러분!

요셉이 하나님의 언약을 깨닫고 이스라엘 자손들에게 자신을 해골을 부탁했지만 힘든 노예생활을 하면서도 언약을 기억하는 자손들이 없었다면 뜻은 이루어지지 않았음을 기억해야 합니다. 이 시대 하나님께서 나에게 맡겨진 사명과 약속하신 언약은 무엇인지 생각해 봅시다. 그리고 오늘도 영원한 하늘나라를 소망하며 죄와 상관이 없이 두 번째 나타나시겠다고 약속하신 다시 오실 주님을 만나기 위해 말씀을 깨닫고 기도하며 복음 전하는 하루가 되시길 기도합니다.

신광야까지의 출애굽 여정 ②

(광야 끝 에담에 진을 침, 출 13:20-22)

오늘 날짜가 언급된 성경 사건은 없습니다. 오늘 날짜가 포함된 사건
은 다음과 같습니다.

사건 1 노아 601년 제1월 1일 땅 위에 물이 마른 지 20일째로 땅이 완전히 말라 제
2월 27일에 방주를 나오기까지 방주에 머무름

사건 2 요단강을 건너 약속의 땅에 들어간 후 11일째로 제1월 15일부터 21일까지
지키는 무교절의 여섯째 날(출 12:16-20)
① 솔로몬 시대 성전을 지은 후 무교절을 지킴(대하 8:13)
② 제1차 포로 귀환 후 백성들이 중단되었던 성전을 완성하고(다리오 6년 제
12월(아달월) 3일, 주전 515년 3월 12일) 유월절을 지킨 후 7일 동안 무교절을
지킴(에 6:19-22)

사건 3 주전 458년 2차 포로 귀환 시 제1월 1일 바벨론을 떠난 후 20일째로 아하
와 강을 떠난 지 9일째(스 7:6-9, 8:15-36)

사건 4 하만이 제12월 13일에 유대인들을 죽이라는 조서를 써서 보낸 후 8일째(너 3:12)

오늘은 숙곳을 떠난 이스라엘 자손들이 해변 길이나 술 길을 통해 가
나안 땅으로 가지 않고 홍해를 건너 광야 길로 가는 여정을 살펴보겠습
니다.

❶ ‘가나안’으로 가기 위해 가까운 블레셋 땅으로 인도하지 않으신 이유?

하나님께서는 이스라엘 백성을 ‘하나님의 군대’라고 말씀하셨지만 이들은 아직 전쟁 준비가 되지 않았습니다. 출애굽기 13:18b는 어순 도치되어 부사어 ‘하무쉼’(전투대형으로, 대열을 지어)이 강조하고 있는데 아직 훈련되지 않은 군대였지만 행진하는 것만큼은 대열을 갖추고 이동했던 것을 알 수 있습니다. 하나님께서는 이스라엘 백성이 전쟁을 하게 되면 돌이켜 애굽으로 돌아갈까 하여 ‘해변 길’인 블레셋 땅을 통과하는 짧은 길로 인도하지 않으시고 홍해 길로 인도하셨습니다(출 13:17-18).

> 바로가 백성을 보낸 후에 블레셋 사람의 땅의 길은 가까울지라도 하나님이 그들을 그 길로 인도하지 아니하셨으니 이는 하나님이 말씀하시기를 이 백성이 전쟁을 하게 되면 마음을 돌이켜 애굽으로 돌아갈까 하셨음이라(출 13:17) 그러므로 하나님이 홍해의 광야 길로 돌려 백성을 인도하시매 이스라엘 자손이 애굽 땅에서 대열을 지어 나올 때에(출 13:18)

또한 숙곳에서는 해변 길과 병행하여 곧장 가데스 바네아로 가는 술 길이 있습니다. 이 길은 아브람이 네겝에 거할 때 흉년을 만나 애굽으로 내려갈 때, 흉년을 만난 야곱이 아들들을 애굽으로 보내 식량을 사 오게 할 때, 야곱이 요셉의 초청을 받아 애굽으로 내려갈 때 이용한 길일 것입니다. 성경에 직접적으로 언급된 경우는 사래에게 쫓겨난 하갈이 헤브론을 떠날 때 이용한 길로 나타나고(창 16:7) 사울은 왕이 되어 하나님께서 ‘아말렉을 진멸하라’고 말씀하셨을 때(삼상 15:2-3) 하윌라에서 애굽 앞 술에 이르기까지 아말렉 족속을 친 적이 있습니다(삼상 15:7). 술 길은 해변 길에 비해 좋지는 않지만 많은 사람들이 이용하는 길이었습니다. 하나님께서는 이 길도 허락하지 않으시고 더 남쪽으로 방향을 돌려 광야 끝, 에담 광야 길로 인도하셨습니다. 이 길은 사람들이 거의 이용하지 않고

전통적으로 주장되어 온 출애굽 경로(광야 남쪽 길)

광산에서 캐낸 광물들을 애굽으로 옮기던 길이었습니다.

> 여호와의 사자가 광야의 샘물 곁 곧 술 길 샘 곁에서 그를 만나(창 16:7)
>
> 만군의 여호와께서 이같이 말씀하시기를 아말렉이 이스라엘에게 행한 일 곧 애굽에서 나올 때에 길에서 대적한 일로 내가 그들을 벌하노니(삼상 15:2) 지금 가서 아말렉을 쳐서 그들의 모든 소유를 남기지 말고 진멸하되 남녀와 소아와 젖 먹는 아이와 우양과 낙타와 나귀를 죽이라 하셨나이다 하니(삼상 15:3)
>
> 사울이 하윌라에서부터 애굽 앞 술에 이르기까지 아말렉 사람을 치고(삼상 15:7)

❷ 광야 끝 에담에 진쳤고(민 33:6)

　광야 끝 에담에 진을 쳤다고 언급되었는데 '광야 끝'이라 함은 에담 광야가 시작된다는 것으로 수에즈 만 부근에서 동쪽으로 시작하는 에담 광야의 가장 서쪽 지역을 말합니다. 서쪽 끝 광야의 시작 지점으로 오늘 날 와디 투밀랏의 동쪽 부근입니다. 이곳에 애굽의 동쪽 경계를 방비하기 위해 남북으로 방벽을 구축했습니다. 이 방벽의 동서 양쪽이 '에담 (방벽) 광야'라 불렀습니다(민 33:8). 에담 광야는 히브리 이름으로 수르(성벽) 광야입니다(출 15:22).

> 하히롯 앞을 떠나 광야를 바라보고 바다 가운데를 지나 에담 광야로 사흘 길을 가서
> 마라에 진을 치고(민 33:8)
> 모세가 홍해에서 이스라엘을 인도하매 그들이 나와서 수르 광야로 들어가서 거기서
> 사흘 길을 걸었으나 물을 얻지 못하고(출 15:22)

　출애굽 한 이스라엘 백성이 에담에 진쳤을 때 불 기둥과 구름 기둥이 나타나서 이스라엘 백성을 인도했습니다. 출애굽기 13:20은 명사문장으로 '여호와께서 그들 앞에서 가셨다'라고 상황을 설명하고 있습니다. 여호와께서는 앞서 가셨는데 40년의 광야 여정 중 낮에는 구름 기둥으로 뜨거운 사막의 열기를 막아주시고 밤에는 불 기둥으로 추위를 막아주시며 이스라엘 백성을 인도하셨습니다(출 13:21-22).

　여호와께서 그들 앞에서 가시며 낮에는 구름 기둥으로 그들의 길을 인도하시고 밤에는 불 기둥을 그들에게 비추사 낮이나 밤이나 진행하게 하시니(출 13:21) 낮에는 구름 기둥, 밤에는 불 기둥이 백성 앞에서 떠나지 아니하니라(출 13:22)

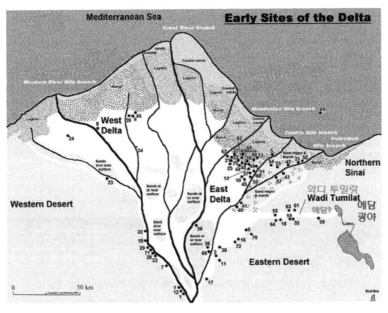

와디 투밀랏 동쪽 끝으로 추정되는 에담

　　이후로 이스라엘 백성은 구름 기둥이 떠오르면 진행하고 구름 기둥이 멈추면 진을 치고 머물렀습니다. 민수기 9:17은 '그리고 성막에서 구름이 떠올랐다(a) 그리고 그 후에('베아하레이-켄') 이스라엘 자손이 진행했다(b) 그리고 구름이 머무르는 장소에 이스라엘 자손이 진을 쳤다(c)'로 번역되는데 9:17b는 어순 도치되어 부사어 '그 후에'(구름이 떠오른 후)가 강조되고 9:17c는 어순 도치되어 '구름이 머무는 그곳에'가 강조되었고 '미완료'가 쓰여 광야여정 내내 반복된 것으로 기록되었습니다. 보이는 면에서 불 기둥과 구름 기둥으로 나타났지만 '여호와의 명을 쫓아 진행하였고 유진하였다'는 말씀을 볼 때에 구름 기둥과 불 기둥은 '여호와의 사자'로서 이스라엘 백성을 인도한 것으로 생각됩니다(민 9:17-18, 22). 민수기 19:18a와 18b는 어순 도치되고 부사어 '여호와의 명령에 따라'('알-피 아도

나이, יְהוָה פִּי עַל)가 강조되었고 진행할 때와 진을 칠 때 두 번 다 '여호와의 명령에 따라'가 쓰여 강조됩니다. 18c도 어순 도치되어 부사어 '성막 위에 구름이 머무는 모든 날 동안'이 강조되었습니다. 민수기 18:22절 또한 어순 도치되어 부사어 '이틀이든지 한 달이든지 일 년이든지 구름이 성막 위에 머물러 있을 때'가 강조되었습니다. 이처럼 이스라엘 자손들의 행진 진을 치고 머무는 것은 모두 여호와 하나님께서 구름 기둥을 통해 간섭하셨고 인도하셨음을 보여줍니다.

구름이 성막에서 떠오르는 때에는(a) 이스라엘 자손이 곧 행진하였고(b) 구름이 머무는 곳에 이스라엘 자손이 진을 쳤으니(c)(민 9:17) 이스라엘 자손이 여호와의 명령을 따라 행진하였고(a) 여호와의 명령을 따라 진을 쳤으며(b) 구름이 성막 위에 머무는 동안에는 그들이 진영에 머물렀고(c)(민 9:18)
이틀이든지 한 달이든지 일 년이든시 구름이 성막 위에 머물러 있을 동안에는 이스라엘 자손이 진영에 머물고 행진하지 아니하다가 떠오르면 행진하였으니(민 9:22)

본격적으로 광야여정을 시작하게 되는 에담에 진을 쳤을 때 하나님께서는 구름 기둥과 불 기둥을 보내주셔서 이스라엘 자손들을 보호하셨습니다. 그리고 이후 출애굽 한 이스라엘 자손들은 광야 여정을 할 때 구름 기둥의 움직임에 따라 곧 하나님의 명에 따라 행진하거나 머무르는 것을 살펴보았습니다. 잘 순종한 것으로 생각되지만 당시의 배경을 살펴보면 낮에 구름이 없이 행진하거나 머무르는 것, 밤에 불 기둥의 보호권 밖에 머무르는 것은 40년의 광야 여정 가운데 있을 수 없는 일입니다. 만약 죽지 않고 살려고 한다면 물리적으로도 구름 기둥과 불 기둥의 영향권 내에 머물러야 했습니다.

성도 여러분!
광야 여정을 걷는 이스라엘 자손들이나 섞여 사는 무리들이 불평이 있더라도 구름 기둥과 불 기둥의 영향권에서 벗어나지 않고 공동체 내에 있는 것은 생명을 유지할 수 있는 방법이었습니다. 혹시 내가 공동체(교회)에서 불평하는 쪽에 속한다 할지라도 공동체(교회)를 벗어나지 않고 신앙을 떠나지 않는다면 언젠가는 구원을 받을 수 있을 것입니다. 오늘도 구름 기둥과 불 기둥으로 인도하고 계시는 하나님의 인도하심을 맛보는 삶을 살며, 공동체(교회) 내에 불평하는 사람들이 있다면 함께 불평하다 망하지 말고 그들을 잘 인도하는 하루가 되시길 기도합니다.

21일

신광야까지의 출애굽 여정 ③
(믹돌 앞에 진을 침 그리고 홍해가 갈라지고 마른 땅으로 건넘)

　　오늘 날짜가 언급된 성경 사건은 없습니다. 오늘 날짜가 포함된 사건은 다음과 같습니다.

사건 1　노아 601년 제1월 1일 땅 위에 물이 마른 지 21일째로 땅이 완전히 말라 제 2월 27일에 방주를 나오기까지 방주에 머무름

사건 2　요단강을 건너 약속의 땅에 들어간 후 11일째로 제1월 15일부터 21일까지 지키는 무교절의 일곱째 날(출 12:16-20)
　　① 솔로몬 시대 성전을 지은 후 무교절을 지킴(대하 8:13)
　　② 제1차 포로 귀환 후 백성들이 중단되었던 성전을 완성하고(다리오 6년 제 12월(아달월) 3일, 주전 515년 3월 12일) 유월절을 지킨 후 7일 동안 무교절을 지킴(에 6:19-22)

사건 3　주전 458년 2차 포로 귀환 시 제1월 1일 바벨론을 떠난 후 21일째로 아하 와 강을 떠난 지 10일째(스 7:6-9, 8:15-36)

사건 4　하만이 제12월 13일에 유대인들을 죽이라는 조서를 써서 보낸 후 9일째(더 3:12)

　　오늘은 믹돌에 진을 친 후 홍해를 건너는 사건을 살펴보겠습니다.

❶ 믹돌 앞에 진쳤고(민 33:7)

하나님께서는 모세에게 명하여 진로의 방향을 바꾸어 믹돌에 가서 진 치게 하였습니다. 앞으로 나아가는 길은 홍해로 막혔고 두려움에 떨고 있을 때 바로의 군대가 진친 곳까지 이르게 되었습니다. 백성들은 두려 워하며 여호와께 부르짖었고 하나님께서는 이스라엘을 구원하셨습니다. 애굽의 군사들을 홍해 물속에 수장되었고 주변의 많은 민족들로 하여금 하나님의 능력으로 떨게 하신 곳이 믹돌입니다(출15:14-16).

> 여러 나라가 듣고 떨며 블레셋 주민이 두려움에 잡히며(출 15:14) 에돔 두령들이 놀라고 모압 영웅이 떨림에 잡히며 가나안 주민이 다 낙담하나이다(출 15:15) 놀람과 두려움이 그들에게 임하매 주의 팔이 크므로 그들이 돌 같이 침묵하였사오니 여호와여 주의 백성이 통과하기까지 곧 주께서 사신 백성이 통과하기까지였나이다(출 15:16)

① 애굽 군대의 추격이 시작됨(출 14:4)

하나님께서는 바로의 마음을 완고하게 하셨고 바로는 군대를 보냈습니다. 이것은 바로와 그 온 군대를 통하여 하나님께서 영광을 얻어 애굽 사람에게서 이스라엘 백성을 이끌어 내신 분이 여호와인줄 알게 하려고 하신 것입니다(출 14:17). 출애굽기 14:17a는 명사문장으로 여호와께 서 선언하고 계심을 보여주는데 인칭대명사 '내가'('아도나이')를 사용하여 강조했고 이어 감탄사 '힌네니'를 써서 하나님께서 하시는 것을 강조했 습니다. 14:17b는 미완료가 사용되어 정상적으로 진행되는데 14:17c 는 다시 미완료를 사용하여 주어인 '내가'(여호와)에 집중하게 합니다. 결 국 애굽 군대가 이스라엘 백성들을 뒤따라 온 것과 그 모든 군대와 병거 와 마병을 홍해에 수장시키심으로 영광 받으시는 분이 여호와 하나님이 심이 강조되었습니다.

내가 애굽 사람들의 마음을 완악하게 할 것인즉(a) 그들이 그 뒤를 따라 들어갈 것
이라(b) 내가 바로와 그의 모든 군대와 그의 병거와 마병으로 말미암아 영광을 얻으
리니(c)(출 14:17)

② 군대가 장막 친 곳까지 미침(출 14:9-14)

백성들은 두려워하며 여호와께 부르짖고 또 모세에게 이르되 "애굽에
매장지가 없어서 광야에서 죽게 하느냐 어찌하여 당신이 우리를 애굽에서 이끌어내어 우리에
게 이같이 하느냐"라고 원망했습니다. 백성들의 말은 어순 도치되어 부사어
인 '애굽에 매장지가 없어서'(출 14:11a)와 '이같이'(홍해로 막힌 곳으로 인도해 애굽
의 군대에게 죽게 된 상황)(출 14:11b)가 강조되었습니다. 백성들은 더 나아가 "우리
가 애굽에서 이미 당신에게 한 말이 이것이 아닙니까? '우리를 내버려 두어 애굽 사람들을 섬
기게 하십시오' 우리가 광야에서 죽는 것보다 애굽 사람들을 섬기는 것이 우리에게 더 낫기 때
문입니다"(출 14:12)라고 말했습니다. 모세는 이스라엘 백성에게 "두려워 말라!
(명령) 가만히 서라!(명령) 그리고 여호와께서 오늘날 너희를 위하여 행하시는 구원을 보라!(명
령)"라고 외쳤습니다.

③ 여호와 하나님께서는 구름 기둥과 불 기둥으로 애굽 군대가 밤새도
  록 이스라엘 진에 가까이하지 못하게 하였습니다(출 14:20).

④ 여호와의 말씀대로 모세가 지팡이를 바다 위로 내어 밀 때 여호와께
  서 동풍이 불게 하여 홍해를 가르고 땅을 마르게 하셨습니다(출 14:21-
  31).

⑤ 이스라엘 백성들은 마른 땅을 밟고 건너갔고 뒤를 따라 들어갔던 애
  굽 군대는 홍해에 수장되었습니다(출 14:15-31).

⑥ 홍해를 건넌 후 선지자 미리암은 손에 소고를 잡고 춤추며 찬양을 드렸습니다(출 15:20).

❷ 홍해가 갈라짐

영화에서 홍해가 갈라지는 모습을 보면 모세가 지팡이를 내밀자마자 홍해가 갈라지는 듯한 느낌을 줍니다. 그러나 홍해는 모세가 손을 내민 즉시 갈라진 것이 아닙니다. 하나님께서는 밤새도록 동풍을 불게 하여 물을 벽으로 만들어 세우셨고 땅을 마르게 한 후 이스라엘 백성들과 육축들이 지나가게 하셨습니다.

① 물을 세우는 바람의 빠르기는?

물리적으로 물을 세워 서 있게 할 있는 바람의 속도는 얼마나 되어야 할까요? 약 시속 150-200마일(시속 241-322Km, 초속 69.6-89.4m)정도 되어야 한다고 합니다. 그런데 이렇게 빠른 바람이 자연 상태에서 생길 수 있을까요? 또한 자연적으로 생길 수 있다 하더라도 물에만 바람이 부딪치고 이스라엘 백성에게는 불지 않게 하셨기에 모두가 홍해를 건널 수 있었는데 이러한 현상이 자연적으로 발생할 수는 없습니다. 이스라엘 백성이 마른 땅을 밟고 홍해를 건넌 것은 하나님의 초자연적인 역사로 이스라엘 백성이 애굽에 머물며 받아들였던 이방 신에 대한 생각을 버리고 구원하심이 여호와 하나님에게서 나옴을 체험하게 하는 이적임에 틀림없습니다. 홍해를 마른 땅으로 건넌 이스라엘 백성은 애굽으로 돌아가려는 생각을 버리고 여호와 하나님이 참 신이심을 고백해야 했습니다.

② 여호와 하나님의 구원하심

새벽녘에 바로의 말들, 병거들과 마병들이 이스라엘 백성이 지나갔던 자취를 따라 홍해로 들어갔습니다. 여호와께서는 불과 구름 기둥 가운데서 홍해로 들어온 애굽 군대를 내려다보시고 그들을 혼란에 빠지게 하셨습니다. 그리고 그들의 병거 바퀴를 벗겨서 달리기 어렵게 만드셨습니다. 애굽 사람들은 곧 여호와 하나님이 이스라엘을 대신하여 싸운다는 것을 깨닫고 "여호와께서 이스라엘을 위해 애굽 사람들과 싸우시니 그들 앞에서 도망하자"라고 말하며 돌이켜 도망하려 했습니다(출14:24-25). 이때 하나님께서는 모세에게 손을 내밀어 물이 다시 흐르게 하셨고 홍해의 물이 다시 합쳐짐으로 애굽 군대는 수장되었습니다. 아침이 되어 이스라엘은 애굽 사람의 시체가 바닷가에 떠다니는 것을 보았고 여호와께서 이스라엘을 애굽 사람의 손에서 구원하셨음을 깨달았습니다. 백성들은 여호와를 경외하였고 종 모세를 믿게 됩니다(출14:26-28). 마른 땅으로 홍해를 건넌 사건을 마무리 지으며 모세는 '그러나 이스라엘 자손은 바다 가운데를 육지로 행하였고 물이 좌우에 벽이 되었더라'(출 14:29)고 언급합니다. 여호와께서 모세에게 홍해를 건너는 이유를 말씀하신 후 출애굽기 14:19-31까지 홍해를 건너는 과정은 모두 '와우계속법-미완료'로 서술됩니다. 그런데 출애굽기 14:29a인 '그러나 이스라엘 자손은 그 바다 가운데로 마른 땅으로 지나갔다'에서만 '완료'로 서술되며 강조되고 어순 도치되어 주어인 '이스라엘 자손은'이 강조되었습니다. 14:19b는 명사문장으로 '그리고 물이 그들에게 좌우에 벽이 되었더라'는 상황을 설명하고 있습니다.

③ 홍해를 가르고 모든 백성이 건너기까지 오랜 시간이 걸린 까닭은?

출애굽 한 백성은 200만 명 이상이었고 그들이 키우던 가축 또한 함께 건너가야 하는 상황입니다. 이스라엘 백성이 애굽에서 나올 때 항오를 지어 나왔다고 합니다(출 13:18). 항오는 5명*25줄을 지어 움직이는 것

홍해가 갈라진 규모를 작게 표현한 삽화

을 말합니다. 이스라엘 백성이 홍해를 건너는 상황을 상상해 보기 위해 잘 훈련된 210만 명의 군인이 1Km를 건넌다고 생각하고 시간을 계산해 봅시다.

한 줄에 100명이 서고 줄과 줄 사이를 1m 간격으로 210만 명이 줄을 서면 그 길이는 20Km가 됩니다. 보통 군인이 1시간에 4Km를 걷는다면 전체가 건너는데 6시간이(마지막 사람이 건너기까지의 시간) 걸립니다. 그런데 이스라엘 백성은 군인이 아닌 어린아이와 노약자, 여자들이 포함되어 있으며 또한 가축들이 함께 건넜음을 생각할 때 상당한 시간이 걸렸음을 알 수 있습니다.

한 줄에 1000명 정도 설 수 있는 폭이 된다면 2시간 정도 걸립니다. 1000명이 설 수 있는 폭이라 해도 이스라엘 백성에게는 노약자와 어린아이, 육축이 있었기에 이것들을 감안하면 4시간 정도는 걸렸을 것입니다. 그렇다면 1000명이 한 줄로 설 수 있는 넓이는 얼마나 되어야 할까요? 아마도 1000m 이상이 되어야 할 것입니다 홍해가 바람에 의해 갈라진 상태로 1000m 이상의 폭이 되고 바닥이 마른 후 백성들과 육축이 건너간 것입니다. 이 초자연적인 역사를 목격한 백성들이 잠시나마 여호와를 경외하며 여호와와 종 모세를 믿었다는 것은 당연한 것입니다. 그러나 이 믿음은 광야 삼 일을 걷고 불평하여 불신으로 변합니다.

④ 해변 길이 아닌 홍해 길로 인도하여 마른 땅을 밟고 건너게 하신 이유는?

라암셋을 떠난 백성들은 숙곳과 에담을 거쳐 애굽을 벗어나려 했습니다. 그런데 여호와께서는 모세에게 **"이스라엘 자손에게 명령하여 그들이 돌아가서 바다와 믹돌 사이의 비하히롯 앞 곧 바알스본 맞은편 바닷가에 장막을 치게 하여라"**라고 말씀하셨습니다(출 14:2). 모세와 백성들은 하나님의 말씀에 순종하였고 믹돌 앞에 장막을 친으로 뒤에는 바로의 군대 앞은 홍해와 산으로 가로 막히게 되었던 것입니다. 이렇게 하신 이유는 바로가 이 상황을 "그들이 광야에 갇혀서 그 땅에서 헤매고 있다"라고 생각하여 뒤따르게 하실 것이며 그의 군대를 통해 하나님께서 영광 받으시려 하신 것입니다(출 14:3-4).

> **바로가 이스라엘 자손에 대하여 말하기를 그들이 그 땅에서 멀리 떠나 광야에 갇힌 바 되었다 하리라**(출 14:3) **내가 바로의 마음을 완악하게 한즉 바로가 그들의 뒤를 따르리니 내가 그와 그의 온 군대로 말미암아 영광을 얻어 애굽 사람들이 나를 여호와인 줄 알게 하리라 하시매 무리가 그대로 행하니라**(출 14:4)

하나님께서는 홍해로 막힌 곳으로 인도하신 첫 번째 이유는 하나님께서 행하신 이적을 통해서 백성들이 하나님과 그 종 모세를 믿게 함으로 애굽 생활을 청산하고 하나님의 백성으로 살게 하는 것이었습니다(출 14:31). 이 상황을 모세는 노래를 통하여 증거합니다(출 15:11-13). 두 번째 이유는 이스라엘 백성들이 홍해를 마른 땅으로 건너는 것과 애굽의 군대들이 홍해에 수장되는 것을 통해 여호와께서 영광을 얻으시고 바로와 애굽이 여호와께서 어떤 분이신지를 앎으로 이후에 이스라엘 백성을 추격하지 못하게 하려 함이요, 주변 열방이 듣고 떨게 하기 위함입니다 (출 14:18, 15:14-18). 이로부터 40년 후 여리고 성의 라합의 고백은(수 2:9-11) 이것을 증거합니다.

> 말하되 여호와께서 이 땅을 너희에게 주신 줄을 내가 아노라 우리가 너희를 심히 두려워하고 이 땅 주민들이 다 너희 앞에서 간담이 녹나니(수 2:9) 이는 너희가 애굽에서 나올 때에 여호와께서 너희 앞에서 홍해 물을 마르게 하신 일과 너희가 요단 저쪽에 있는 아모리 사람의 두 왕 시혼과 옥에게 행한 일 곧 그들을 전멸시킨 일을 우리가 들었음이니라(수 2:10) 우리가 듣자 곧 마음이 녹았고 너희로 말미암아 사람이 정신을 잃었나니 너희의 하나님 여호와는 위로는 하늘에서도 아래로는 땅에서도 하나님이시니라(수 2:11)

성도 여러분!

하나님께서는 구속사를 이끄시는 가운데 언약 백성이 위험에 처하게도 하셨음을 기억합시다. 같은 어려운 상황을 만났지만 하나님의 계획을 아는 모세는 담대하게 "두려워 말라!(명령) 가만히 서라!(명령) 그리고 여호와께서 오늘날 너희를 위하여 행하시는 구원을 보라!(명령)"라고 외쳤고 믿지 못하는 백성들은 두려워했음을 기억합시다. 이 시대를 사는 성도들 가운데 '나는 잘 믿고 하나님 말씀에 순종하며 살아가고 있는데 왜 어렵고 힘든 상황을 만나게 하시는가?'라고 느끼시는 분이 계시다면 그 또한 하나님의 계획 속의 일부분이며 하나님께서 영광 받으시는 과정임을 깨달으시기 바랍니다. 이스라엘 자손들처럼 '우리를 내버려 두어 세상(애굽)을 섬기게 하십시오'라고 말하지 않고 오늘도 하나님의 언약 백성으로서 어떤 상황을 만나도 두려워하거나 원망하지 않고 하나님께서 해결해주시고 인도하시는 체험을 하는 하루가 되시길 기도합니다.

22일

신광야까지의 출애굽 여정 ④

(홍해를 건너야 했던 이유)

오늘 날짜가 언급된 성경 사건은 없습니다. 오늘 날짜가 포함된 사건은 다음과 같습니다.

사건 1   노아 601년 제1월 1일 땅 위에 물이 마른 지 22일째로 땅이 완전히 말라 제2월 27일에 방주를 나오기까지 방주에 머무름

사건 2   출애굽 하기 위해 라암셋을 떠난 지 8일째 날

사건 3   홍해를 건너 시내 반도로 들어와 광야를 걷기 시작한 첫째 날

사건 4   주전 458년 2차 포로 귀환 시 제1월 1일 바벨론을 떠난 후 22일째로 아하와 강을 떠난 지 11일째

사건 5   하만이 제12월 13일에 유대인들을 죽이라는 조서를 써서 보낸 후 10일째
        (더 3:12)

오늘은 홍해를 건넌 후 첫째 날입니다. 해변 길이나 술 길로 인도하지 않으시고 홍해를 마른 땅으로 건너게 하신 이유를 살펴보겠습니다.

⊙ 홍해를 건너야 했던 이유는 무엇인가?

현재 출애굽 여정으로 성지답사를 가면 지중해와 홍해를 연결하는 수웨즈 운하가 건설되어 있어 카이로를 떠나(아프리카 대륙) 시내 반도로(아시아

대륙) 갈 때 지상으로는 건너갈 수 없습니다. 운하 밑으로 건설된 '아흐마디 함디 해저터널'을 통해 시내 반도로 들어가게 됩니다. 이때 가이드들은 이 터널을 버스를 타고 지나가며 "여러분의 이스라엘 백성들은 바다를 가르고 마른 땅으로 건너갔는데 우리들은 지하 터널로 버스를 타고 지나갑니다. 지금 저희 위로는 바닷물이 있습니다."라고 종종 설명을 합니다. 이런 설명을 들은 사람들 중 많은 사람들이 출애굽 당시 '홍해를 건너지 않으면 애굽을 벗어날 수 없었구나'라고 생각을 하곤 합니다. 하지만 당시 출애굽 한 이스라엘 백성들이 꼭 홍해를 건너야 했던 것은 아닙니다. 그렇다면 출애굽 한 이스라엘 백성들이 홍해를 건넜어야 했던 이유는 무엇일까요?

당시의 상황을 그린 지도를 보면 수웨즈만 홍해를 건너지 않고도 해변 길이나 술 길을 통해 시내 반도로 들어갈 수 있었고 또한 진짜 시내산이 사우디아라비아의 라오즈산이라고 할지라도 아카바만 홍해를 꼭 건널 필요는 없었습니다(사우디아라비아에 있는 '라오즈'산이 진짜 시내산이라고 주장하는 내용에 대해서는 1월 26일 시내산의 위치에 대하여①(진짜 시내산은 따로 있다? 라오즈산!!!???) 참조). 그렇기에 이스라엘 백성들이 꼭 홍해를 건너도록 하나님께서는 '해변 길'로 인도하시지도 않고 에담을 지나며 '술 길'로도 인도하지 않으시고 더 남쪽의 왕의 대로와 연결되는 '세일 산으로 가는 길'로도 인도하지 않고 방향을 남쪽으로 확 바꾸셔서 바알스본 앞 비하히롯으로 가 믹돌 앞에 진을 치게 했습니다.

모세가 이스라엘 백성들로 하여금 이동방향을 확 바꾸어 홍해 가 믹돌 앞에 진을 치게 한 것은 여호와의 명령을 따른 것입니다(출 14:1-2). 그리고 이때 바로가 애굽의 온 군대와 특별병거 600승을 준비해 쫓아온 것도 여호와께서 바로의 마음을 강퍅하게 하신 결과요 섭리에 따른 계획이었습니다. 이렇게 하신 이유는 바로의 온 군대로 인해 영광을 얻으시고 애굽 사람들이 이스라엘 자손을 이끌어 낸 신이 여호와 이심을 알게 하기 위함이었습니다.

> 여호와께서 모세에게 일러 가라사대(출 14:1) **이스라엘 자손을 명하여 돌쳐서 바다와** 믹돌 사이의 비하히롯 앞 곧 바알스본 맞은편 바닷가에 장막을 치게 하라(출 14:2) 바로가 이스라엘 자손에 대하여 말하기를 그들이 그 땅에서 아득하여 광야에 갇힌 바 되었다 할지라(출 14:3) 내가 바로의 마음을 강퍅케 한즉 바로가 그들의 뒤를 따르리니 내가 그와 그 온 군대를 인하여 영광을 얻어 애굽 사람으로 나를 여호와인 줄 알게 하리라 하시매 무리가 그대로 행하니라(출 14:4)

믹돌에 진을 치고 있던 이스라엘 백성들은 바로의 군대가 바짝 쫓아온 것을 보고 두려움에 떨었고 여호와께 부르짖었습니다(출 14:9-10).

> 애굽 사람들과 바로의 말들, 병거들과 그 마병과 그 군대가 그들의 뒤를 따라 바알스본 맞은편 비하히롯 곁 해변 그 장막 친데 미치니라(출 14:9) 바로가 가까워 올 때에 이스라엘 자손이 눈을 들어 본즉 애굽 사람들이 자기 뒤에 미친지라 이스라엘 자손이 심히 두려워하여 여호와께 부르짖고(출 14:10)

심히 두려워했던 이스라엘 백성들은 마침내 모세에게 "애굽에 매장지가 없으므로 당신이 우리를 이끌어 내어 이 광야에서 죽게 하느뇨 어찌하여 당신이 우리를 애굽에서 이끌어 내어 이같이 우리에게 하느뇨 우리가 애굽에서 당신에게 고한 말이 이것이 아니뇨 이르기를 우리를 버려 두라 우리가 애굽 사람을 섬길 것이라 하지 아니하더뇨 애굽 사람을 섬기는 것이 광야에서 죽는 것보다 낫겠노라"(출 14:11-12)고 말하며 모세를 원망했습니다.

하지만 이스라엘 백성들도 홍해를 건너며 깨달아야 할 것이 있었습니다. 그것은 바로의 군대와 싸우시는 분이 여호와이시며 애굽으로부터 구원하시는 분이 '여호와'이심을 고백하는 것입니다. 모세는 백성들에게 "너희는 두려워 말고 가만히 서서 **여호와께서 오늘날 너희를 위하여 행하시는 구원을 보라 너희가 오늘** 본 애굽 사람을 또다시는 영원히 보지 못하리라 여호와께서 너희를 위하여 싸우시리니 너희는 가만히 있을지니라"(출 14:13-14)고 말했습니다.

여호와 יהוה

여호와(아도나이)
'히브리 사람의 하나님'(엘로힘)께서 구속역사를 시작하셨고 그 하나님이 바로나 애굽 사람들, 이스라엘 자손까지도 이전에 듣지도 못했고 알지도 못했던 '여호와'셨다 (출 3:14).

홍해는 밤새도록 분 동풍으로 갈라지고 말랐으며 이스라엘 백성들은 동이 트기까지 마른 땅을 밟고 다 건너갔습니다. 그리고 여호와께서 애굽 사람들의 마음을 강퍅케 하심으로 뒤따라 들어가게 했고 애굽의 군대들은 홍해에 수장되어 죽었습니다. 이 과정에서 여호와께서는 "내가 바로와 그 모든 군대와 그 병거와 마병을 인하여 영광을 얻으리니"(출 14:17b), "내가 바로와 그 병거와 마병으로 인하여 영광을 얻을 때에야 애굽 사람들이 나를 여호와인 줄 알리라"(출 14:18)고 말씀하시며 홍해 사건을 통해 얻으실 영광에 대해 3번째 말씀하셨습니다(출 14:4, 17, 18). 그리고 영광을 얻으실 때 애굽 사람들이 깨달아야 할 것이 이스라엘 자손의 신이요 구원하시는 분이 '여호와'였다는 것인데 홍해에 빠져 죽으며 애굽 군대가 고백한 것이 "이스라엘 앞에서 우리가 도망하자 여호와가 그들을 위하여 싸워 애굽 사람들을 치는도다"(출 14:25b)입니다.

10가지 재앙을 통해 바로와 애굽 사람들 또한 이스라엘 백성이 깨달아야 할 것은 '히브리 사람의 하나님'(엘로힘)께서 구속역사를 시작하셨고 그 하나님이 바로나 애굽 사람들, 이스라엘 자손까지도 이전에 듣지도 못했고 알지도 못했던 '여호와'와 이심을 깨닫는 것이었습니다(출 3:18). 때가 되어 일하시기 시작하신 여호와께서 이스라엘 자손을 애굽에서 빼

내시고 그들을 통해 구속역사를 이루어 가실 것인데 그 시작이 10가지 재앙을 통해 시작되었고 홍해에서 애굽 군대를 수장시키심으로 영광 받으시고 여호와께서 하셨음을 드러내셨습니다.

> 그들이(이스라엘 자손) 네 말을 들으리니 너는 그들의 장로들과 함께 애굽 왕에게 이르기를 히브리 사람의 하나님 여호와께서 우리에게 임하셨은즉 우리가 우리 하나님 여호와께 희생을 드리려 하오니 사흘 길쯤 광야로 가기를 허락하소서 하라(출 3:18, 개역)

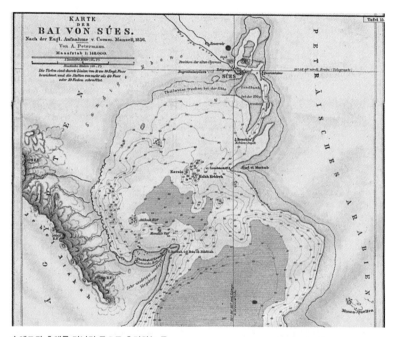

수웨즈만 홍해를 건넜던 곳으로 추정하는 곳
사진의 왼쪽은 계속해서 산지가 위쪽으로 길게 늘어져 있는 모습이고 사진의 왼쪽 위쪽 너머네 믹돌이 위치한다. 길게 늘어선 산지와 앞쪽의 홍해로 막혀 있는 모습을 상상할 수 있고 사진 밖 위 쪽에 애굽의 군대가 뒤쫓아 왔음을 상상할 수 있다. 사진에 보이는 수웨즈만의 바다 속은 일정 부분이 위로 솟아 있음을 보여 준다. 바다 속 중간 지형은 30-50미터의 깊이이고 위쪽 부분의 깊은 곳은 67미터이며 아래쪽 깊은 곳은 80미터 깊이이다.

이처럼 이스라엘 자손이 꼭 홍해를 건너야 했던 이유는 세상 사람들로 하여금 '여호와'라는 신적존재가 세상에 나타나셨음을 알게 하는 마침이요 이스라엘 자손들도 자신들을 구원하시고 이끄시는 존재가 '여호와'이시라는 것을 분명하게 깨닫는 것이었습니다. 이스라엘 자손들은 홍해를 건넌 후 애굽 사람들의 시체를 보고, 여호와께서 애굽 사람들에게 베푸신 큰일을 보고 '여호와'를 경외하며 '여호와'와 그 종 모세를 믿었습니다(출 14:30-31).

그날에 여호와께서 이같이 이스라엘을 애굽 사람의 손에서 구원하시매 이스라엘이 바닷가의 애굽 사람의 시체를 보았더라(출 14:30) 이스라엘이 여호와께서 애굽 사람들에게 베푸신 큰 일을 보았으므로 백성이 여호와를 경외하며 여호와와 그 종 모세를 믿었더라(출 14:31)

여호와 하나님께서 행하신 일은 애굽 사람들을 넘어 약속의 땅 주변 모든 사람들에게 알려졌고 두려워 떨게 했고 40년이 지나기까지 영향을 미쳤습니다(출 15:13-16, 수 2:9-11).

아카바만 홍해가 아닌 스웨즈만 홍해를 건넌 이스라엘 자손들

주께서 그 구속하신 백성을 은혜로 인도하시되 주의 힘으로 그들을 주의 성결한 처소에 들어가게 하시나이다(출 15:13) 열방이 듣고 떨며 블레셋 거민이 두려움에 잡히며(출 15:14) 에돔 방백이 놀라고 모압 영웅이 떨림에 잡히며 가나안 거민이 다 낙담하나이다(출 15:15) 놀람과 두려움이 그들에게 미치매 주의 팔이 큼을 인하여 그들이 돌 같이 고요하였사오되 여호와여 주의 백성이 통과하기까지 곧 주의 사신 백성이 통과하기까지였나이다(출 15:16)

두 사람이 눕기 전에 라합이 지붕에 올라가서 그들에게 이르러(수 2:8) 말하되 여호와께서 이 땅을 너희에게 주신 줄을 내가 아노라 우리가 너희를 심히 두려워하고 이 땅 백성이 다 너희 앞에 간담이 녹나니(수 2:9) 이는 너희가 애굽에서 나올 때에 여호와께서 너희 앞에서 홍해 물을 마르게 하신 일과 너희가 요단 저편에 있는 아모리 사람의 두 왕 시혼과 옥에게 행한 일 곧 그들을 전멸시킨 일을 우리가 들었음이라(수 2:10) 우리가 듣자 곧 마음이 녹았고 너희의 연고로 사람이 정신을 잃었나니 너희 하나님 여호와는 상천 하지에 하나님이시니라(수 2:11)

시내산의 위치에 대하여 ①

(진짜 시내산은 따로 있다? 라오즈산!!!???)

오늘 날짜가 언급된 성경 사건은 없습니다. 오늘 날짜가 포함된 사건은 다음과 같습니다.

사건 1   노아 601년 제1월 1일 땅 위에 물이 마른 지 23일째로 땅이 완전히 말라 제 2월 27일에 방주를 나오기까지 방주에 머무름

사건 2   출애굽 하기 위해 라암셋을 떠난 지 9일째

사건 3   홍해를 건너 시내 반도로 들어와 광야를 걷기 시작한 2일째

사건 4   주전 458년 2차 포로 귀환 시 제1월 1일 바벨론을 떠난 후 23일째로 아하와 강을 떠난 지 12일째(스 7:6-9, 8:15-36)

사건 5   하만이 제12월 13일에 유대인들을 죽이라는 조서를 써서 보낸 후 11일째 (더 3:12)

오늘은 시내산의 위치에 대하여 살펴보겠습니다.

성경지리, 성경배경에 대해 강의를 하다 보면 '떨기나무 1, 2'를 읽은 목사님, 전도사님, 성도님들이 "진짜 시내산은 어디에 있습니까?", "어디에 있는 것이 맞느냐?"라는 질문을 합니다. 그런데 진짜 시내산이 어디 있느냐를 따지기 전에 기억해야 할 것은 진짜 시내산의 위치를 우리

떨기나무에서 주장되는 시내산(Al-Lawz)
떨기나무에서는 전통적으로 주장되는 시내 반도 내 시내산이 아닌 사우디아라비아 반도에 있는 산으로 사진의 왼쪽 윗부분 검게 그을린 산을 시내산이라 주장한다.

가 아니냐, 모르느냐, 가 보았느냐, 가보지 않았느냐가 구원 문제와는 전혀 상관없다는 것을 기억해야 합니다. 예수를 그리스도라 고백함으로 구원을 받았지 어떤 지식적인 사실을 모른다는 것이 구원받는데 결격 사유가 되지 않는다는 것을 잊지 않았으면 합니다. 이러한 전제만 약속한다면 '시내산의 위치'가 이디냐?에 상관없이 예수를 그리스도라 고백하고 하나님의 자녀가 되어 사는 삶에 논쟁이 없을 것입니다.

  김승학 씨(현재의 직함은 알지 못함) 가족의 체험기을 쓴 책인 '떨기나무'와 '시내산의 진실' 홈페이지의 관련된 글을 읽다 보면 의견이 다르다는 것이 서로의 믿음이 잘못되었다는 듯한 논쟁과 서로의 지식이 잘못되었음을 질타하는 부분이 많음을 봅니다. 2년 전에 잠시 나타났던(?) '떨기나무'의 효과는 총신대 신학대학원 졸업여행 출애굽 성지답사시 시내 반도의 시내산을 답사에서 빼자는 의견도 나오곤 했습니다(2009년 글입니다). 그런데 요즈음 늦게 '떨기나무'를 접하거나 '떨기나무 2'를 접한 분들에게 다시 질문을 받습니다. 새로운 진리를 발견한 듯한 떨리는 목소리로, 전통적으로 시내 반도의 시내산에 1500여 년 동안 속아왔다는 식으로 말입니다. 그동안 질문에 대해 강의시간에는 간략히 답을 했는데 이제 글로 표현해 보겠습니다.

먼저 '떨기나무 1, 2'에서 사우디아라비아의 '라오즈'산이 실제의 시내산이라고 제시된 많은 고고학적 자료(학자들에 의해 연구된 자료인지는 알 수 없지만)들을 논박하거나, 전통적 시내 반도 안의 시내산의 위치 문제를 접근할 때에 제시되는 고고학적 자료에 대한 논박은 피할 것입니다. 왜냐하면 고고학적 자료들은 학자들의 견해나 주장에 따라 다른 의미를 가지게 하기 때문입니다. 이 글에서는 시내산의 위치 문제에 대해 개인적인 의견을 성경에 근거해서만 이야기할 것입니다. 성경적 근거에 의하여 결론을 말한다면 시내산의 위치가 사우디아라비아의 라오즈산 이라는 김승학 집사의 주장(이전의 론 와이어트)은 잘못된 것 같습니다. 이것이 전통적 시내산을 시내산의 위치라고 말하려는 것은 아닙니다. 전통적 의견에 동의하는 것이 필자의 의견이지만 먼저는 성경적으로 비추어 볼 때 맞는 주장이고, 더 확실한 고고학적 근거가 제시된다면 입장은 바뀔 수 있습니다. 학자들에 따라 시내산의 위치를 여러 군데 주장하고 있는데, 필자는 시내산의 위치가 최소한 시내 반도 안에 있어야 한다고 생각합니다. 이에 대한 해결점은 지리를 통해서 성경적으로 제시할 것입니다.

만약 시내산의 위치를 아카바만 홍해를 건넌 사우디아라비아 쪽이라고 주장하려면, 성경적으로 10가지 이상(성경구절로는 더 이상 많은 곳)의 문제를 해결해야 합니다. 이 글을 통해 10가지를 다 제시하지는 않겠습니다. 만약 사우디아라비아의 라오즈산이 진짜 시내산이라고 생각하는 분들이 필자가 제시하는 성경적 문제에 대해 해결점을 제시하고, 필자의 주장에 대한 반론을 제기한다면 다음에 5가지 문제를 더 언급하겠습니다. 필자는 성경지리와 성경배경을 연구하고 있기에 성경에 나타난 지리적인 내용으로만 시내산의 위치가 시내 반도 안에 있어야 한다는 것을 제시할 것이나, 더 많은 다른 방법과 이유로도 사우디아라비아의 라오즈 산이 진짜 시내산이라는 주장은 잘못된 것임을 알 수 있습니다. 먼저 가장

시내산과 모세 기념교회
전통적으로 생각되어 온 시내 반도 남쪽의 시내산 사진의 원 안에 모세 기념교회가 있다.

핵심이 될 수 있는 '가데스 바네아'에 대해 생각해 보겠습니다.

⊙ 가데스 바네아의 위치 문제

출애굽 여정 중 11개월 정도 머문 내용이 나타나는 시내산(호렙산) 다음으로 중요한 곳이 '가데스 바네아'입니다. 가데스 바네아에서는 출애굽 후 2년째 되는 해 최소한 40일 이상 머문 곳입니다. 또한 40년째 되는 해 상당한 기간 머물게 되는데(출애굽 40년 제1월부터 제4월 정도까지) 가데스 바네아에서 일어난 사건을 정리하면 다음과 같습니다.

⊙ 가데스 바네아의 사건(민 13:1-14:45, 20:1-29)

① 출애굽 한지 2년 3-4월 정도에 도착하여 정탐꾼을 보냄
② 40일을 정탐한 후 믿지 못한 10명의 정탐꾼이 죽음
③ 여호수아와 갈렙이 약속의 땅에 들어간다는 약속을 받음
④ 40년째 제1월에 모세의 누이 미리암이 죽음
⑤ 40년째 되는 해 반석을 통한 물을 주게 하신 사건에서 모세와 아

론이 약속의 땅에 들어갈 수 없다는 하나님의 선언이 있었음

⑥ 에돔 왕에게 그의 땅을 지나가게 해 줄 것을 요청함

⑦ 이곳에서 진행하여 호르산에 이르렀고 아론이 호르산에 장사됨(

제5월 1일)

'가데스 바네아' 위치 문제 하나만 가지고도 결부되는 성경구절과 사건이 많음을 알 수 있습니다. 이제 가데스 바네아가 현재 이스라엘과 이집트의 국경지역에 그렇지 않더라도 시내 반도 안에 있어야 하는 이유를 보겠습니다.

❶ 신광야에서 하맛 어귀 르홉까지의 정탐경로

가나안 땅 정탐 경로 가데스 바네아에 머물던 이스라엘 자손들은 가나안 땅을 정탐합니다.

가데스 바네아에서 보내진 정탐꾼들은 신 광야('미드바르-친', מִדְבַּר־צִן, Zin광야)에서부터 하맛 어귀 르홉에 이르렀다고 표현합니다(민 13:21). 이 정탐경로를 설명하기 위해서는 현대 이스라엘의 남쪽지역에 가데스 바네아가 위치하여야 합니다. 만약 요단계곡(아라바 포함)동편 지역 요르단이나 또는 사우디아라비아 북쪽지역에 가데스 바네아가 있다고 하면 정탐경로는 거짓이 되고 맙니다. 참고로 떨기나무에서는 출애굽 1년째에 머물렀던 신(Sin)광야(출 16:1, 17:1)와 출애굽 40년째에 머물렀

가나안 땅 정탐 경로
가데스 바네아에 머물던 이스라엘 자손들은 가나안 땅을 정탐한다.

던 신(Zin)광야(민 13:21, 20:1, 27:14, 33:36, 34:3, 신 32:51, 수 15:1)를 구별하지 못하고 사용합니다. 이것은 한글성경에 둘 다 신광야로 표기되어 있기 때문입니다.

> 이에 그들이 올라가서 땅을 탐지하되 신('친', Zin) 광야에서부터 하맛 어귀 르홉에 이르렀고 (민 13:21)

❷ 가데스 바네아 출발 시점에 네겝(남방)을 지나 헤브론으로 올라감

정탐꾼들은 가데스 바네아에서 출발하여 남방(네겝, 이스라엘의 남쪽 지역)으로 올라가 헤브론을 지나며 에스골 골짜기에서 그 유명한 포도 한 송이 달린 가지를 베어 둘이 막대기에 꿰어 메고 옵니다(민 13:22-24).

> 또 남방으로 올라가서 헤브론에 이르렀으니 헤브론은 애굽 소안보다 칠 년 전에 세운 곳이라 그곳에 아낙 자손 아히만과 세새와 달매가 있었더라 (민 13:22) 또 에스골 골짜기에 이르러 거기서 포도 한 송이 달린 가지를 베어 둘이 막대기에 꿰어 메고 또 석류와 무화과를 취하니라 (민 13:23) 이스라엘 자손이 거기서 포도송이를 벤 고로 그곳을 에스골 골짜기라 칭하였더라 (민 13:24)

❸ 에돔 왕에게 그의 땅을 지나가도록 요청함

모세가 에돔 땅 변경 가데스 바네아에서 에돔왕에게 에돔 땅을 통과하여 지나가도록 요청한 것은 가데스 바네아에서 요단 동편지역(모압, 암몬)으로 진행한 후 요단강을 건너 가나안에 들어가기 위함이었을 것이다. 이것은 가데스 바네아에서 에돔 땅을 통과하여야만 모압과 암몬 지역으로 갈 수 있었기 때문일 것입니다. 그런데 가데스 바네아의 위치가 요르단 남부나, 사우디아라비아 북쪽 부근에 있다고 한다면 반드시 에돔을 통과해야만 모압쪽으로 갈 수 있는 것은 아닙니다. 모압 땅을 통과하지 못했을 때 모압광야 지역을 지나간 것처럼 에돔 변경을 지나갈 수도 있었을 것입니다.

이처럼 시내산의 위치는 아카바만 홍해(사우디아라비아 쪽)를 건너 있어야 할 시내산이 아니라, 시내 반도 안에 시내산(호렙산)이 있어야 할 성경적

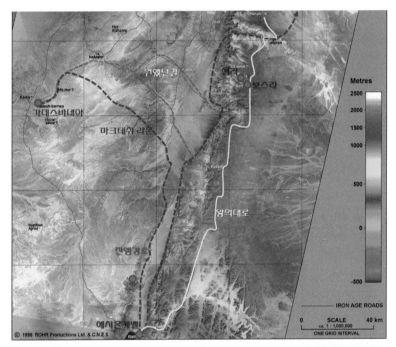

에돔 왕에게 지나기를 요청한 길
출애굽 40년째 되는 해 가데스 바네아에서 요단 동편 세렛 시내를 건너기까지의 이동 경로(필자의 견해)이다. 붉은색 점선는 가데스 바네아에 머물던 모세가 아라바와 네게브(남방)지역의 길을 장악했던 보스라(왕의 대로 상에 있는 에돔의 정치적 수도)의 에돔 왕에게 지나기를 요구했을 가능성이 있는 길이다.

근거 12가지 정도 중 하나인 '가데스 바네아' 위치만 이렇게 해결할 것이 많은데 사우디아라비아의 '라오즈'산이 시내산이라고 말하며 이 많은 성경구절과 사건 기술이 잘못되었다고 할 것인가?를 생각해야 합니다. '떨기나무'에서 주장되는 김승학 씨의 출애굽 여정 경로는 가데스 바네아의 위치를 언급하지 않습니다. 김승학 씨의 출애굽 여정의 경로를 따라가 보면 전통적으로 주장되는 이스라엘의 남방에 있는 '가데스 바네아〈전통적으로 네 개의 샘물, 즉 아인 케데이스(Ain Qedeis), 아인 엘 쿠데이 랏(Ain el-Qudeirat), 엘-코세이메 (el-Qoseimeh)와 엘-무에일라(el-Muweilah)가 있는 현재의 이스라엘과 이집트 국경에 있는 오아시스 지역〉'를 지나가지도 않습니다.

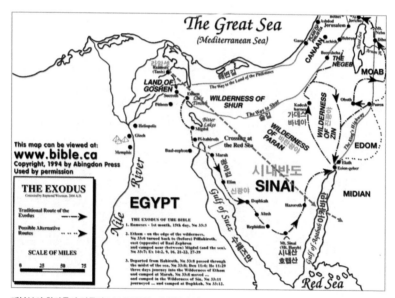

대부분의 학자들이 전통적으로 주장하는 출애굽의 경로
반면 다른 이들의 주장은 붉은색 점선을 따라 누에바에서 아카바만 홍해를 건너 시내산(알-라오즈산, 붉은 점선)으로 갔고 이후의 경로에서는 '가데스 바네아' 자체를 언급하지 않는다.

만약 시내 반도에 있는 전통적 '가데스 바네아'가 실제의 '가데스 바네아'가 아니라고 한다거나(아니라고 하더라도 가데스 바네아는 시내 반도 안에 있어야 하며, 호렙산에서 11일 걸리는 거리에 있어야 함), 요단계곡 동편 요르단이나 사우디아라비아 쪽에 '가데스 바네아'가 있다고 주장한다면 문제가 발생함을 살펴보았습니다. 과연 사우디아라비아의 '라오즈'산이 진짜 시내산이라고 말하는 분들은 '가데스 바네아'가 어디라고 생각하는지 궁금합니다. 가데스 바네아의 위치만 확정되어도 스웨즈만 홍해를 건넜는지, 아카바만 홍해를 건넜는지를 알 수 있으며, 시내산의 위치가 시내 반도 내에 있어야 하는가? 아니면 사우디아라비아의 '라오즈'산이 진짜 시내산인가가 분명해집니다. 필자는 열린 사고를 가지고 있다고 생각합니다. 만약 성경적으로 맞는 해결점이 제시된다면 분명히 그 의견을 따를 의향이 있습니다. 그리고 필자의 생각을 '라오즈'산이 진짜 시내산이라고 생각하도록 바꾼다면 아마도 '떨기나무' 측은 더 강력한 원군을 얻을 것입니다.

성도 여러분!
하나님을 믿고 예수를 그리스도라 고백함을 통해 구원을 얻도록 전해야할 성도(평신도, 집사, 장로, 목회자, 교수)로서 서로 의견이 다르다고 하여 적으로 생각하는 것은 큰 문제라는 것을 인식합시다. 그리고 바르지 않은 주장이면서도 자신의 주장을 굽히지 않는 것은 소경이 소경을 인도하는 꼴이 된다는 것도 잊지 맙시다. 오늘도 하나님을 믿는 성도로서 성경 사건에 대해 말할 때 근거 있는 주장들로 토론하며 가장 큰 근거가 되어야 할 것은 성경 자체라는 것을 잊지 맙시다. 오늘도 고고학이나 과학적 사고로 성경 사건을 믿지 못할 것으로 만드는 것이 아니라 믿음으로 성경을 읽고 연구하며 하나님의 구속사에 동참하여 맡은 바 직분을 잘 감당하는 하루가 되시길 기도합니다.

24일

신광야까지의 출애굽 여정 ⑤

(마라에서 법도와 율례를 세우신 하나님, 출 15:22-26)

오늘 날짜가 언급된 성경 사건은 없습니다. 오늘 날짜가 포함된 사건은 다음과 같습니다.

사건 1　노아 601년 제1월 1일 땅 위에 물이 마른 지 24일째로 땅이 완전히 말라 제2월 27일에 방주를 나오기까지 방주에 머무름

사건 2　출애굽 하기 위해 라암셋을 떠난 지 10일째

사건 3　홍해를 건너 시내 반도로 들어와 광야를 걷기 시작한 3일째

사건 4　주전 458년 2차 포로 귀환 시 제1월 1일 바벨론을 떠난 후 24일째로 아하와 강을 떠난 지 13일째(스 7:6-9, 8:15-36)

사건 5　하만이 제12월 13일에 유대인들을 죽이라는 조서를 써서 보낸 후 12일째 (더 3:12)

오늘은(24일) 홍해를 건넌 후 셋째 날로 이스라엘 백성들은 마라에 진을 쳤습니다. 쓴 물이 단물로 변하게 된 마라 사건을 살펴보겠습니다.

현재 방문하는 '아윤 무사'(Ayun Musa)의 모습

⟩ 마라에 진쳤고(민 33:8)

현재 성지답사를 할 때 방문하는 마라(Marah)는 홍해(수에즈 해저 터널)에서 30㎞ 지점에 있는 '아윤 무사'(Ayun Musa)입니다. 또 다른 학자들은 홍해를 건넌 지점에서 남남동쪽 45Km(수에즈 남남동쪽 75Km), 홍해에서 동쪽으로 11Km 떨어진 '아인 하와라'(Ain Hawara, Ein Hawara)를 마라로 주장하기도 합니다. 성경적으로 보면 3일을 걸은 후 마라에 도착했기에 아윤무사(Ayun Musa)보다는 '아인 하와라'(Ain Hawara, Ein Hawara)로 생각됩니다.

마라는 홍해를 건너 제일 처음 진을 친 곳입니다. 이스라엘 자손들은 홍해를 마른 땅으로 건너는 경험을 했지만 수르 광야로 들어와 진을 치지 않은 상태로 3일을 걸었습니다. 아마도 중간에 물이 떨어졌기에 정상적으로 하룻길을 걷지 못했기에 45Km 정도의 거리를 3일 동안 걸었는데 3일을 가도 물을 찾지 못했습니다. 3일째 되는 날 아마도 멀리서 종려나무가 본 사람은 모세에게 알렸고 모세는 백성들에게 멀리 오아시스가 있음을 알려 백성들은 환호를 지르며 마라에 이르렀을 것입니다. 그러나 막상 도착해서 갈증을 해소기 위해 물을 먹었지만 써

마라-엘림-홍해가-신광야-돕가에 진을 친 이스라엘 백성들

서 먹지 못했습니다. 이스라엘 백성들의 실망감은 종려나무를 보기 전 상황보다 더했고 물은 있지만 먹을 수 없었기에 불평과 불만이 가득했을 것입니다.

백성들은 모세에게 원망하며 "우리가 무엇을 마실까?"라고 퉁명스럽게 말했을 것입니다. 목마른 백성들은 3일을 걸은 후 물을 만났으나 물이 써서 먹지 못함으로 불평했고 그곳 이름을 '마라'(쓴, 쓴맛)라 불렀습니다. 홍해의 이적을 보았지만 삼 일이 못되어 또 다른 문제가 생겼을 때 하나님을 믿기 기다리기보다는 먼저 불평하는 것이 인생입니다. 여호와 하나님께서 구름 기둥과 불 기둥으로 인도하고 계시는데 이스라엘 백성들은 하나님의 신실하심을 믿고 물을 고쳐 달라고 기도하지 못하고 현실 문제로 인해 먼저 불평했습니다. 하지만 모세는 백성들과는 달리 여호와께 부르짖었습니다. 여호와께서는 모세에게 한 나무를 지시하셨고 모세는 그것을 물에 던져 물을 달게 만들었습니다. 하나님께서는 불평하는 이스라엘 백성들에게 물을 달게 하여 불만을 잠재우신 후 모세를 통해 법도와 율례를 정하셨습니다.

① 물이 써서 마시지 못함으로 마라라 칭함(출 15:23)

② 백성들이 모세를 원망함(출 15:24)

③ 모세가 부르짖었고 하나님께서는 한 나무를 지시하셔서 물에 넣어 물을 고쳐 주심(출 15:25)

④ 하나님께서는 법도와 율례를 정하시고 백성을 시험하심(출 15:25)

⑤ 모든 규례를 지키면 애굽 사람에게 내린 모든 질병의 하나라도 내리지 아니하기로 약속하시고 '나는 치료하는 여호와'라 말씀하심(출 15:26)

출애굽기 15:22-26은 '와우계속법-미완료'로 사건이 연속적으로 일어나고 있음을 보여줍니다. '그리고 ... 인도했다'(출 15:22a), '그리고 ... 나왔다'(출 15:22b), '그리고 ... 걸었다'(출 15:22c), '그리고 ... 얻지 못했다'(출 15:22d)', '그리고 .... 마라에 이르렀다'(출 15:23a), '그리고 ... 마실 수 없었다'(출 15:23b), '그로 인해 ... 불렀다'(출 15:23c), '그리고 ... 불평했다'(출 15:24), '그리고 ... 부르짖었다'(출 15:25a), '그리고 ... 지시하셨다'(출 15:25b), '그리고 ... 던졌다'(출 15:25c), '그리고 ... 달아졌다'(출 15:25d)로 진행되던 문장은 출애굽기 15:25e와 25f에서 어순 도치되어 모두 부사어 '거기서'('마라')가 강조되고 '완료'를 사용하여 목적어인 '법도와 율례를'과 '그들을(생략)'에 집중하게 합니다.

모세는 하나님께서 마라에서 '거기에서 법도와 율례를 정하셨다'('삼 삼 로 호크 우미쉬파트', שָׁם שָׂם לוֹ חֹק וּמִשְׁפָּט), '그리고 거기서 시험하셨다'('베샴 니싸후', וְשָׁם נִסָּהוּ)라고 서술합니다. 하나님께서는 물로 인해 불평하는 이스라엘 백성들에게 쓴 물을 단물로 바꾸어 주신 후 마시게 하셨고, 거기서 법도('호크', 규정, 법령, 관습, 의무)와 율례('미쉬파트', 심판, 재판, 공의, 법령)를 정하신 후 그들을 시험하셨습니다. 하나님께서는 "너희가 너희 하나님 나 여호와의 말을 들어 순종하고 내가 보기에 의를 행하며 내 계명에 귀를 기울이며 내 모든 규례를 지키면 내가 애굽 사람에게 내린 모든 질병 중 하나도 너희에게 내리지 아니하리니 나는 너희를 치료하는 여호와임이라"(출 15:26)고 말씀하셨습니다.

성도 여러분!

신앙생활을 잘 하는 성도라고 해도 어려움을 만나고 곤경에 처할 수 있습니다. 그러나 자신이 하나님의 언약 백성임을 알고 믿고 있는 성도는 그 어려움의 해결 방법이 하나님께로부터 나온다는 것을 압니다. 먼저 하나님께 피할 길을 구하면 때가 되어 피할 길을 주셔서 능히 어려움을 감당하게 하십니다(고전 10:13). 오늘도 마라와 같은 힘든 곳에 잠시 머물러 있다 할지라도 도우실 하나님을 기대하며 불평하지 않고 기도하는 하루가 되시길 기도합니다.

> 사람이 감당할 시험 밖에는 너희가 당한 것이 없나니 오직 하나님은 미쁘사 너희가 감당하지 못할 시험당함을 허락하지 아니하시고 시험당할 즈음에 또한 피할 길을 내사 너희로 능히 감당하게 하시느니라(고전 10:13)

신광야까지의 출애굽 여정 ⑥

(엘림에 진을 침, 민 33:9)

오늘 날짜가 언급된 성경 사건은 없습니다. 오늘 날짜가 포함된 사건은 다음과 같습니다.

사건 1 노아 601년 제1월 1일 땅 위에 물이 마른 지 25일째로 땅이 완전히 말라 제2월 27일에 방주를 나오기까지 방주에 머무름

사건 2 출애굽 하기 위해 라암셋을 떠난 지 11일째

사건 3 홍해를 건너 시내 반도로 들어와 광야를 걷기 시작한 4일째

사건 4 주전 458년 2차 포로 귀환 시 제1월 1일 바벨론을 떠난 후 25일째로 아하와 강을 떠난 지 14일째(스 7:6-9, 8:15-36)

사건 5 하만이 제12월 13일에 유대인들을 죽이라는 조서를 써서 보낸 후 13일째
(더 3:12)

오늘은 마라를 떠난 이스라엘 백성들이 엘림에 진을 친 사건과 광야에서 장막을 치고 거하는 진에 대하여 살펴보겠습니다.

❶ 엘림에 진쳤고(민 33:9)

　이스라엘 백성들은 마라를 떠났습니다. 그리고 엘림에 이르러 진을 쳤습니다. 엘림은 전통적으로 '와디 가란델'(Wadi Gharandel)로 알려져 있는데 마라에서 남동쪽으로 약 10Km 떨어져 있습니다. 출애굽기 15:26b는 명사문장으로 엘림에 대해 설명하는데 '그리고 거기에는 열두 물 샘과 종려나무 70주가 (있다)'고 기록되었습니다. 마라는 물이 써서 먹지 못했는데 엘림은 광야의 오아시스로 진을 치기 좋은 장소였습니다.

① 물 샘 12과 종려 70주가 있어 그 물 곁에 장막을 침(출 15:27)
② 12와 70에 관계된 것 : 야곱의 12아들과 70가족(창 46:27, 출 1:5, 신 10:22), 모세의 12지파와 70장로, 예수님의 12제자와 70문도(눅 6:13, 10:1)

전통적으로 엘림으로 여겨졌던 '와디 가란델'(Wadi Gharandel)

❷ 광야에서 장막을 치고 거한 진에 대하여

출애굽 한 이스라엘 백성은 요단강을 건너기까지 광야에서 41번의 장
막을 쳤습니다(민 33:1-56). 광야에서 장막을 침에 있어 아무 곳이나 장막
을 칠 수는 없습니다. 장막을 치기 위한 조건과 장막 칠 곳을 어떻게 선
정하고 머물렀는지를 살펴보겠습니다.

① 장막 칠 곳은 어떻게 찾고 진행하였으며 유숙하였나?

혹자는 모세가 미디안 광야에서 40년 동안 목축을 하며 돌아다녔기에
시내 반도의 지리는 훤하게 알고 있었고 이스라엘 백성을 이끌며 진칠
곳을 찾기 위해 40년을 먼저 광야에서 준비하게 하셨다고 말합니다. 그
러나 그 말에는 약간의 의구심이 듭니다. 과연 모세가 40년 동안 시내 반
도의 곳곳을 돌아다니며 목축을 했고 물이 있는 곳을 이미 알았을까요?

모세가 머물렀던 장인 이드로가 속한 미디안은 시내 반도의 남동쪽
땅에 해당합니다. 모세는 이 근방에서 장인의 양떼를 치다 광야 서편으
로 이동하여 하나님의 산 호렙에 이르러 하나님을 만나고 사명을 받게
됩니다(출 3:1). 아마도 양떼를 몰고 시내 반도 곳곳을 돌아다닐 수는 없
었을 것입니다. 왜냐하면 시내 반도는 미디안 족속뿐 아니라 애굽, 아말
렉, 에돔등 여러 족속들이 각기 자신의 영역을 가지고 살았기 때문입니
다. 이처럼 모세가 40년 동안 시내 반도 곳곳을 돌아다니며 목축을 하
여 물이 있는 곳곳을 알았다고 생각하는 것은 좀 문제가 됩니다. 그렇다
고 어느 곳에 장막을 칠 것인지 알지도 못한 채 무작정 떠나서 길을 걷다
가 나오는 장소에 장막을 쳤다고 말하는 것도 아닙니다. 성경은 곳곳에
서 '여호와의 명'을 좇아 진을 치며 진행했다고 분명히 전하고 있습니다.
숙곳을 출발하여 홍해를 건너기 전 광야 끝 에담에 장막을 쳤을 때에

하나님께서는 구름 기둥과 불 기둥을 보내시어 그들을 인도하셨습니다. 여호와 하나님께서는 구름 기둥과 불 기둥으로 그들 앞에서 먼저 행하시며 그들의 갈 길과 그들이 칠 진을 찾아주셨던 것입니다(출 13:20-22, 신 1:33). 이에 모세와 백성들은 여호와의 명 곧 구름 기둥과 불 기둥이 인도하는 대로 좇아 진행하였고 머무는 곳에 진을 형성하고 유숙하게 됩니다(출 17:1, 민 9:18, 23).

> 그는 너희보다 먼저 그 길을 가시며 장막 칠 곳을 찾으시고 밤에는 불로, 낮에는 구름으로 너희가 갈 길을 지시하신 자이시니라(신 1:33)
> 이스라엘 자손의 온 회중이 여호와의 명령대로 신 광야에서 떠나 그 노정대로 행하여 르비딤에 장막을 쳤으나 백성이 마실 물이 없는지라(출 17:1)
> 이스라엘 자손이 여호와의 명령을 따라 행진하였고 여호와의 명령을 따라 진을 쳤으며 구름이 성막 위에 머무는 동안에는 그들이 진영에 머물렀고(민 9:18)
> 곧 그들이 여호와의 명령을 따라 진을 치며 여호와의 명령을 따라 행진하고 또 모세를 통하여 이르신 여호와의 명령을 따라 여호와의 직임을 지켰더라(민 9:23)

시내산 아래에 11개월 20일 머물며 하나님의 백성으로서 지켜야 할 계율을 모세를 통해 전달받고 하나님께서 명령하신 식양대로 성막을 완성하였던 백성들은 출애굽 2년 제1월 14일 유월절을 지키고 제2월 20일에 구름이 떠오르자 여호와의 산을 떠나게 됩니다. 이때 여호와의 언약궤가 삼 일을 앞서 그들의 쉴 곳을 찾았다고 기록하고 있습니다. 궤가 떠날 때에는 모세가 하나님께 기도하여 그들의 대적을 앞서 물리쳐 주실 것을 간구했습니다(민 10:33-35).

> 그들이 여호와의 산에서 떠나 삼 일 길을 갈 때에 여호와의 언약궤가 그 삼 일 길에 앞서가며 그들의 쉴 곳을 찾았고(민 10:33) 그들이 진영을 떠날 때에 낮에는 여호와의 구름이 그 위에 덮였었더라(민 10:34) 궤가 떠날 때에는 모세가 말하되 여호와여 일어나사 주의 대적들을 흩으시고 주를 미워하는 자가 주 앞에서 도망하게 하소서

구름 기둥이 머무는 곳에 성막을 치면 구름은 성막 위에 머물렀습니다. 성막 위에 구름이 머물면 그 기간이 얼마든 모세와 백성들은 유진하였고 성막 위의 구름이 떠오를 때에는 모든 백성이 장막을 걷고 구름을 따라 진행할 준비를 하였습니다(민 9:17, 20). 성막 위의 구름은 하루나 이틀을 머문 적도 있고 한 달이나 일 년을 머문 적도 있습니다(민 9:21-22). 여호와 하나님께서는 낮에는 구름 기둥으로 밤에는 불 기둥으로 백성을 인도하셨는데 이스라엘 백성은 밤에도 길을 걸으며 이동해야 했습니다(출 13:21-22).

> 여호와께서 그들 앞에서 가시며 낮에는 구름 기둥으로 그들의 길을 인도하시고 밤에는 불 기둥을 그들에게 비추사 낮이나 밤이나 진행하게 하시니(출 13:21) 낮에는 구름 기둥, 밤에는 불 기둥이 백성 앞에서 떠나지 아니하니라(출 13:22)

② 진을 칠 조건 : 사람과 육축이 마실 물이 있어야 함

불 기둥과 구름 기둥이 없는 광야 생활은 견디기 힘든 더위와 추위를 견뎌야 하는 어려운 생활이겠지만 이스라엘 백성들의 광야 생활을 구름 기둥과 불 기둥이 보호해 주는 생활로 그리 어렵지는 않은 생활이었습니다. 또한 하나님께서 돌보아 주심으로 40년 동안 신발이나 옷이 해어지지 않았고 발이 부릍지 않는 은혜를 받고 생활한 기간이었으며 부족함이 없이 생활했습니다(신 2:7, 8:4, 29:5).

> 네 하나님 여호와께서 네가 하는 모든 일에 네게 복을 주시고 네가 이 큰 광야에 두루 다님을 알고 네 하나님 여호와께서 이 사십 년 동안을 너와 함께 하셨으므로 네게 부족함이 없었느니라 하시기로(신 2:7)
> 이 사십 년 동안에 네 의복이 해어지지 아니하였고 네 발이 부르트지 아니하였느니

라(신 8:4)

주께서 사십 년 동안 너희를 광야에서 인도하게 하셨거니와 너희 몸의 옷이 낡아지
지 아니하였고 너희 발의 신이 해어지지 아니하였으며(신 29:5)

광야에서 부족함이 없게 생활하던 이들에게도 필수적으로 필요한 것
은 물이었습니다. 진을 치고 유숙하려면 물이 있어야 했습니다. 홍해를
건너 사흘 동안 물을 찾아 헤메는 가운데 마라에 이르렀고, 이후 하나님
의 산에 들어가기까지 진을 친 곳과 발생한 사건을 보면 대부분 물과 관
련이 있음을 알 수 있습니다(출 15:22-23, 민 33:9, 14).

⊙ 마라-엘림-홍해가-신광야-돕가-알루스-르비딤

① 마라 : 진을 치고 물을 구했으나 써서 못 마심으로 모세를 통해 물
이 달게 하심
② 엘림 : 물 샘 열둘과 종려 칠십 주가 있어 진을 침
③ 홍해가, 돕가, 알루스 : 사건의 기록이 없음
④ 신광야 : 애굽의 마을이 있었던 부근
⑤ 르비딤 : 물이 없어 반석을 통해 물을 주심

❸ 진의 크기

진을 침에 있어 물이 제일 중요하겠지만 200만 명 이상의 사람들과
그들이 거느리는 육축이 함께 거하려면 땅의 크기 또한 커야 합니다. 진
의 크기에 대해 성경에서 직접 언급한 곳은 없지만 요단강을 건너기 전
마지막으로 모압평지에 진을 쳤을 때 '진의 크기가 벧여시못에서 아벨
싯딤까지 미쳤다'고 기록되어 있습니다. 이 거리는 직선으로 약 8Km
정도에 해당하는 것으로 한 변이 8Km에 해당하는 정사각형으로 생각

한다면 64Km²에 해당하여 서울 면적의 약 10분의 1이 됩니다(서울의 면적 605Km²). 이 정도의 크기의 땅이 시내 반도에 있어야 하는데 성지답사하는 시내 반도 도로 주변 곳곳에서 이러한 크기의 땅을 발견할 수 있습니다(민 33:49).

또한 메추라기가 와서 진에 내릴 때에 진 사방으로 하룻길에 해당하는 곳의 지면을 덮었다고 하는데 이 크기는 한 변이 24Km에 해당하며 (기브롯 핫다아와 사건에서 다룸) 서울 정도의 크기입니다(민 11:31-32).

성도 여러분!

이스라엘 백성들은 애굽에 내린 10가지 재앙도 경험했고 홍해를 마른 땅으로 건너는 경험도 했습니다. 그러나 홍해를 건넌지 3일이 지나지 않아 물이 없어 불평하고 원망하는데 이러한 이스라엘 백성들의 모습을 보고 각자 나는 '왜 그렇게 참지 못하고 불평할까?' 하는 생각을 하지는 않습니까? '조금만 참으면 하나님께서 물을 주실 텐데 좀 참고 갈 수는 없었나?'라는 생각은 하지 않습니까? 하지만 광야를 경험해 보면 물 없이 광야를 걷는다는 것이 얼마나 힘든지 알 수 있는데 이스라엘 백성들이 불평하는 것도 이해할 수 있습니다. 다만 유일신 여호와 하나님을 정확히 알고 믿었다면 참을 수 있었을 것이라고 생각될 뿐입니다. 오늘도 성경을 읽고 연구하며 등장하는 인물들의 반응에 대해 평가할 때 현대적 감각이 아니라 당시의 상황과 정황을 이해해야 함을 잊지 맙시다. 또한 오늘도 일이 안 풀리거나 힘든 상황을 만났을 때 공동체(교회)에서 먼저 불평하기보다는 끝까지 참으며 하나님께서 길을 열어 주시기까지 참는 법을 배우는 하루가 되시길 기도합니다.

26일

시내산의 위치에 대하여 ②

(불 기둥과 구름 기둥이 에담에서 나타나야 하는 이유)

오늘 날짜가 언급된 성경 사건은 없습니다. 오늘 날짜가 포함된 사건은 다음과 같습니다.

사건 1 노아 601년 제1월 1일 땅 위에 물이 마른 지 26일째로 땅이 완전히 말라 제2월 27일에 방주를 나오기까지 방주에 머무름

사건 2 출애굽 하기 위해 라암셋을 떠난 지 12일째

사건 3 홍해를 건너 시내 반도로 들어와 광야를 걷기 시작한 5일째

사건 4 주전 458년 2차 포로 귀환 시 제1월 1일 바벨론을 떠난 후 26일째로 아하와 강을 떠난 지 15일째(스 7:6-9, 8:15-36)

사건 5 하만이 제12월 13일에 유대인들을 죽이라는 조서를 써서 보낸 후 14일째 (더 3:12)

오늘은 사우디아라비아의 '라오즈'산이 시내산이며 이스라엘 백성들은 수웨즈만 홍해를 건넌 것이 아니라 아카바만 홍해를 건넜다는 '떨기나무' 측의 주장이 잘못된 것에 대해 불 기둥과 구름 기둥이 에담에서 나타난 사건을 가지고 살펴보겠습니다.

⊙ 불 기둥과 구름 기둥이 광야로 들어가기 전 에담에서 나타나야 하는 이유

가데스 바네아의 위치 문제를 제기하면서 시내산의 위치가 시나이(시내)반도 내에 있어야 함을 언급했는데(제1월 23일 시내산의 위치에 대하여①(진짜 시내산은 따로 있다? 라오즈산!!!???) 참조) 이번에는 홍해를 건너기까지의 과정과 홍해를 건넌 위치 문제에 대해 생각해 보겠습니다.

시내 반도는 꼭짓점이 아래쪽에 있는 삼각형 모양의 반도로 왼쪽의 스웨즈만 홍해와 오른쪽의 아카바만 홍해로 둘려 있습니다. 전통적으로 주장되고 알려진 출애굽 여정은 스웨즈만 홍해를 건넜다는 것이고, 론 와이어트나 '널기나무' 측의 김승학 씨의 주장은 아카바만 홍해를 건넜다고 말합니다. 양쪽 모두 학자들에 의해 주장되고 있고, 고고학적 증거도 나름대로 제시하고 있습니다. 그런데 앞글에서도 언급했듯이 본 글에서는 고고학적 주장이나 지질학적 근거를 가지고 이야기하지는 않고 성경과 관련된 내용을 살펴볼 것입니다.

Views of the Earth, Copyright © 2007 by Christoph Hormann http://earth.imagico.de/

와티야 통로(the Watiya Pass)
전통적 시내 반도 내 시내산을 가기 위해 지나야 하는 길이다. by Terra Explorer

성경과 물리적인 상황을 근거로 홍해를 건너기 전, 에담에서(에담 : 애굽
어에서 유래한 것으로 '그들과 함께'라는 의미, 수르 광야의 일부 애굽 쪽 광야로 나타난다(민 33:6-8, 출
15:22). 구름 기둥과 불 기둥이 나타나야 했고, 그 에담의 위치는 시내 반
도로 들어가기 전 수웨즈만 홍해를 건너기 전에 나타났음을 살펴볼 것
입니다. 이후 구름 기둥과 불 기둥은 광야 40년 동안 이스라엘 백성과
함께 했습니다.

> **숙곳에서 발행하여 광야 끝 에담에 진 쳤고**(민 33:6) **에담에서 발행하여 바알스본 앞**
> **비하히롯으로 돌아가서 믹돌 앞에 진 쳤고**(민 33:7) **하히롯 앞에서 발행하여 바다 가**
> **운데로 지나 광야에 이르고 에담 광야로 삼 일 길쯤 들어가서 마라에 진 쳤고**(민 33:8)
> **모세가 홍해에서 이스라엘을 인도하매 그들이 나와서 수르 광야로 들어가서 거기서**
> **사흘 길을 행하였으나 물을 얻지 못하고**(출 15:22)

광야 여정 중 에담에서 '구름 기둥과 불 기둥'이 나타난 모두가 아는 사
실입니다(출 13:20-22). 그런데 '구름 기둥과 불 기둥'의 용도는 무엇이었을
까요? 성경적으로 여러 가지 상황에서 등장하는 '구름 기둥과 불 기둥'
을 볼 수 있습니다. 구름 기둥과 불 기둥의 여러 가지 역할이 있었지만 가

그늘을 만드는 구름
뜨겁고 건조한 광야의 낮의 구름 기둥은 하나님의 은혜이다.

장 기본적인 이유는 아마도 낮과 밤에 광야를 걷거나, 한 곳에 이르러 장막을 치고 머물 때 낮의 태양 빛과 더위 그리고 밤의 추위로부터 이스라엘 백성들을 보호하기 위한 역할일 것입니다. 모세는 '낮에는 구름 기둥이 밤에는 불 기둥이 백성 앞에서 떠나지 않았다'(출 13:22)고 기록합니다.

> 그들이 숙곳에서 발행하여 광야 끝 에담에 장막을 치니(출 13:20) 여호와께서 그들 앞에 행하사 낮에는 구름 기둥으로 그들의 길을 인도하시고 밤에는 불 기둥으로 그들에게 비취사 주야로 진행하게 하시니(출 13:21) 낮에는 구름 기둥, 밤에는 불 기둥이 백성 앞에서 떠나지 아니하니라(출 13:22)

성지답사를 위해 시내 반도를 지나며 광야를 경험해 본 사람이라면 낮에는 내리쪼이는 태양 빛과 땅으로부터 복사된 뜨거운 열기로 고생을 하고, 밤에는 급속하게 냉각되어 서늘해지는 광야의 추위가 여행을 얼마나 힘들게 하는지 경험해 보았을 것입니다. 광야의 위험은 도적이나 짐승들에게서 오는 것도 있지만 낮의 뜨거움과 밤의 추위는 매일 겪어 이겨내야 하는 위험이 더 크다고 할 수 있습니다. 광야에서 부는 뜨거운 바람은 성경에서 하나님의 심판으로 표현하기도 합니다.

그때에 이 백성과 예루살렘에 이를 자 있어서 뜨거운 바람이 광야 자산에서 내 딸 백성에게 불어온다 하리라 이는 키질하기 위함도 아니요 정결케 하려함도 아니며 (렘 4:11) 이보다 더 강한 바람이 나를 위하여 오리니 이제 내가 그들에게 심판을 베풀 것이라(렘 4:12)

내가 이와 같이 낮에는 더위를 무릅쓰고 밤에는 추위를 당하며 눈 붙일 겨를도 없이 지내었나이다(창 31:40)

의복이 없어 벗은 몸으로 밤을 지내며 추위에 덮을 것이 없으며(욥 24:7)

그러므로 나 여호와가 유다 왕 여호야김에 대하여 이같이 말하노라 그에게 다윗의 위에 앉을 자가 없게 될 것이요 그 시체는 버림을 입어서 낮에는 더위, 밤에는 추위를 당하리라(렘 36:30)

시내 반도를 지나본 경험이 없는 사람일지라도 낮에 구름 한 점 없고 뜨거운 햇볕이 내리 쪼이는 상태에서 광야를 걷는다는 상상을 해 보시기 바랍니다. 만약 내가 그 상황 속이라면 어떨까요? 아마도 얼마 가지 못해 지쳐 쓰러지고, 물을 제때에 먹지 못해 탈수 현상이 나타날 것입니다. 성지답사를 하는 성도들에게 안내하는 주의 사항중 하나가 목이 마르지 않더라도 수시로 물을 마시라는 이야기를 합니다. 그것은 날씨가 건조하기 때문에 덥지만 땀이 나지 않기 때문에 물을 마셔야 한다는 사실을 인식하지 못할 수 있기 때문입니다. 광야에서는 몸에 땀이 흐르는 것이 보이지는 않지만 건조한 지역이기에 피부 표면에서 수분이 증발합니다. 그렇기에 물을 수시로 먹지 않으면 어느 순간 어지러워지고 탈수 현상이 나타나게 됩니다.

이처럼 낮에 광야를 걸어 여행한다는 것은 엄청난 위험을 초래하는 것이며 일반인은 엄두도 못 낼 일입니다. 그런데 출애굽 한 이스라엘 백성 가운데는 어린아이와 노약자가 함께 했습니다. 과연 이들이 뜨거운 낮에 먼 거리를 행진할 수 있었을까요? 그래서 하나님께서는 에담/수르

광야
구름 한 점 없어, 햇빛을 피할 곳이 없는 시내 광야의 한 곳. 구름 기둥 없이는 어지럼증을 동반한 탈수 현상으로 쓰러질 수밖에 없다.

광야로 들어가기 전 구름 기둥을 보내 주셨습니다. 하나님께서는 홍해를 건너기 전 에담에 머물 때에 구름 기둥을 보내 주셨는데, 구름 기둥으로 광야의 뜨거운 태양을 가려 주셨습니다. 이것은 뜨거운 햇빛이 비치는 광야에서 약간의 구름을 통해 만들어진 그늘에만 들어가도 시원함을 느낄 수 있는 경험으로도 증명됩니다. 출애굽 성지답사를 하면서 시내 반도를 지날 때, 3500년 전 하나님의 보호를 받으며 광야를 걸었던 느낌을 잠시나마 경험하기 위해 버스에서 내려 10여 분 광야를 걸어보는 것도 좋은 경험일 것입니다.

이제 불 기둥에 대해서 생각해 보겠습니다. 불 기둥의 기본 용도가 무엇일까요? 아마도 밤에 광야의 추위로부터 보호해 주고 밤에 길을 갈 때 환하게 비추어 주기 위한 목적이 있었을 것입니다. 성지답사 체험 중 광야에서 밤을 지내보면 그 추위가 어느 정도인지 경험할 수 있습니다. 그 뜨거웠던 낮의 기억은 사라지고 태양이 사라지면 견디기 힘든 추위가 찾아듭니다. 애굽을 떠난 때 출애굽력 정월 15일 밤입니다(하나님께서 새로 이스라엘 백성들의 월력을 정하심). 현대력으로 하면 4월 정도에 해당하는데 이 시기의 광야는 밤에 몹시 춥습니다. 이 추위에서 이스라엘 백성을 보호하기 위해 하나님께서 불 기둥을 보내셨던 것입니다. 또한 이스라엘 백성은 낮에만 광야를 걸은 것이 아니기에 불 기둥은 밤에 길을 밝혀 주는 역할도 했습니다(출 13:21-22, 민 14:14, 느 9:12, 19).

여호와께서 그들 앞에 행하사 낮에는 구름 기둥으로 그들의 길을 인도하시고 밤에는 불 기둥으로 그들에게 비취사 주야로 진행하게 하시니(출 13:21) 낮에는 구름 기둥, 밤에는 불 기둥이 백성 앞에서 떠나지 아니하니라(출 13:22)
이 땅 거민에게 고하리이다 주 여호와께서 이 백성 중에 계심을 그들도 들었으니 곧 주 여호와께서 대면하여 보이시며 주의 구름이 그들 위에 섰으며 주께서 낮에는 구름 기둥 가운데서, 밤에는 불 기둥 가운데서 그들 앞에서 행하시는 것이니이다(민 14:14)
낮에는 구름 기둥으로 인도하시고 밤에는 불 기둥으로 그 행할 길을 비춰셨사오며 (느 9:12)

아카바만으로 이어지는 아라바
중간마다 구름의 그림자로 인해 생긴 그늘 지역이 보인다. 하나님께서는 홍해를 건너 본격적으로 시내 광야로 들어가기 전, 광야가 시작되는 에담에 머물 때에 구름 기둥을 보내 주심으로 광야의 뜨거운 태양 빛을 가려 주셨고 더위로부터 보호하셨을 것이다. by Terra Explorer

불 기둥과 구름 기둥은 숙곳을 떠나 광야 끝(아마도 비옥한 고센지역을 벗어나 광야가 시작되는 지점) 에담에 진을 칠 때 하나님께서 보내셨습니다. 에담부터는 광야가 시작되기 때문에 구름 기둥과 불 기둥은 낮의 더위와 밤의 추위를 막아 주시기 위한 하나님의 사자로서(하나님의 사자에 대한 내용은 '성경에 이런 일이'란의 '불 기둥과 구름 기둥' 참조) 보호의 역할을 했습니다. 아마도 라암셋에서 발행하여 숙곳을 지나 광야 끝 에담에 오기까지는 구름 기둥과 불 기둥이 없이도 견딜 수 있는 여정이었을 것이고, 현대에 진행되는 비돔과 라암셋, 숙곳, 이스말리아, 스웨즈만을 지나는 성지답사를 통해서도 가능함을 알 수 있습니다.

자연 상태(광야)로나 보나, 기후(낮과 밤의 변화)로 보나, 물리적 상황을 볼 때, 이스라엘 백성들이 시내 반도(광야)로 들어가기 위해서는 에담에서 불 기둥과 구름 기둥이 나타나야만 했습니다. 불 기둥과 구름 기둥이 없이 광야로 접어들어 진행할 수는 없습니다. 하나님께서는 에담을 출발한 이스라엘 백성들의 진행 방향을 확 바꾸어(성경에는 돌쳐서) 비하히롯 앞 곧 바알스본 맞은편 바닷가에 장막을 치게 한다. 이것은 바로를 광야로 불러 내려 한 것이며, 마침내 홍해에 수장하게 만드심으로 하나님께서 이스라엘과 함께 하심을 나타내시기 위한 것이었습니다.

> 이스라엘 자손을 명하여 돌쳐서 바다와 믹돌 사이의 비하히롯 앞 곧 바알스본 맞은편 바닷가에 장막을 치게 하라(출 14:2) 바로가 이스라엘 자손에 대하여 말하기를 그들이 그 땅에서 아득하여 광야에 갇힌 바 되었다 할지라(출 14:3)

에담을 떠나 홍해를 건너기 전 바알스본 맞은편 바닷가에 가기까지도 구름 기둥과 불 기둥은 필요했습니다. 왜냐하면 나일강 삼각주를 벗어난 지역은 거의 광야이기 때문입니다. 현재의 시내 반도를 애굽에서 정착생활을 하던 이스라엘 자손들이 구름 기둥과 불 기둥이 없이 걸어간다는 것은 절대로 불가능한 일이었습니다.

　이제 사우디아라비아의 '라오즈'산이 시내산이라고 주장하는 사람들의 주장을 따라 그들이 주장하는 에담의 위치를 찾아보겠습니다. 정확히 에담의 위치를 말하지는 않는 것 같은데 현재의 누에바 북쪽 위치로 표시하고 있습니다. 어림잡아도 숙곳에서 에담까지의 직선거리

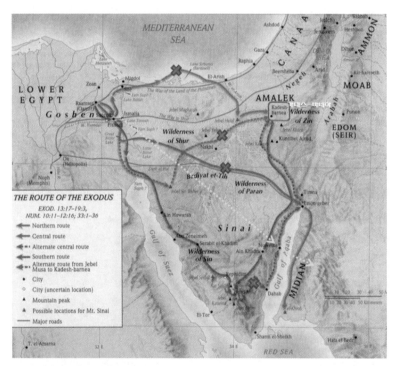

여러 학자가 주장하는 출애굽 경로들
사우디아라비아의 라오즈 산이 시내산이라고 주장하는 사람들은 에담의 위치를 정확히 말하지는 않는다. 단지 현재의 누에바 북쪽 위치로 표시하는 듯하다(노란색 점선). 이곳은 어림잡아도 숙곳에서 에담(누에바)까지의 직선거리가 400Km는 넘는다. 당시에 노약자 어린아이가 함께하는 광야 길 400Km를 가려면 며칠이 걸렸을까? 과연 이 거리를 구름 기둥과 불 기둥이 없이 지나간다고 하는 것이 가능할까? 그것은 상상도 못 할 일이다.

가 400Km는 넘습니다. 당시에 노약자 어린아이가 함께하는 광야 길 400Km를 가려면 며칠이 걸렸을까요? 과연 이 거리를 구름 기둥과 불 기둥이 없이 지나간다고 하는 것이 가능할까요?

앞에서 이야기했듯이 이스라엘 백성이 건넌 홍해가 아카바만 홍해라면 에담에서 불 기둥과 구름 기둥이 나타나기까지 시내 반도를 통과해 걸어가야만 했습니다. 아마 시내 반도의 상황을 아는 사람이라면 불 기둥과 구름 기둥 없이 그 뜨거운 낮과 그 추운 밤을 통과하여 갔다는 상상은 하지 못할 것입니다. 누군가는 "하나님의 은혜로 낮의 더위와 밤의 추위를 이길 수 있었다"라고 말할지도 모르겠다. 하지만 그렇다면 에담에서 불 기둥과 구름 기둥이 나타나 40년을 함께 할 필요가 없었음도 이야기해야 할 것입니다.

성도 여러분!
필자는 시내산이 사우디아라비아 쪽에 있는 것이 아니라 시내 반도 내에 있어야 한다고 이미 말했습니다. 그 이유 중 하나가 '불 기둥과 구름 기둥'을 통한 인도인데 '불 기둥과 구름 기둥'이 에담에서 나타나야만 했던 이유를 설명했고 40년 동안 함께 하셨어야 했음을 설명했습니다. 만약 성경적 반론이 있다면 또한 마음을 열고 토론을 벌일 준비가 되어 있으며 필자의 생각을 바꾸는 의견이 제시되어 라오즈산이 진짜 시내산이라는 결론을 내리게 되면 이전에 잘못 강의했음을 인정하고 새로운 내용으로 강의할 용의가 있음을 밝힙니다. 오늘도 하나님을 믿는 성도로서 서로 반목하고 싸우려고 성경을 연구하고 토론하는 것이 아니라 하나님의 진리를 바르게 알고 전하기 위해 성경을 읽고 연구하는 하루가 되시길 기도합니다.

27일

시내산의 위치에 대하여 ③

(홍해를 건너기 전 진을 친 믹돌의 위치)

오늘 날짜가 언급된 성경 사건은 없습니다. 오늘 날짜가 포함된 사건은 다음과 같습니다.

사건 1　노아 601년 제1월 1일 땅 위에 물이 마른 지 27일째로 땅이 완전히 말라 제2월 27일에 방주를 나오기까지 방주에 머무름

사건 2　출애굽 하기 위해 라암셋을 떠난 지 13일째

사건 3　홍해를 건너 시내 반도로 들어와 광야를 걷기 시작한 6일째

사건 4　주전 458년 2차 포로 귀환 시 제1월 1일 바벨론을 떠난 후 27일째로 아하와 강을 떠난 지 16일째(스 7:6-9, 8:15-36)

사건 5　하만이 제12월 13일에 유대인들을 죽이라는 조서를 써서 보낸 후 15일째 (더 3:12)

오늘은 사우디아라비아의 '라오즈'산이 시내산이며 이스라엘 백성들은 수웨즈만 홍해를 건넌 것이 아니라 아카바만 홍해를 건넜다는 '떨기나무' 측의 주장이 잘못된 것에 대해 '홍해를 건너기 전 진을 친 믹돌의 위치'를 가지고 살펴보겠습니다.

⊙ 홍해를 건너기 전 진을 친 믹돌

라암셋을 떠난 이스라엘 백성은 숙곳과 에담에 진을 쳤습니다. 그리고 에담에 이르렀을 때 구름 기둥과 불 기둥이 나타났고 이스라엘 백성을 인도하기 시작했습니다(출 13:20-22).

> 그들이 숙곳에서 발행하여 광야 끝 에담에 장막을 치니 (출 13:20) 여호와께서 그들 앞에 행하사 낮에는 구름 기둥으로 그들의 길을 인도하시고 밤에는 불 기둥으로 그들에게 비취사 주야로 진행하게 하시니 (출 13:21) 낮에는 구름 기둥, 밤에는 불 기둥이 백성 앞에서 떠나지 아니하니라 (출 13:22)

에담은 다른 말로 수르입니다. 광야 끝 에담(수르)은 에담(수르)광야를 들어가기 전 위치로 유대인의 측면에서 볼 때 에담(수르)광야의 끝에 위치합니다. 이곳에서 에담(수르)광야로 들어가면 술 길을 통해 가데스 바네아를 거쳐 가나안 땅(약속의 땅)의 족장의 길(헤브론, 예루살렘을 연결하는)로 갈 수 있습니다. 그런데 에담에서 떠날 때 하나님께서는 이스라엘 백성의 경로를 바꾸셨습니다.

개역성경은 '돌쳐서'(출 14:2)라고 번역했는데 원어로는 '그리고 그들은 돌이킬 것이라 그리고 그들은 진을 칠 것이라'('베야슈부 베야하누', וְיָשֻׁבוּ וְיַחֲנוּ)로 방향을 바꾸어 진행하여 진을 치라고 말씀하신 것입니다. 하나님께서는 이스라엘 백성들의 경로를 술 길로 가지 않고 더 남쪽으로 내려가도록 방향을 바꾸신 것입니다. 이 길은 시내 반도 내 광산(옥이나 구리를 캐는)으로 가는 광야 길이었습니다. 여호와께서 출애굽 경로를 바꾸신 이유는 바로가 쫓아오게 만드시고 그 온 군대를 통해 영광을 얻기 위함이라고 성경은 기록하고 있습니다(출 14:4)

이스라엘 자손에게 명령하여 돌이켜 바다와 믹돌 사이의 비하히롯 앞 곧 바알스본 맞은편 바닷가에 장막을 치게 하라(출 14:2)

내가 바로의 마음을 완악하게 한즉 바로가 그들의 뒤를 따르리니 내가 그와 그의 온 군대로 말미암아 영광을 얻어 애굽 사람들이 나를 여호와인 줄 알게 하리라 하시매 무리가 그대로 행하니라(출 14:4)

여러 학자가 주장하는 출애굽 경로들
붉은색 줄이 에담, 비하히롯, 바알스본
이고 푸른색 줄이 믹돌이다. 원은 홍해
를 건넌 곳으로 추정하는 곳이다.

에담에서 방향을 바꾸어 이른 곳이 믹돌입니다. 이 믹돌은 비하히롯 앞 곧 바알스본 맞은편 바닷가였습니다(출 14:2). 그런데 믹돌이라는 지명은 이곳에만 있는 것이 아닙니다. 가나안 땅에서 애굽으로 이르는 해변 길의 애굽으로 들어오는 곳, 애굽의 북동쪽에 또 다른 믹돌이 있습니다(렘 44:1, 46:14, 겔 29:10, 30:6). 믹돌이 여러 개 있을 수 있는 이유는 믹돌의 의미를 알면 쉽게 이해되는데 믹돌은 길을 장악하고 지키기 위한 군대가 주둔하는 곳입니다.

애굽 땅에 사는 모든 유다 사람 곧 믹돌과 다바네스와 놉과 바드로스 지방에 사는 자에 대하여 말씀이 예레미야에게 임하니라 이르시되(렘 44:1)

너희는 애굽에 선포하며 믹돌과 놉과 다바네스에 선포하여 말하기를 너희는 굳건히 서서 준비하라 네 사방이 칼에 삼키웠느니라(렘 46:14)

그러므로 내가 너와 네 강들을 쳐서 애굽 땅 믹돌에서부터 수에네 곧 구스 지경까지 황폐한 황무지 곧 사막이 되게 하리니(겔 29:10)

여호와께서 이같이 말씀하셨느니라 애굽을 붙들어 주는 자도 엎드러질 것이요 애굽의 교만한 권세도 낮아질 것이라 믹돌에서부터 수에네까지 무리가 그 가운데에서 칼에 엎드러지리라 주 여호와의 말씀이니라(겔 30:6)

밐돌은 '탑, 망대'를 의미하며 구약성경에 6번 나옵니다. 애굽에 있는 밐돌은 견고한 성읍으로 애굽으로 들어오는 길을 지키는 곳이라고 생각하면 됩니다. 해변 길로 애굽에 들어오는 북동쪽과 시내 반도의 광산으로 가는 곳 적어도 두 곳에 밐돌이 있었습니다. 이스라엘 자손이 진을 친 곳은 후자의 밐돌로 시내 반도 내 광산이었던 돕가(8번째 진을 친 곳 : '세라빗 엘 카딤')로 가는 길목에 있던 곳입니다.

앞에서 말했지만 밐돌은 애굽으로 들어오는 진입로를 지키는 군사가 머무는 곳으로 군대의 주둔지입니다. 전통적 주장인 출애굽 남쪽 길 가설이 아닌 북쪽 길 가설을 택하는 사람들은 해변 길을 지키는 밐돌을 지났다고 생각합니다.

그런데 사우디아라비아의 '라오즈'산이 시내산이라고 말하는 사람들은 길도 없고 군사가 주둔해야 할 의미가 없는 누에바 근처가 밐돌이라고 말하는데 그 근거는 무엇인지 알 수 없습니다. 아무리 생각해도 누에

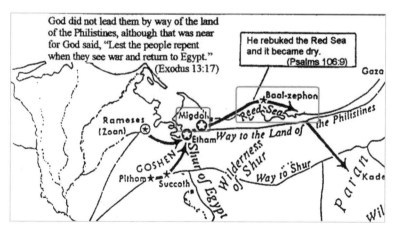

해변 길을 지키는 밐돌
출애굽 북쪽 길 가설을 택하는 사람들은 해변 길을 지키는 밐돌을 지나간 것으로 생각한다.

'라오즈'산을 시내산으로 보는 경로

출애굽 당시 아카바 만의 누에바 근처를 믹돌이라고 말하는데 이 근처에 길을 장악하고 군대를 주둔시킬 지역은 없나.

바 위치에 군대를 주둔시킬 이유는 아무것도 없습니다.

결국 시내산은 아카바만 홍해를 건너 사우디아라비아 쪽에 위치한 것이 아니라 시내 반도 내에 있어야 함을 믹돌의 위치가 증명해 줄 수 있습니다. 만약 현재의 누에바가 믹돌의 위치라면 그에 대한 성경적, 군사적 근거를 제시해야 할 것입니다.

시내산의 위치에 대하여 ④

(시내 반도 내 아말렉 족속의 위치)

오늘 날짜가 언급된 성경 사건은 없습니다. 오늘 날짜가 포함된 사건은 다음과 같습니다.

사건 1   노아 601년 제1월 1일 땅 위에 물이 마른 지 28일째로 땅이 완전히 말라 제2월 27일에 방주를 나오기까지 방주에 머무름

사건 2   출애굽 하기 위해 라암셋을 떠난 지 14일째

사건 3   홍해를 건너 시나이 반도로 들어와 광야를 걷기 시작한 7일째

사건 4   주전 458년 2차 포로 귀환 시 제1월 1일 바벨론을 떠난 후 28일째로 아하와 강을 떠난 지 17일째(스 7:6-9, 8:15-36)

사건 5   하만이 제12월 13일에 유대인들을 죽이라는 조서를 써서 보낸 후 16일째(더 3:12)

오늘은 사우디아라비아의 '라오즈'산이 시내산이며 이스라엘 백성들은 수웨즈만 홍해를 건넌 것이 아니라 아카바만 홍해를 건넜다는 '떨기나무' 측의 주장이 잘못된 것에 대해 '시내 반도 내 아말렉 족속의 위치'를 가지고 살펴보겠습니다.

⊙ 시내 반도 내 아말렉 족속의 위치

출애굽 여정 가운데 이스라엘 자손이 시내산에 도착하기 전 르비딤에 있을 때 이스라엘 자손은 아말렉 족속과 싸웁니다. 아말렉이 거하던 지역에 대해 성경은 주로 가나안 땅 남쪽에 위치한 네겝(남방)에 머물렀던 것으로 말합니다.

네겝(남방)에 주 거점을 두고 시내 반도 곳곳을 돌아다니며 유목 생활을 하던 아말렉은 출애굽 한 이스라엘 자손의 뒤를 따르는 나이 든 자, 어린아이등 약한 사람들을 쳤고 여호와께서는 이 아말렉과 싸우셨습니다. 이 싸움에서 아말렉이 졌지만 아말렉은 왕국시대까지 계속해서 네겝(남방)에 거하는 족속으로 등장합니다. 아말렉의 거주지와 르비딤에서의 전투를 통해 네겝(남방)와 르비딤이 시내 반도 안에 있어야 하며 시내산 또한 시내 반도에 있어야 함을 살펴보겠습니다(출 17:8-16).

⊙ 창세기 14장 전쟁 시 아말렉의 위치

① 아말렉은 아브람(시기적으로 아브라함 99세 이전 사건) 때, 시날 땅에 거하던 북방의 4왕이 염해(사해) 근처의 다섯 왕과의 싸움에서 처음으로 등장합니다. 이 전쟁에 나타나는 아말렉은 가나안 땅 가까이에 있어야 하며 네겝(남방)에 거했던 것으로 보입니다.

창세기 14장 전쟁 시 아말렉의 위치

그들이 돌이켜 엔미스밧 곧 가데스에 이르러

아말렉 족속의 온 땅과 하사손다말에 사는 아모리 족속을 친지라(창 14:7)

② 가나안 땅을 40일 동안 정탐하고 돌아온 정탐꾼들은 아말렉이 네겝 (남방)과 골짜기에 거하는 족속으로 보고합니다(민 13:27-29, 민 14:25).

> 모세에게 보고하여 가로되 당신이 우리를 보낸 땅에 간즉 과연 젖과 꿀이 그 땅에 흐르고 이것은 그 땅의 실과니이다(민13:27) 그러나 그 땅 거민은 강하고 성읍은 견고하고 심히 클 뿐 아니라 거기서 아낙 자손을 보았으며(민13:28) 아말렉인은 남방 땅에 거하고 헷인과 여부스인과 아모리인은 산지에 거하고 가나안인은 해변과 요단 가에 거하더이다(민13:29)
> 아말렉인과 가나안인이 골짜기에 거하나니 너희는 내일 돌이켜 홍해 길로 하여 광야로 들어갈지니라(민14:25)

③ 가데스 바네아에서 정탐꾼들의 보고를 들은 이스라엘 백성들은 하나님과 모세를 믿지 못했습니다. 이에 이스라엘 자손들은 여호와께서 싸우지 말라고 하셨는데도, 듣지 않고, 아말렉인과 산지에 거하는 가나안인과 싸워 패한 후, 호르마까지 도망쳤습니다(민 14:43-45).

> 아말렉인과 가나안인이 너희 앞에 있으니 너희가 그 칼에 망하리라 너희가 여호와를 배반하였으니 여호와께서 너희와 함께 하지 아니하시리라 하나(민 14:43) 그들이 그래도 산꼭대기로 올라갔고 여호와의 언약궤와 모세는 진을 떠나지 아니하였더라(민14:44) 아말렉인과 산지에 거하는 가나안인이 내려와 쳐서 파하고 호르마까지 이르렀더라(민14:45)

④ 사사 시대 이스라엘 자손이 여호와의 목전에 악을 행함으로 여호와께서 모압 왕 에글론을 강성케 하심으로 암몬과 아말렉 자손을 모아 이스라엘을 치고 종려나무성읍(여리고)를 점령했습니다. 이때 등장하는 아말렉의 거주지는 모압과 암몬처럼 이스라엘 자손이 분배받은

땅 주변에 있어야 함을 알 수 있습니다(삿 3:12-14).

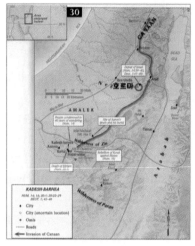

이스라엘 자손이 또 여호와의 목전에 악을 행하니라 이스라엘 자손이 여호와의 목전에 악을 행하므로 여호와께서 모압 왕 에글론을 강성케하사 그들을 대적하게 하시매(삿 3:12) 에글론이 암몬과 아말렉 자손들을 모아가지고 와서 이스라엘을 쳐서 종려나무 성읍을 점령한지라(삿 3:13) 이에 이스라엘 자손이 모압 왕 에글론을 십팔 년을 섬기니라(삿 3:14)

아말렉 산지에 살던 가나안인과 싸워 패한 후,
호르마까지 도망친 이스라엘 백성들

⑤ 아말렉은 이스라엘 주변에 머물며 때때로 이스라엘을 침략하는 족속으로 등장합니다(삿 6:3, 33, 10:12).

이스라엘이 파종한 때면 미디안 사람, 아말렉 사람, 동방 사람이 치러 올라와서(삿 6:3)
때에 미디안 사람과 아말렉 사람과 동방 사람들이 다 모여 요단을 건너와서 이스르엘 골짜기에 진을 친지라(삿 6:33)
또 시돈 사람과 아말렉 사람과 마온 사람이 너희를 압제할 때에 너희가 내게 부르짖으므로 내가 너희를 그들의 손에서 구원하였거늘(삿 10:12)

⑥ 에브라임 땅에 아말렉 사람이 살기도 했습니다(삿 12:15).

비라돈 사람 힐렐의 아들 압돈이 죽으매 에브라임 땅 아말렉 사람의 산지 비라돈에 장사되었더라(삿 12:15)

⑦ 사울 왕 때 아말렉은 유다 자손이 분배받은 땅 남쪽 경계인 네겝(남방)
에 머물며 유다 지파 남쪽 땅을 침범하곤 했습니다. 여호와께서는 사
울 왕에게 네겝(남방)에 거하는 아말렉을 진멸하라고 명령하셨고 사울
왕은 나름대로 아말렉을 멸하였으나 완전히 진멸되지 않았습니다.
이때 사울은 네겝(남방)에 거하던 아말렉을 하월라와 애굽 앞 술에 이
르기까지 쳤습니다(삼상15:).

사무엘이 사울에게 이르되 여호와께서 나를 보내어 왕에게 기름을 부어 그 백성 이스
라엘 위에 왕을 삼으셨은즉 이제 왕은 여호와의 말씀을 들으소서(삼상 15:1) 만군의
여호와께서 이같이 말씀하시기를 아말렉이 이스라엘에게 행한 일 곧 애굽에서 나올
때에 길에서 대적한 일을 내가 추억하노니(삼상 15:2) 지금 가서 아말렉을 쳐서 그들
의 모든 소유를 남기지 말고 진멸하되 남녀와 소아와 젖먹는 아이와 우양과 약대와
나귀를 죽이라 하셨나이다(삼상 15:3)
사울이 하월라에서부터 애굽 앞 술에 이르기까지 아말렉 사람을 치고(삼상 15:7)

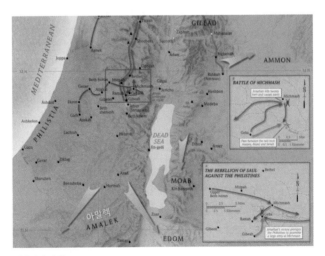

아말렉의 위치
"아말렉을 진멸하라"는 여호와의 말씀을 듣고 전쟁을 벌인 사울 때

⑧ 모세의 장인 겐 사람의 자손이 유다 자손과 함께 네겝(남방) 유다 황무지에 살았습니다(삿 1:16, 삼상 27:10). 사울은 아말렉이 거하는 네겝(남방)를 칠 때 이곳에 거하는 겐 자손을 선대하여 떠나도록 한 후 아말렉과 싸웠습니다(삼상 15:6).

> 모세의 장인은 겐 사람이라 그 자손이 유다 자손과 함께 종려나무 성읍에서 올라가서 아랏 남방의 유다 황무지에 이르러 그 백성 중에 거하니라(삿 1:16)
> 아기스가 가로되 너희가 오늘은 누구를 침노하였느냐 다윗이 가로되 유다 남방과 사람의 남방과 겐 사람의 남방이니이다(삼상 27:10)
> 사울이 겐 사람에게 이르되 아말렉 사람 중에서 떠나 내려가라 그들과 함께 너희를 멸하게 될까 하노라 이스라엘 모든 자손이 애굽에서 올라올 때에 너희가 그들을 선대하였느니라 이에 겐 사람이 아말렉 사람 중에서 떠나니라(삼상 15:6)

⑨ 아말렉은 다윗 왕 시대에도 네겝(남방)과 술과 애굽 땅으로 지나가는 곳에 거했습니다(삼상 27:8). 다윗이 머물던 유다 지파 남쪽에 있던 시글락을 침략하여 다윗을 따르는 가족들을 잡아가기도 했습니다(삼상 30:1).

> 다윗과 그의 사람들이 올라가서 그술 사람과 기르스 사람과 아말렉 사람을 침노하였으니 그들은 옛적부터 술과 애굽 땅으로 지나가는 지방의 거민이라(삼상 27:8)
> 다윗과 그의 사람들이 제삼일에 시글락에 이를 때에 아말렉 사람들이 이미 남방과 시글락을 침노하였는데 그들이 시글락을 쳐서 불사르고(삼상 30:1)

성경에 나타난 아말렉의 거주지는 네겝(남방)을 중심으로 애굽으로 가는 술 길등 한 곳에 정착하지 않고 장막을 옮겨 다니며 유목 생활을 하고 다른 족속을 침략하거나 이스라엘을 침략한 것으로 나타납니다. 이 아말렉이 출애굽 한 이스라엘 자손들과 르비딤에서 싸운 것입니다. 이것은 르비딤이 시내 반도 내에 있어야 하고 아말렉의 활동 범위에 포함되어야 합니다. 아말렉은 그들의 영향권을 지나는 이스라엘 백성을 시기

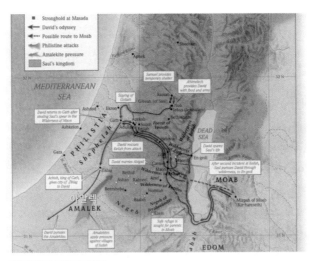

네겝(남방)**에 거하던 아말렉**
아말렉이 다윗의 시글락을 침략하여 사람들을 데려갔고, 다윗은 브솔 시내를 건넌 후
쫓아가 아말렉을 물리쳤다.

하여 행렬의 후미에 약한 자들을 친 것으로 보입니다.

만약 시내산을 가기 전 지나갔던 르비딤이 사우디아라비아 쪽에 있다
면 돌아다니며 생활을 하는 유목민의 특성을 생각하더라도 활동범위가
너무 넓어지게 됩니다. 그렇기에 네겝(남방)과 수르 광야, 하윌라 등 시내
반도 지역을 돌아다니며 살던 아말렉이 출애굽 한 후 르비딤에 머무는
이스라엘 자손들의 후미에 있는 나이든 자와 어린아이 노약자 등을 쳤고
하나님께서는 이 아말렉에 진노하셔서 대대로 싸울 것이며 땅에서 없어
지게 할 것을 선언하셨습니다(출 17:13-14).

> **여호수아가 칼날로 아말렉과 그 백성을 쳐서 파하니라**(출 17:13) **여호와께서 모세에**
> **게 이르시되 이것을 책에 기록하여 기념하게 하고 여호수아의 귀에 외워 들리라 내**

가 아말렉을 도말하여 천하에서 기억함이 없게 하리라(출 17:14)

만약 시내산과 르비딤이 사우디아라비아 쪽에 있다면 아말렉의 거주지로 나타나는 네겝(남방) 또한 사우디아라비아 쪽에서 언급되어야 합니다. 하지만 여호와께서 말씀하시는 네겝(남방)은 약속의 땅의 범위에 들어감을 잊지 않아야 합니다. 여호와께서는 시내산에서 11개월 20일을 머문 이스라엘 자손에게 약속의 땅으로 갈 것을 명하시는데, 이때 약속의 땅 범위에 네겝(남방)이 포함되어 있습니다.

우리 하나님 여호와께서 호렙 산에서 우리에게 말씀하여 이르시기를 너희가 이 산에서 거한지 오래니(신 1:6) 방향을 돌려 진행하여 아모리 족속의 산지로 가고 그 근지 곳곳으로 가고 아라바와 산지와 평지와 남방(네겝)과 해변과 가나안 족속의 땅과 레바논과 큰 강 유브라데까지 가라 하셨나니(신 1:7) 여호와께서 너희의 열조 아브라함과 이삭과 야곱에게 맹세하사 그들과 그 후손에게 주리라 하신 땅이 너희 앞에 있으

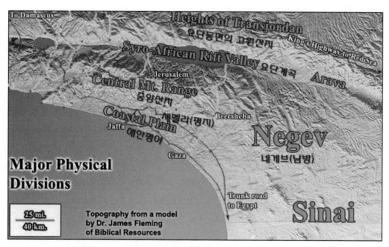

신명기 1장 7절에서 말씀하신 약속의 땅의 지형을 구분한 지도
아라바, 산지, 세펠라(평지), 네겝(남방), 해변

니 들어가서 얻을지니라(신 1:8)

이처럼 성경이 말하는 네겝(남방)은 사우디아라비아 쪽의 땅을 말하는 것이 아님이 분명합니다. 또 아말렉 족속이 네겝(남방)과 그 주변을 주요 거주지로 삼았다면, 아말렉 족속은 시내 반도 내에 거했음이 틀림없습니다. 그리고 아말렉이 이스라엘 자손과 싸웠던 르비딤 또한 시내 반도 내에 있어야 합니다.

29일

시내산의 위치에 대하여 ⑤
(아모리 족속의 산지 길로 가데스 바네아에 이름)

오늘 날짜가 언급된 성경 사건은 없습니다. 오늘 날짜가 포함된 사건은 다음과 같습니다.

사건 1   노아 601년 제1월 1일 땅 위에 물이 마른 지 29일째로 땅이 완전히 말라 제2월 27일에 방주를 나오기까지 방주에 머무름

사건 2   출애굽 하기 위해 라암셋을 떠난 지 15일째

사건 3   홍해를 건너 시나이 반도로 들어와 광야를 걷기 시작한 8일째

사건 4   주전 458년 2차 포로 귀환 시 제1월 1일 바벨론을 떠난 후 29일째로 아하와 강을 떠난 지 18일째(스 7:6-9, 8:15-36)

사건 5   하만이 제12월 13일에 유대인들을 죽이라는 조서를 써서 보낸 후 17일째 (더 3:12)

오늘은 사우디아라비아의 '라오즈'산이 시내산이며 이스라엘 백성들은 수웨즈만 홍해를 건넌 것이 아니라 아카바만 홍해를 건넜다는 '떨기나무' 측의 주장이 잘못된 것에 대해 '아모리 족속의 산지 길'을 가지고 살펴보겠습니다.

⊙ 아모리 족속의 산지(산지로 가는) 길로 가데스 바네아에 이름

　아모리 족속은 가나안 땅에 거하던 여러 족속(아모리, 여부스, 기르가스, 가나안, 히위, 브리스, 헷' 족속) 중 한 족속으로 나타납니다(창 10:16, 14:7, 13, 15:21, 출 3:8, 17, 13:5, 23:23, 33:2, 34:11, 민 13:29). 또한 아모리 족속은 가나안 땅의 전체 족속들을 대표해 '아모리인'이라고 언급되기도 합니다(창 15:16, 48:22, 민 21:13, 21, 26, 29, 31, 32, 34, 22:2, 32:33). 신명기에서도 아모리인에 대한 두 개념이 모두 쓰입니다. 그렇다면 아모리 족속은 약속의 땅인 가나안 땅 어딘가에 살았어야 합니다. 이것을 전제로 '아모리 족속의 산지 길'을 지나간 이스라엘 자손의 출애굽 여정이 시내 반도 안에서 이루어졌고 시내산도 시내 반도 안에 있어야 함을 알아보겠습니다.

　시내산(호렙산)에 머물던 이스라엘 자손들은 여호와의 말씀대로 약속의 땅을 향하여 떠났습니다. 모세가 모압 평지에서 광야 2세대에게 언급한 것을 살펴보면 이때의 상황을 **"우리 하나님 여호와께서 우리에게 명하신 대로 우리가 호렙 산에서 발행하여 너희의 본바 크고 두려운 광야를 지나 아모리 족속 산지(산지로 가는) 길로 가데스 바네아에 이른 때에"**(신 1:19)라고 말합니다.

　모세는 크고 두려운 광야를 지나 '아모리 족속의 산지 길'로 가데스 바네아에 이르렀다고 말합니다. 출애굽 시기에 가데스 바네아가 속한 네겝(남방)의 산지를 아모리 족속이 장악하고 있었음을 보여 줍니다. 이때 등장하는 아모리 족속은 가나안 땅에 거하던 전체 족속이 아니리 한 족속으로서 네겝 지역을 장악하던 족속으로 생각됩니다.

　가데스 바네아는 약속의 땅인 가나안의 남쪽 경계에 있는 성읍임을 앞에서 설명했습니다. 가데스 바네아는 출애굽 한 이스라엘 자손이 시내산에서 여호와 하나님의 백성으로 거듭난 후 도착해 북으로 올라가 가나안

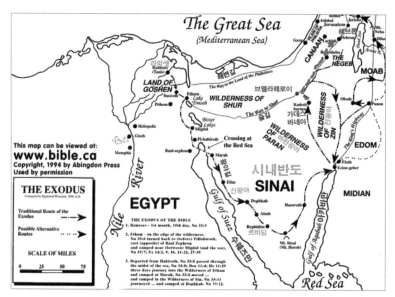

아모리 족속의 산지 길
이스라엘 자손이 아모리 족속의 통제권에 속해 있던 '아모리 족속의 산지 길' 방향으로 가데스 바네아에 도착하려면 시내산은 시내 반도 내에 있어야 한다.

땅을 정복해야 할 전초 기지였다고 생각됩니다. 그런데 이 가데스 바네아로 가는 길이 '**아모리 족속의 산지**(산지로 가는) 길'이라고 언급한 것은 가던 길로 가데스 바네아를 거쳐 아모리 족속이 사는 산지에 이를 수 있는 길로 이동했다는 것입니다. 이것은 또한 애굽을 떠나 에담에서 '술 길'을 통해 브엘 라헤로이를 지나 남동쪽으로 가데스 바네아에 이르는 길을 선택하지 않았음을 보여줍니다.

이스라엘 자손은 에담에서 남쪽 광야 길을 선택해 홍해를 건넌 후 시내산에 11개월 20일을 머물렀고(출 19:1, 민 10:11-12), 여호와의 명령대로 시내산을 떠나 가데스 바네아에 이르기까지 바란광야를 지나 네겝(남방)

에 속하는 '아모리 족속의 산지(산지로 가는) 길'로 남에서 북으로 이동했던 것입니다.

> 이스라엘 자손이 애굽 땅에서 나올 때부터 제 삼월 곧 그때에 그들이 시내 광야에 이르니라(출 19:1)
> 제 이년 이월 이십일에 구름이 증거막에서 떠오르매, 이스라엘 자손이 시내 광야에서 출발하여 가지 길을 행하더니 바란 광야에 구름이 머무니라(민 10:11-12)

이스라엘 백성은 아모리 족속의 통제권에 있던 '아모리 족속의 산지 길'을 통해 가데스 바네아에 이르렀는데 가데스 바네아에 머무른 이스라엘 백성과 아모리 족속이 싸우는 것으로 증명됩니다. 가데스 바네아에 도착한 이스라엘 백성들은 여호와께서 함께하신다는 믿음을 가지고 주저하지 않았어야 했고, 성읍을 점령하기 위해 북쪽인 산지로 가서 싸웠다면, 아모리 족속을 정복했을 것이고 40년의 광야 여정은 없었을 것입니다. 하지만 이스라엘 자손은 아모리 족속이 통제했던 '아모리 족속의 산지(산지로 가는) 길'을 통해 가데스 바네아에 왔음에도 먼저 정탐하기를 원했고 정탐한 후 믿지 못해 아모리 족속과 싸움에서 졌습니다. 그리고 회정하여 '홍해 길로 광야로 들어가' 38년을 광야에서 방황하게 됩니다.

> 아말렉인과 가나안인이 골짜기에 거하나니 너희는 내일 돌이켜 홍해 길로 하여 광야로 들어갈지니라(민 14:25)
> 너희는 회정하여 홍해 길로 하여 광야로 들어갈지니라 하시매(신 1:40)
> 우리가 회정하여 여호와께서 내게 명하신 대로 홍해 길로 광야에 들어가서 여러날 동안 세일 산을 두루 행하더니(신 2:1)

이처럼 이스라엘 자손이 '아모리 족속의 산지(산지로 가는) 길'을 지나 가데스 바네아에 도착하려면 시내산은 시내 반도 내에 있어야 합니다. 만약 가데스 바네아가 사우디아라비아의 '라오즈'산이 시내산이라고 말하는 측의 주장대로 '페트라'라고 한다면 아모리 족속은 페트라의 남쪽 지역인 에돔 땅에서 살았어야 합니다. 하지만 출애굽 당시 에돔은 페트라 남쪽과 페트라의 서쪽 지역인 네겝 일부까지도 장악했었기에 아모리 족속이 살 수 없었습니다. 또한 시내산이 사우디아라비아의 '라오즈'산이고 아모리 족속이 약속의 땅에 살았던 족속이라면 에돔지역도 약속의 땅에 포함되어야 합니다. 하지만 약속의 땅 경계를 언급할 때 가장 남쪽 땅을 분배받은 유다 지파의 남쪽 경계가 아라바의 동쪽까지 포함하지 않고 '라오즈'산을 시내산으로 주장하는 사람들도 에돔지역을 약속의 땅에 포함하지도 않습니다.

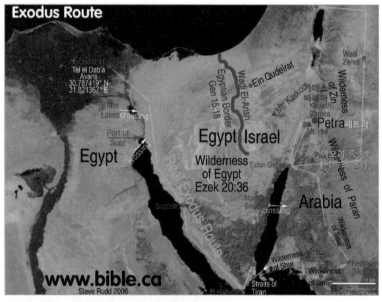

아카바 만의 더 남쪽에서 홍해를 건넜다고 주장하는 쪽의 지도
이들도 시내산이 사우디아라비아의 '라오즈'산이라고 주장한다.

결론적으로 '아모리 족속의 산지(산지로 가는) 길'로 가데스 바네아에 이르렀다는 성경 말씀을 입증하려면 가데스 바네아와 시내산은 시내 반도 내에 있어야 함을 알 수 있습니다.

30일

시내산의 위치에 대하여 ⑥

(네겝 길로 행하여 산지로 올라가라)

　오늘 날짜가 언급된 성경 사건은 없습니다. 오늘 날짜가 포함된 사건은 다음과 같습니다.

사건 1　노아 601년 제1월 1일 땅 위에 물이 마른 지 30일째로 땅이 완전히 말라 제2월 27일에 방주를 나오기까지 방주에 머무름

사건 2　출애굽 하기 위해 라암셋을 떠난 지 16일째

사건 3　홍해를 건너 시나이 반도로 들어와 광야를 걷기 시작한 9일째

사건 4　주전 458년 2차 포로 귀환 시 제1월 1일 바벨론을 떠난 후 30일째로 아하와 강을 떠난 지 19일째(스 7:6-9, 8:15-36)

사건 5　하만이 제12월 13일에 유대인들을 죽이라는 조서를 써서 보낸 후 18일째 (더 3:12)

　오늘은 사우디아라비아의 '라오즈'산이 시내산이며 이스라엘 백성들은 수웨즈만 홍해를 건넌 것이 아니라 아카바만 홍해를 건넜다는 '떨기나무' 측의 주장이 잘못된 것에 대해 '네겝 길로 행하여 산지로 올라가라'를 가지고 살펴보겠습니다.

⊙ 네겝(남방) 길로 행하여 산지로 올라가라

모세는 가데스 바네아를 "하나님 여호와께서 우리에게 주신 아모리 족속의 산지" (신 1:20)라고 말하며 이곳에 이르렀을 때 "너희 하나님 여호와께서 이 땅을 너희 앞에 두셨은즉 너희 열조의 하나님 여호와께서 너희에게 이르신 대로 올라가서 얻으라 두려워 말라 주저하지 말라"(신 1:21)고 말했습니다. 그런데 이스라엘 자손들은 여호와 하나님의 말씀에 즉시 순종하지 못하고 정탐하기를 원했습니다. 이에 대해 모세는 "너희가 다 내 앞으로 나아와 말하기를 우리가 사람을 우리 앞서 보내어 우리를 위하여 그 땅을 정탐하고 어느 길로 올라가야 할 것과 어느 성읍으로 들어가야 할 것을 우리에게 회보케 하자"(신 1:22)라고 백성들이 먼저 정탐할 것을 원했다고 서술하고 있습니다.

백성들의 요구에 여호와께서는 정탐을 허락하셨습니다. 모세는 여호와께서 허락하신 가나안 땅 정탐을 위해 각 지파에서 1명씩 족장을 선발했습니다(민 13:1-16). 그리고 그들에게 "너희는 남방(네겝) 길로 행하여 산지로 올라가서"(민 13:17b), "그 땅의 어떠함을 탐지하라"(민 13:18a)라고 말했습니다. 이때 등장하는 길이 '남방(네겝) 길'입니다. 이 길은 아마도 이스라엘 자손이 진 치고 있는 가데스 바네아에서 가나안 땅 족장의 도로와 연결되어 헤브론을 지나 중앙산지로 올라가는 길일 것입니다. 이 길을 이해하려면 가나안 땅의 지리적 구조를 따른 지역 이름을 생각해 볼 필요가 있습니다. 가데스 바네아가 속한 남방(네겝)과 산지(중앙산지)를 확인해 보시기 바랍니다.

신명기 1장 6-7절의 지형구분
아라바, 산지, 세펠라(평지), 네겝(남방), 해변)과 시내 반도의 광야

우리 하나님 여호와께 호렙산에서 우리에게 말씀하여 이르시기를 너희가 이 산에 거
한지 오래니, 방향을 돌려 진행하여 아모리 족속의 산지로 가고 그 근지 곳곳으로 가
고 아라바와 산지와 평지와 남방과 해변과 가나안 족속의 땅과 레바논과 큰 강 유브
라데까지 가라 하셨나니(신 1:6-7)

정탐꾼들은 가데스 바네아를 떠나 신(진, Zin) 광야를 지나 네겝(남방)으
로 올라갔고 헤브론을 지나 가나안 땅 북쪽 르홉-하맛까지 정탐했습니
다.(157p 지도 참조)

이에 그들이 올라가서 땅을 탐지하되 신 광야에서부터 하맛 어귀 르홉에 이르렀고
(민 13:21) 또 남방으로 올라가서 헤브론에 이르렀으니 헤브론은 애굽 소안보다 칠
년 전에 세운 곳이라 그곳에 아낙 자손 아히만과 세새와 달매가 있었더라(민 13:22)

정탐한 후 믿지 못한 이스라엘 자손들은 여호와 하나님께 책망을 듣
고, 뒤늦은 후회 속에 전쟁을 하러 산지로 올라갑니다. 여호와께서는 이
미 함께 하지 않으리라고 선언하셨지만 이스라엘 자손들은 싸우러 올라
갔고, 아모리 족속은 이들을 벌떼 같이 쫓아 세일 산에서 쳐서 호르마까
지 도망치게 만들었습니다(신 1:41-44). 이 호르마도 네겝(남방) 지역에 있던
성읍으로 알려졌습니다.(186p 지도 참조)

너희가 대답하여 내게 이르기를 우리가 여호와께 범죄하였사오니 우리 하나님께서
우리에게 명하신 대로 우리가 올라가서 싸우리이다 하고 너희가 각각 병기를 띠고
경솔히 산지로 올라가려 할 때에"(신 1:41) 여호와께서 내게 이르시되 너는 그들에게
이르기를 너희는 올라가지 말라 싸우지도 말라 내가 너희 중에 있지 아니하니 너희
가 대적에게 패할까 하노라 하셨다 하라 하시기로(신 1:42) 내가 너희에게 고하였으
나 너희가 듣지 아니하고 여호와의 명을 거역하고 천자히 산지로 올라가매(신 1:43)
그 산지에 거하는 아모리 족속이 너희를 마주 나와서 벌떼 같이 너희를 쫓아 세일 산
에서 쳐서 호르마까지 미친지라(신 1:44)

　이처럼 이스라엘 백성들이 가데스 바네아를 떠나 정탐하러 갈 때 약속의 땅 남쪽 지역으로 언급된 네겝(남방)을 지나야 했음을 알 수 있습니다. '라오즈'산이 시내산이며 '페트라'가 가데스 바네아라고 한다면 북쪽으로 올라가 족장의 도로를 통해 헤브론을 지나 르보-하맛까지 정탐할 수 없습니다. 만약 페트라를 떠나 북쪽으로 정탐을 했다면 에돔의 북쪽 산지를 지나 모압 땅과 길르앗, 바산 땅을 정탐하게 됩니다. 결론적으로 가데스 바네아에서 네겝 길로 헤브론을 지나 산지 길로 올라가려면 가데스 바네아는 시내 반도 안에 있어야 합니다.

31일

성경 속 월력체계 ①

달력의 요소가 처음으로 기록된 곳은 창세기 1장의 넷째 날부터입니다. 하나님께서는 태양과 달과 별들을 만드시고 춘하추동 사계절과 연(年), 월(月), 일(日)과 밤낮을 구분하셨습니다(창 1:14-19). 년, 월, 일과 시간에 대한 성경 속 개념(예수님 당시 유대인 포함)을 간단히 정리하면 다음과 같습니다.

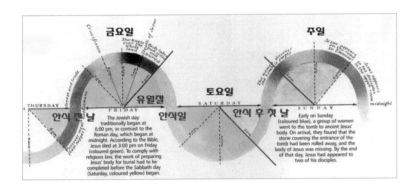

첫째, 날입니다. 날은 달력을 구성하는 최소 단위입니다. 성경 속 하루는 밤(저녁)과 낮(아침)으로 이루어집니다. 유대인들은(성경) 해가 지면 날이 바뀌는 것으로 생각했기에 현대 우리가 사용하는 자정을 기준으로 한 24시간의 하루 개념과는 다릅니다. 이해를 돕기 위해 예수님께서 사흘 동안 무덤에 계신 사건을 생각해 보겠습니다.

　예수님께서 무덤에 계신 시간을 계산하면 40시간, 곧 시간상으로는 만 이틀이 되지 않습니다. 왜냐하면 금요일 오후 3시에 돌아가셨고 토요일을 지나 주일 새벽에 부활하셨기에 가능한 시간을 계산해 보면 금요일 오후 3시-자정까지 9시간, 토요일 24시간, 그리고 자정부터 새벽까지 5-6시간 총 40시간이 되지 않습니다.

　유대인들은 금요일 오후 3시부터 해가 지는 때인 저녁 6시경까지를 하루로 계산하고 금요일 해질 때부터 토요일 해질 때까지 하루 토요일 해진 후 다시 하루로 계산하여 사흘이 됩니다. 현대의 개

0					
	10일	11일	12일	13일	14일
18					
10일	11일	12일	13일	14일	15일
24					

념으로 자정을 기준으로 해도 사흘로 계산되기지만 현대의 개념과 유대인의 하루 개념이 다름을 생각하고 성경을 이해해야 합니다. 정리하면 성경에 나타나는 사건에 대해 하루를 계산할 때 현재 사용하는 요일 개념으로서의 하루와 성경에 사용된 하루는 6시간이 차이가 나는 것을 고려해야 합니다.

　둘째, 주입니다. 날이 모이면 주가 됩니다. 창세기 1장의 창조 섭리에 따르면 1주(週)는 7일(日)입니다. 하나님께서는 6일 동안 우주 만물을 창조하시고 제7일째 안식하셨습니다. 그런데 성경은 일주일을 구성하는 날들을 지칭할 때 첫째 날, 둘째 날, …, 여섯째 날, 일곱째 날이라고 표현했습니다. 이것을 유대인들은 그대로 적용하여 사용했고 지금도 사용합니다. 유대인을 제외한 다른 문화권 사람들은 주일을 첫째 날, 월요일을 둘째 날, …, 일곱째 날을 토요일로 사용하지만 유대인들은 토요일

해진 후부터 주일 해지기 전까지를 첫째 날로 사용하여 6시간 먼저 시작됩니다. 현대의 유대인도 주일, 월, 화, 수, 목, 금, 토를 사용하긴 하지만 전통적으로 사용했던 첫째 날, 둘째 날, …, 일곱 번째 날(사밭, 안식일)을 사용합니다. 현대 이스라엘에서는 이러한 성경 속 월력 내용과 세계적으로 공통되게 사용하는 월력체계를 모두 표현한 달력을 사용합니다.

현대 유대인들이 사용하는 달력

위 개념을 적용해 성경 사건을 생각해 봅시다. 출애굽 때 월력체계를 바꾸신 하나님께서는 이스라엘 자손이 유월절을 지킬 수 있도록 10일째 되는 날 흠 없는 어린 양을 준비하여 14일까지 간직하였다가 해 질 무렵에 양을 잡으라(출 12:3-6)고 말씀하셨습니다. 양을 잡는 때는 날짜가 바뀌는 때인데 해질 때를 오후 6시(18시)로 생각한다면 오른쪽과 같은 그림으로 표현할 수 있습니다.

셋째, 월(月)입니다. 한 달은 월삭('호데쉬', 초승달)부터 다음 월삭 전까지입니다. 유대인의 달력에서 월(月)의 주기는 보통 29.54일(삭망월) 정도 됩니다. 유대인의 월력체계를 보면 일 년 12달 중 보통 홀수 달은 30일이고 짝수 달은 29로 계산하지만 새해의 첫 달이 푸른 보리 이삭이 있는 절기에 오도록 월력을 조정하는 윤달을 계산하기 위해 8번째 달이 30일이 되는 해도 있습니다. 참고로 출애굽 한 주전 1446년과 1445년 8번째 달이 30일로 계산되었고 19년 동안 9번 정도입니다.

넷째, 년(年)입니다. 보통 12달이 모이면 1년이 됩니다. 태양력은 1년이 약 365일이고 태음력은 1년이 약 354일인데 성경에서 이스라엘 백성이 사용한 달력은 태음력입니다. 그러므로 태음력은 태양력보다 1년에 11일이 부족하고, 3년이 되면 33일(약 1달)이 차이가 납니다. 3년이 지나 1달이 차이 나면 유월절과 초실절을 지킬 때 보리 이삭이 아직 나지 않아 초실절 절기를 지키지 못하게 됩니다. 유대인들은 이런 차이를 조정하기 위해 19년 동안 3, 6, 8, 11, 14, 17, 19년이 되는 해에 윤달(29일인 제2 아달월)을 두어 조정하는 방법으로 연초에 보리 이삭이 보여 초실절 절기를 지킬 수 있도록 했습니다.

> 맥추절을 지키라 이는 네가 수고하여 밭에 뿌린 것의 첫 열매를 거둠이니라 수장절을 지키라 이는 네가 수고하여 이룬 것을 연말에 밭에서부터 거두어 저장함이니라 (출 23:16)
> 해마다 우리 토지 소산의 맏물과 각종 과목의 첫 열매를 여호와의 전에 드리기로 하였고(느 10:35)
> 그러나 이제 그리스도께서 죽은 자 가운데서 다시 살아나사 잠자는 자들의 첫 열매가 되셨도다(고전 15:20)
> 그러나 각각 자기 차례대로 되리니 먼저는 첫 열매인 그리스도요 다음에는 그가 강림하실 때에 그리스도에게 속한 자요(고전 15:23)

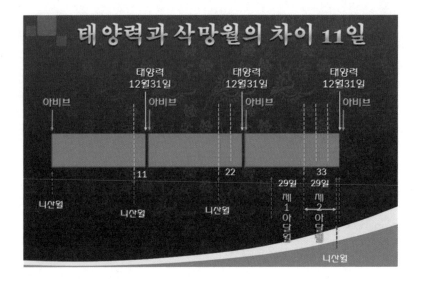

다섯째, 계절과 절기입니다. 창세기 1:14에서 "하나님이 가라사대 하늘의 궁창에 광명이 있어 주야를 나뉘게 하라 또 그 광명으로 하여 징조와 사시와 일자와 연한이 이루라"라고 말씀하고 있습니다. 하나님께서 1년에 시기마다 계절의 변화를 주셨고 또한 1년에 특별한 때를 정하여 하나님을 기념하는 절기로 삼으셨습니다.

성도 여러분!

유대인들은 하나님께서 정하신 절기인 연초의 유월절과 무교절 기간 중 초실절 절기를 정확히 지키기 위해 월력을 조정하며 하나님께서 정하신 날짜와 절기를 지켰습니다. 나는 하나님의 시간 계산법 속에 살기 위해 나의 일들을 조정하며 하나님의 일을 하고 있는지 묵상하는 하루가 되시길 기도합니다.

여러분에게 한 주의 시작이 언제입니까?

유대인들에게 한 주의 시작은 첫째 날(토요일 해질 때부터 주일 해질 때까지)입니다. 현대 세상의 견해로는 한 주의 시작이 월요일이고 직장인들이 가장 힘들어하는 요일로 월요병이라는 말도 있습니다. 하지만 성도에게 한 주의 시작은 여자의 후손으로 오셔서 사람들의 죄를 감당하시기 위해 십자가에 달려 죽으신 예수님께서 사망 권세를 이기시고 부활하신 주일임을 기억합시다.

2월의
성경 사건

1일

전쟁에 나갈 수 있는
남자를 계수하는 모세(민 1:1-54)

오늘 날짜가 언급된 성경 사건은 성막을 세운 후 전쟁에 나갈 수 있는 남자를 계수 하는 사건이 있습니다(민 1:1-54). 다음은 오늘 날짜가 포함된 사건입니다.

사건 1   노아 601년 제1월 1일 땅 위에 물이 마른 지 31일째로 땅이 완전히 말라 제2월 27일에 방주를 나오기까지 방주에 머무름

사건 2   라암셋을 떠난 후 17일째 날

사건 3   홍해를 건너 시내 반도로 들어와 광야를 걷기 시작한 10일째 날

사건 4   출애굽 2년 제2월 1일 20세 이상으로 싸움에 나갈 수 있는 남자의 수를 계수 함(민 1:1-54)

사건 5   주전 458년 2차 포로 귀환 시 제1월 1일 바벨론을 떠난 후 31일째로 아하와 강을 떠난 지 20일째(스 7:6-9, 8:15-36)

사건 6   하만이 제12월 13일에 유대인들을 죽이라는 조서를 써서 보낸 후 19일째
(더 3:12)

이스라엘 자손이 애굽 땅에서 나온 후 제2년 제2월 1일에(주전 1445년 4월 28일 목요일) 여호와께서 시내 광야 회막에서 모세에게 다음과 같이 명령하셨습니다(민 1:1-16).

"너희는 이스라엘 자손의 모든 회중 각 남자의 수를 그들의 종족과 조상의 가문에 따라 그 명수대로 계수할지니(민 1:2) **이스라엘 중 이십 세 이상으로 싸움에 나갈 만한 모든 자를 너와 아론은 그 진영별로 계수하되**(민 1:3) **각 지파의 각 조상의 가문의 우두머리 한 사람씩을 너희와 함께 하게 하라**(민 1:4)**..."**

민수기 1:3은 어순 도치되어 목적어인 '이스라엘 가운데 이십세 이상으로 싸움에 나갈만한 모든 자를'이 강조되었고 모세와 아론은 그 진영별로 계수하라 말씀하셨습니다. '진영별로'로 번역된 '레치브오탐'(לְצִבְאֹתָם) '차바'(전쟁, 군대, 무리)의 복수형에 전치사가 결합한 것으로 '수많은 사람이 모여 전쟁을 하는 것'을 나타내는데 성경에서는 종종 '하나님의 뜻을 받들어 행하는 사람들'을 의미합니다(민 1:52, 4:23, 8:24). 계속해서 1:4도 어순 도치되어 부사어 '너희와 함께'가 강조되어 각 지파에서 한 사람씩 모세와 아론과 함께 할 자들을 지정하셨습니다. 민수기 1:5-16까지는 하나님께서 지정하신 각 지파 지도자들의 이름이 나열됩니다.

🔍 하나님께서 지정하신 지파의 지도자와 계수된 남자의 수

① 르우벤지파 : 스데울의 아들 엘리술, 46,500명

② 시므온지파 : 수리삿대의 아들 슬루미엘, 59,300명

③ 유다 지파 : 암미나답의 아들 나손, 74,600명

④ 잇사갈지파 : 수알의 아들 느다넬, 54,400명

⑤ 스불론지파 : 헬론의 아들 엘리압, 57,400명

⑥, ⑦ 요셉지파

　　1) 에브라임지파 : 암미홋의 아들 엘리사마, 40,500명

　　2) 므낫세지파 : 브다술의 아들 가말리엘, 32,200명

⑧ 베냐민지파 : 기드오니의 아들 아비단, 35,400명
⑨ 단지파 : 암미삿대의 아들 아히에셀, 62,700명
⑩ 아셀지파 : 오그란의 아들 바기엘, 41,500명
⑪ 갓지파 : 드우엘의 아들 엘리아삽, 45,650명
⑫ 납달리지파 : 에난의 아들 아히라, 53,400명

지파별	1차조사(시내광야)	2차조사(모압평지)	증감
르으벤	46,500	43,730	-2,770
시므온	59,300	22,200	-37,100
유다	74,600	76,500	+1,900
단	62,700	64,400	+1,700
납달리	53,400	45,400	-8,000
갓	45,650	40,500	-5,150
아셀	41,500	53,400	+11,900
잇사갈	54,400	64,300	+9,900
스블론	57,400	60,500	+3,100
베냐민	35,400	45,600	+10,200
에브라임	40,500	32,500	-8,000
므낫세	32,200	52,700	+20,500
계	603,550	601,730	-1,820

1,2차 인구조사 비교
시내광야에서의 1차 인구조사는 출애굽 2년 2월 1일에 모압평지에서의 인구조사는 40년이 끝나가는 때에 실시했다. 비교해보면 모압 평지에서 범죄하여 죽은 사람이 많았던 시므온 지파가 급격하게 줄었음을 알 수 있다.

하나님께서는 **"이스라엘 자손의 모든 회중을 20세 이상으로 싸움에 나갈 만한 모든 자를 계수하라"**라고 명령하셨고 모세, 아론과 함께 **하나님의 명령을 수행할 각 지파의 리더를 직접 임명**하셨습니다. 이에 모세와 아론은 하나님께서 지명하신 사람들을 데리고 모든 회중을 모이게 한 후 20세 이상의 남자들을 그들의 머릿수대로 명단에 등록 했습니다(민 1:17-18). 민수기 1:18은 어순 도

치되어 목적어인 '온 회중을'이 강조되었는데 하나님께서 명하신 대로 이스라엘 모든 남자가 다 모였음을 알 수 있습니다. 이때 계수된 남자의 수는 총 60만 3천 550명이었습니다.

> 모세와 아론이 지명된 이 사람들을 데리고(민 1:17) 둘째 달 첫째 날에 온 회중을 모
> 으니 그들이 각 종족과 조상의 가문에 따라 이십 세 이상인 남자의 이름을 자기 계통
> 별로 신고하매(민 1:18)

레위인은 그 조상의 지파대로 계수에 들지 않았는데(민 1:47) 민수기 1:47은 어순 도치되어 주어인 '그 조상의 지파대로 레위인들은'이 강조 되었습니다. 레위인들을 세지 않은 것은 여호와께서 **"레위 지파만은 너는 계 수치 말며 그들을 이스라엘 자손 계수 중에 넣지 말라"**(민 1:48-53)고 말씀하셨기 때문 입니다. 민수기 1:49a는 어순 도치 되어 목적어인 '레위 지파를'이 강 조되었고 또한 1:19b도 어순 도치 되어 '그들을'(레위 사람들)이 강조되었 습니다. 이렇게 레위 사람들을 가리 키는 목적어를 두 번 강조한 것은 하 나님께서 레위 지파를 수에 넣지 말 라고 강조해서 말씀하신 것을 표현 한 것입니다. 레위인들은 전쟁에 나 가지 않았고 증거막과 그 모든 기구

와 그 모든 부속품을 관리하였으며 성막 사면에 진을 치고 거했습니다.

한 달 전, 곧 출애굽 한 지 2년 제1월 1일에 여호와의 성막을 세웠는 데 성막과 관련된 제반 사항을 레위인이 담당하게 하셨습니다. 레위인 은 장막을 걷고 또한 장막을 세우는 일을 담당했는데 레위인이 아닌 외

인이 여호와의 장막에 가까이 오면 죽이라 명하셨습니다. 레위인은 증거막 사면에 진을 쳤고, 이스라엘 자손의 회중에게 진노가 임하지 않게 하였으며, 증거막에 대한 책임을 가졌습니다.

민수기 1:50은 인구조사에 포함되지 않은 레위 사람들이 해야 할 일을 설명하고 있습니다. 하나님께서는 어순 도치하여 주어인 '너는'(모세)을 강조하여 레위 사람들이 해야 할 일을 임명하게 하셨고(민 1:50a), 레위 사람들이 해야 할 일을 설명할 때 어순 도치하여 두 번씩이나 주어인 '그들은'(레위 사람들)을 강조했습니다(민 1:50b, 50c). 레위 사람들이 거주한 위치를 설명할 때에도 어순 도치하여 부사어인 '성막 사면에'가 강조되어 레위 사람들이 진을 칠 곳을 말씀하셨습니다(민 1:53).

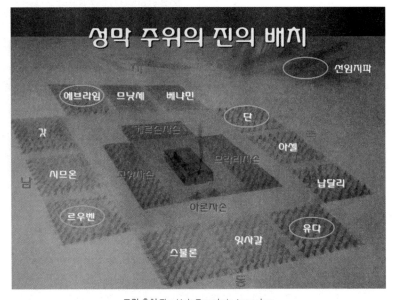

그림 출처 The Holy Temple in Jerusalem

계속해서 민수기 1:51은 레위인들이 성막을 걷고 치는 것에 대해 말씀하시는데 어순 도치되어 부사어인 '운반할 때에는'과 목적어인 '장막을'을 강조했고(민 1:51a), 또한 부사어인 '세울 때에는'과 목적어인 '장막을'을 똑같은 형식으로 강조했습니다(민 1:51b). 마지막으로 주어인 '가까이 오는 외부 사람은'을 강조하며 '가까이 오는 외부 사람은 죽일지니라'라고 말씀하시며 성막과 관련되니 일은 계수 함에 들지 않은 레위 사람들이 해야 함을 강조하셨습니다. 이스라엘 백성들과 레위 사람들은 하나님께서 말씀하신 대로 준행하여 진을 쳤습니다. 민수기 1:54b는 어순 도치되어 부사어인 '말씀하신 대로'가 강조되어 '말씀하신 대로 그들이 말씀하신 대로 행했다'라고 기록하고 있습니다.

계속해서 여호와께서 모세와 아론에게 진을 치는 위치와 행진하는 순서를 알려주셨습니다(민 2:1-34). 이스라엘 자손은 여호와께서 모세에게 명령하신 대로 다 했습니다. 그들은 자기 깃발을 따라 진을 치고 각자 자기 가족과 가문을 따라 행진했습니다.

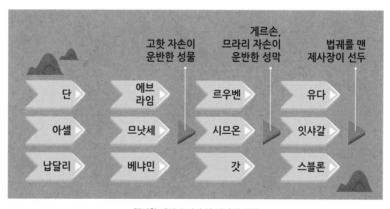

행진할 때의 순서와 각 지파의 위치

성도 여러분!

하나님께서는 이스라엘 백성을 하나하나 계수하셨고 각자가 머물 진과 행진할 위치까지도 정확히 알려 주셨습니다. 특별히 레위 사람들을 선택하셔서 구별된 일을 맡기셨는데 어떤 일이 중하고 어떤 일이 가벼운 일인지는 말씀하지 않으셨습니다. 다만 각자의 위치에서 각자에게 맡겨진 일을 잘 감당하는 것이 하나님의 언약 백성으로서의 해야 할 일임을 알 수 있습니다. 오늘도 내가 속한 공동체(교회)에서 맡은 일이 있다면 그 직분을 잘 감당하기 위해 열심을 다하는 하루가 되시길 기도합니다.

솔로몬이 성전을
건축하기 시작한 날(대하 3:2)

오늘 날짜가 언급된 성경 사건은 솔로몬이 성전을 건축하기 시작한 사건이 있습니다. 오늘 날짜가 포함된 사건은 다음과 같습니다.

사건 1   노아 601년 제1월 1일 땅 위에 물이 마른 지 32일째로 땅이 완전히 말라 제2월 27일에 방주를 나오기까지 방주에 머무름

사건 2   라암셋을 떠난 지 18일째 날이고 홍해를 건너 시내 반도로 들어와 광야를 걷기 시작한 11일째 날

사건 3   솔로몬 왕 4년 제2월 2일(주전 966년 4월 25일 수요일)에 성전 건축 공사를 시작함(대하 3:2)

사건 4   주전 458년 2차 포로 귀환 시 제1월 1일 바벨론을 떠난 후 32일째로 아하와 강을 떠난 지 21일째(스 7:6-9, 8:15-36)

사건 5   하만이 제12월 13일에 유대인들을 죽이라는 조서를 써서 보낸 후 20일째 (더 3:12)

역대하 3:2절에는 "솔로몬이 왕위에 오른 지 넷째 해 둘째 달 둘째 날 건축을 시작하였더라"(대하 3:2)고 기록하고 있습니다. 오늘은 솔로몬 성전이 지어진 시기와 장소에 대해 살펴보겠습니다.

❶ 솔로몬 성전 건축의 시기와 기간

열왕기서 저자는 솔로몬이 성전을 짓기 시작한 때를 왕이 된 지 4년 시브월 곧 둘째 달이며(왕상 6:1), 이때 성전의 기초를 쌓았고(왕상 6:37), 11년 불월 곧 여덟째 달에 그 설계와 식양대로 성전 건축을 다 끝냈는데 7년 동안 성전을 건축했다(왕상 6:38)고 기록하고 있습니다.

> **이스라엘 자손이 애굽 땅에서 나온 지 사백팔십 년이요 솔로몬이 이스라엘 왕이 된 지 사 년 시브월 곧 둘째 달에 솔로몬이 여호와를 위하여 성전 건축하기를 시작하였더라**(왕상 6:1)
> **넷째 해 시브월에 여호와의 성전 기초를 쌓았고**(왕상 6:37) **열한째 해 불월 곧 여덟째 달에 그 설계와 식양대로 성전 건축이 다 끝났으니 솔로몬이 칠 년 동안 성전을 건축하였더라**(왕상 6:38)

열왕기상 6:37-38 히브리어 원문을 보면 어순 도치되어 부사어 "사년에"(왕상 6:37)와 "십일 년 불월 곧 여덟째 달에"가 문장의 맨 처음에 쓰여 강조되고 있습니다. 솔로몬 시대의 월력체계는 1년 12달 중 제7월부터(바벨론 포로기 후 티쉬리월로 표기함) 왕의 통치 한 해를 계산했습니다. 성전 건축은 솔로몬 왕 4년 시브월 곧 2번째 달 시작되었는데 5개월이 지나 7번째 달이 되었을 때 솔로몬 통치는 5년으로 바뀌고, 성전건축 6개월이 되던 때가 솔로몬 5년 불월, 곧 8번째 달입니다. 이후 6, 7, 8, 9, 10년을 지나 11년 불월(8번째 달)까지 6년 동안 성전건축은 계속되었는데 '6개월 + 6년' 총 6년 6-7개월 동안 성전을 건축하게 됩니다. 이 기간은 고대 히브리인들의 시간 계산법으로는 7년에 해당합니다. 히브리인들은 1-2시간이 지나도 하루로 계산했고, 한 달이 지나도 일 년으로 계산하는 방법을 취했습니다. 서기력으로는 솔로몬 4년 시브월, 곧 제2월 2일인 주전 966년 4월 25일에 성전건축이 시작되었고, 솔로몬 11년 불월, 곧 제8월인 주전 960년 10월 24일-11월 22일 사이에 완공되었습니다니다(마이모니데스 월력 참고).

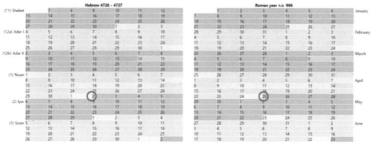

마이모니데스 월력 계산표

❷ 솔로몬 성전이 지어진 위치

솔로몬 성전이 지어진 장소는 예루살렘의 모리아 산이었습니다. 이곳은 솔로몬의 아버지 다윗 왕에게 여호와께서 나타나셨던 곳이고, 여부스 사람 오르난의 타작마당으로 다윗이 정한 곳입니다(대하 3:1). 또한 이 장소는 아브라함이 이삭을 번제로 드렸던 장소로 하나님께 믿음을 인정받은 아브라함이 "여호와 이레"라고 부른 곳이었습니다(창 22:).

> **솔로몬이 예루살렘 모리아 산에 여호와의 전 건축하기를 시작하니 그곳은 전에 여호와께서 그의 아버지 다윗에게 나타나신 곳이요 여부스 사람 오르난의 타작 마당에 다윗이 정한 곳이라**(대하 3:1)

솔로몬 성전이 지어진 성전산은 모리아 지방의 한 산이었습니다(창 22:2). 하나님께서는 아브라함의 믿음을 마지막으로 테스트하기 위해 이삭을 바칠 곳으로 이곳을 지시하셨습니다(창 22:1-3). 아브라함은 하나님

예루살렘 "Old City"의 모습
하늘색 원 위치가 솔로몬 성전이 지어진 자리이다. 현재에는 모하멧이 승천했던 자리로 믿는 모슬렘의 중요한 성지이다.

께서 지시하신 모리아 한 산에 도착하여 나무를 벌여 단을 쌓고 이삭을 결박하여 번제로 드리려고 했습니다. 이때 하나님께서는 아브라함을 막으시며 그의 믿음을 인정하셨습니다. 이후 아브라함은 하나님께서 미리 준비하신 수양으로 아들 이삭을 대신하여 번제를 드렸습니다. 아브라함은 하나님께서 준비하신 수양으로 번제를 드린 후 이곳을 '여호와 이레' (하나님께서 미리 준비하심)라고 불렀습니다.

> 그 일 후에 하나님이 아브라함을 시험하시려고 그를 부르시되 아브라함아 하시니 그가 이르되 내가 여기 있나이다(창 22:1) 여호와께서 이르시되 네 아들 네 사랑하는 독자 이삭을 데리고 모리아 땅으로 가서 내가 네게 일러 준 한 산 거기서 그를 번제로 드리라(창 22:2)

또한 이곳은 다윗 왕 때 여호와께서 내린 재앙이 멈춘 곳으로 여부스 사람 오르난(아라우나)의 타작마당이기도 합니다(삼하 24:16, 대상 21:15). 다윗이 백성을 계수하는 범죄를 지은 후 어찌할 줄 모를 때 하나님께서 친히 갓 선지자를 통해 제사를 드리라고 명령하셨습니다. 이에 다윗은 하

현재 모리아 산의 모습
성전 자리에 해당하는 곳에 황금돔이 서 있다. by Terra Explorer

나님께서 정해 주신 이곳 모리아의 한 산에서 여호와 하나님을 위해 단을 쌓았습니다(삼하 24:18-25, 대상 21:18-22). 그리고 다윗은 이 장소를 성전을 세울 장소로 정해 두었고 다윗의 아들 솔로몬은 이곳에 하나님의 성전을 세웠습니다(대하 3:1).

> 이 날에 갓이 다윗에게 이르러 그에게 아뢰되 올라가서 여부스 사람 아라우나의 타작 마당에서 여호와를 위하여 제단을 쌓으소서 하매(삼하 24:18) 다윗이 여호와께서 명령하신 바 갓의 말대로 올라가니라(삼하 24:19)

고고학적 연구에 의하면 솔로몬 성전(스룹바벨, 헤롯 성전)의 지성소는 아브라함이 이삭을 번제로 드리려 했던 제단, 그리고 다윗이 번제를 드렸던 제단이었던 바위가 있었던 곳을 중심으로 세워졌다고 합니다. 그리고 그 바위 위에 하나님께서 함께 하시는 상징이었던 언약궤가 머물러 있었습니다. 언약궤는 모세가 시내산에 머물며 하나님께 받은 십계명을 보관하기 위해 하나님께서 직접 지시하셨고 모세가 만든 것으로 언약공동체인 이스라엘 백성들의 삶에 중심이 되었던 것입니다. 사사 시대 말기 블

황금돔 내 바위
아브라함과 다윗이 번제를 드렸고 법궤를 두었던 곳이다. by Terra Explorer

레셋에게 빼앗겼다 유대 땅으로 돌아온 언약궤는 이후 사무엘과 사울 왕 시대를 지나며 100여 년 동안 관심을 받지 못한 적도 있었습니다. 그런데 하나님 중심으로 신앙했던 다윗이 왕이 되고 하나님께서 영원한 왕조에 대한 언약을 하신 후 다윗은 언약궤를 다윗성으로 옮겨와 백성들의 신앙 중심이 언약궤 곧 하나님이 되게 했습니다. 이제 솔로몬은 성전을 지었고 지성소의 바위 위에 언약궤를 두어 백성들의 삶의 중심에 언약궤 곧 하나님께서 중심이 되게 했습니다.

성도 여러분!
아브라함이 이삭을 번제로 드렸던 곳이요 '여호와 이레'로 '여호와께서 준비하실 것이다'라는 의미가 있는 장소에 성전이 지어지고 언약궤가 이삭이 바쳐졌던 바위 위에 올려진 것은 우연이 아닙니다. 이처럼 하나님께서 작정하신 여자의 후손인 예수 그리스도께서 이 땅에 오셨고 구원을 이루심으로 성도들이 하나님의 말씀이 거하는 성전이 되게 하셨습니다. 사도 바울은 육신에 속한 자로 사는 고린도교회 성도들을 향해 **"너희는 너희가 하나님의 성전인 것과 하나님의 성령이 너희 안에 계시는 것을 알지 못하느냐(16) 누구든지 하나님의 성전을 더럽히면 하나님이 그 사람을 멸하시리라 하나님의 성전은 거룩하니 너희도 그러하니라"**(고전 3:16-17)고 말했습니다. 오늘도 나는 하나님의 말씀이 머무는 성전이라는 사실을 분명히 아는 성도로서 거룩해지기를 소망하며 하루를 경건하게 사시길 기도합니다.

3일

솔로몬 성전의 설계도와
다윗의 준비 <small>(삼하 7:1-17, 대하 22:1-19)</small>

오늘 날짜가 언급된 성경 사건은 없습니다. 오늘 날짜가 포함된 사건은 다음과 같습니다.

사건 1   노아 601년 제1월 1일 땅 위에 물이 마른 지 33일째로 땅이 완전히 말라 제2월 27일에 방주를 나오기까지 방주에 머무름

사건 2   라암셋을 떠난 지 19일째 날이고 홍해를 건너 시내 반도로 들어와 광야를 걷기 시작한 12일째 날

사건 3   솔로몬 성전 건축 시작(솔로몬 4년 제2월 2일 주전 966년 4월 25일 수요일) 후 2일째

사건 4   주전 458년 2차 포로 귀환 시 제1월 1일 바벨론을 떠난 후 33일째로 아하와 강을 떠난 지 22일째(스 7:6-9, 8:15-36)

사건 5   하만이 제12월 13일에 유대인들을 죽이라는 조서를 써서 보낸 후 21일째 (더 3:12)

성전은 하나님께서 다윗에게 보여주신 식양대로 지어졌습니다. 다윗은 **"여호와의 손이 내게 임하여 이 모든 일의 설계를 그려 나에게 알려 주셨느니라"**(대상 28:19)고 고백하고 있습니다. 오늘은 솔로몬 성전의 모습과 다윗이 준비한 것에 대해 살펴보겠습니다.

❶ 하나님께서 다윗에게 보여주신 성전 설계도

다윗은 여호와 하나님께서 주변 모든 나라를 무찌르시고 왕궁에 편안하게 살게 하셨을 때 나단 선지자에게 **"나는 백향목 궁에 살거늘 하나님의 궤는 휘장 가운데에 있도다"**라고 말하며 성전 건축할 마음을 보였습니다(삼하 7:1-2). 이에 나단 선지자는 **"여호와께서 왕과 함께 계시니 마음에 있는 모든 것을 행하소서"**라고 말했습니다(삼하 7:3). 하지만 하나님께서는 그 밤에 나단 선지자에게 나타나셔서 다윗에게 **" … 네 수한이 차서 네 조상들과 함께 누울 때에 내가 네 몸에서 날 네 씨를 네 뒤에 세워 그의 나라를 견고하게 하리라(12) 그는 내 이름을 위하여 집을 건축할 것이요 나는 그의 나라 왕위를 영원히 견고하게 하리라"**(삼하 7:13)고 전하게 하셨습니다. 나단 선지자는 하나님의 모든 말씀과 모든 계시를 다윗에게 전했습니다(삼하 7:17).

다윗은 초라한 곳에 머무시는 여호와의 언약궤를 생각하여 성전을 건축하려는 마음을 먹었지만 하나님께서는 그의 아들 솔로몬을 통해 짓게 하겠다고 말씀하셨습니다. 여호와께서는 다윗이 성전을 건축하지 못하는 이유를 **"너는 피를 심히 많이 흘렸고 크게 전쟁하였느니라 네가 내 앞에서 땅에 피를 많이 흘렸은즉 내 이름을 위하여 성전을 건축하지 못하리라"**(대상 22:8)고 말씀하셨습니다. 하지만 성전의 설계도는 다윗에게 알려주셨고 다윗은 설계도에 맞게 금과 은, 석재와 목재 등 성전 건축에 필요한 재물과 재료들을 준비했습니다. 때가 되어 다윗은 아들 솔로몬에게 성전과 관련된 모든 것을 알려 주었습니다. 다윗은 솔로몬에게 **"내 아들 솔로몬아 너는 네 아버지의 하나님을 알고 온전한 마음과 기쁜 뜻으로 섬길지어다 여호와께서는 모든 마음을 감찰하사 모든 의도를 아시나니 네가 만일 그를 찾으면 만날 것이요 만일 네가 그를 버리면 그가 너를 영원히 버리시리라(9) 그런즉 이제 너는 삼갈지어다 여호와께서 너를 택하여 성전의 건물을 건축하게 하셨으니 힘써 행할지니라"**(대상 28:9-10)고 말했습니다. 그리고 성전의 설계도를 설명했습니다. 이 설명대로 건축된 솔로몬 성전의 상상도는 위의 그

솔로몬 성전의 상상도
출처 "The Holy Temple in Jerusalem" by Carta Jerusalem

림과 같습니다.

다윗이 솔로몬에게 설명한 내용에는 성전 건물 자체에 복도, 곳간, 다락, 골방, 속죄소가 있었고 성전의 뜰 사면에도 모든 방이 있어 성전 곳간과 성물 곳간으로 사용되었습니다(대상 28:11-12). 계속해서 제사장과 레위 사람의 반열과 여호와의 성전에서 섬기는 모든 일과 여호와의 성전을 섬기는 데에 쓰는 모든 그릇의 양식을 설명했고 기구를 만들 무게를 알려주었습니다(대상 28:13-18). 하지만 성경에 정확한 치수나 무게는 언급되지 않았습니다.

① 모든 섬기는 데에 쓰는 금 기구를 만들 금의 무게와 모든 섬기는 데에 쓰는 은 기구를 만들 은의 무게를 정해 알려주었습니다(대상 28:14).

② 금 등잔대들과 그 등잔 곧 각 등잔대와 그 등잔을 만들 금의 무게와 은 등잔대와 그 등잔을 만들 은의 무게를 각각 그 기구에 알맞게 정

했습니다(대상 28:15).

③ 진설병의 각 상을 만들 금의 무게를 정하고 은상을 만들 은도 그렇게 하고 갈고리와 대접과 종지를 만들 순금과 금잔 곧 각 잔을 만들 금의 무게와 또 은잔 곧 각 잔을 만들 은의 무게를 정해 알려 주었습니다(대상 28:15-17).

④ 향단에 쓸 순금과 수레 곧 금 그룹들의 설계도대로 만들 금의 무게를 정해 주었는데 그룹들은 날개를 펴서 여호와의 언약궤를 덮었습니다 (대상 28:18)

성막에서 여호와를 섬길 때 있었던 모든 기구를 알려 주었는데 다른 점은 성전의 크기가 커진 만큼 기구들의 수도 늘었습니다. 다윗이 솔로몬에게 말할 때 기구의 숫자는 언급이 없는데 솔로몬이 성전을 완성한 모습을 설명할 때에는 규례대로 금으로 등잔대 10개를 만들었고 진설병 상 10개를 만들었다고 언급합니다(대하 4:7-8).

> 또 규례대로 금으로 등잔대 열 개를 만들어 내전 안에 두었으니 왼쪽에 다섯 개요 오른쪽에 다섯 개이며(대하 4:7) 또 상 열 개를 만들어 내전 안에 두었으니 왼쪽에 다섯 개요 오른쪽에 다섯 개이며 또 금으로 대접 백 개를 만들었고(대하 4:8)

❷ 다윗이 준비한 성전 건축 재료

다윗은 여호와께서 보여주신 설계도대로 성전이 건축될 수 있도록 재료들을 준비했습니다(대상 22:2-19). 다윗은 이스라엘 땅에 거하는 이방 사람들을 모았고 석수를 시켜 하나님의 성전을 건축할 돌을 다듬게 했습니다(대상 22:2). 솔로몬이 성전을 건축할 때 성전의 기초석으로 크고 귀

제2월

솔로몬의 채석장(시드기야 동굴)의 위치

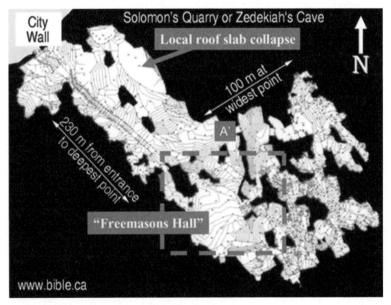

솔로몬의 채석장

예루살렘 성 북쪽 성벽 밑에 있는 돌을 캤던 동굴로 남유다 마지막 왕인 시드기야가 숨었던 곳으로 시드기야 동굴이라고도 불린다.

한 돌을 떠다가 다듬어 놓았다는 언급이 있는데(왕상 5:17) 이미 다윗이 돌들을 준비했음을 알 수 있습니다. 이 돌들을 떠낸 곳은 성전이 지어진 장소의 북쪽에 있는 채석장에서 돌들을 준비했습니다. 현재 예루살렘 북쪽 '다마스커스 게이트'(다메섹문) 옆에 '솔로몬의 채석장'이라는 곳을 방문하면 돌을 떠낸 장소와 돌을 떠낸 규모를 살펴볼 수 있습니다.

돌을 떠내고 옮기는 모습

솔로몬의 채석장은 입구가 작아 보여도 들어가면 엄청나게 큰 공간이 나타납니다. 성전과 궁전을 지을 때 필요했던 엄청난 돌을 떠낸 흔적을 볼 수 있습니다. 이곳에서 6년 6개월 동안 지어지는 성전을 짓기 위해 돌 뜨는 자 80,000명이(왕상 5:15) 어두운 곳에서 올리브 등불을 켜고 돌을 자르면서 나오는 돌 먼지를 무릅쓰고 수고한가운데 성전이 지어졌다는 것을 생각하며 묵상할 때 그들의 열심에 고개가 숙여집니다.

솔로몬에게 또 짐꾼이 칠만 명이요 산에서 돌을 뜨는 자가 팔만 명이며(왕상 5:15)

다윗은 성전 건축의 기초가 되는 돌 뿐 아니라 문짝 못과 거멀 못에 쓸 철을 많이 준비하고 또 무게를 달 수 없을 만큼 심히 많은 놋을 준비했습니다(대상 22:3). 또한 성전 내부에 쓰일 백향목을 무수히 준비했는데 시돈 사람과 두로 사람이 백향목을 다윗에게로 많이 가져왔습니다(대상 22:4). 다윗은 "내 아들 솔로몬은 어리고 미숙하고 여호와를 위하여 건축할 성전은 극히 웅장하여 만국에 명성과 영광이 있게 하여야 할지라 그러므로 내가 이제 그것을 위하여 준비하리라"(대상 22:5)고 말하고 죽기 전에 많이 준비했습니다.

성도 여러분!

성전을 건축하지 못하지만 아들 솔로몬이 성전을 잘 짓도록 많은 재료를 준비하는 다윗의 모습은 하나님의 일을 감당할 때 어떻게 해야 하는지 잘 보여줍니다. 내 시대에 이루어지는 일이 아니라고 손을 놓고 있는 것이 아니라 다음 세대가 잘 감당하도록 잘 가르치고 준비하는 것이 하나님의 언약 공동체(교회)가 해야 할 일임을 알 수 있습니다. 오늘도 다음 세대를 세우는 일에 마음을 다하는 하루가 되시길 기도합니다.

솔로몬은 히람이
성전 마당의 기물들을
만들게 함(왕상 7:13-47)

오늘 날짜가 언급된 성경 사건은 없습니다. 오늘 날짜가 포함된 사건은 다음과 같습니다.

사건 1   노아 601년 제1월 1일 땅 위에 물이 마른 지 34일째로 땅이 완전히 말라 제2월 27일에 방주를 나오기까지 방주에 머무름

사건 2   라암셋을 떠난 지 20일째 날이고 홍해를 건너 시내 반도로 들어와 광야를 걷기 시작한 13일째 날

사건 3   솔로몬 성전 건축 시작(솔로몬 4년 제2월 2일 주전 966년 4월 25일 수요일) 후 3일째

사건 4   주전 458년 2차 포로 귀환 시 제1월 1일 바벨론을 떠난 후 34일째로 아하와 강을 떠난 지 23일째(스 7:6-9, 8:15-36)

사건 5   하만이 제12월 13일에 유대인들을 죽이라는 조서를 써서 보낸 후 22일째(더 3:12)

성전은 하나님께서 다윗에게 보여주신 식양대로 지어졌습니다. 오늘은 다윗이 솔로몬에게 말할 때의 내용에는 없으나 솔로몬 성전이 지어질 때 언급된 성전 마당의 기물들에 대해 살펴보겠습니다.

솔로몬은 사람을 보내 두로에서 히람(후람, 대하 10:11)을 데려왔습니다.

히람은 납달리 지파의 여인이 두로 사람과 결혼하여 낳은 아들이었습니다. 히람을 데려올 때 그의 어머니는 과부였는데 그의 아버지는 놋쇠 대장장이로 살다 죽었습니다. 히람은 놋으로 만드는 모든 일에 지혜와 총명과 재능이 충만한 자라고 언급되는데 솔로몬 왕에게 와 놋과 관련된 성전의 모든 공사를 했습니다(왕상 7:13-14)

솔로몬 왕이 사람을 보내어 히람을 두로에서 데려오니(왕상 7:13) **그는 납달리 지파 과부의 아들이요 그의 아버지는 두로 사람이니 놋쇠 대장장이라 이 히람은 모든 놋 일에 지혜와 총명과 재능을 구비한 자이더니 솔로몬 왕에게 와서 그 모든 공사를 하니라**(왕상 7:14)

❶ 성전 낭실(현관) 앞에 세운 두 놋기둥

히람은 성전 낭실(현관) 앞에 각각 높이가 18규빗이고 둘레가 12규빗인 두 개의 속이 빈 놋 기둥을 만들어 세웠습니다. 둘레가 12규빗이었기에 직경은 4규빗으로 계산됩니다.* 그리고 놋을 녹여 부어서 5규빗되는 기둥머리를 만들어 기둥 꼭대기에 두었기에 전체의 높이는 23규빗에 해당합니다. 역대하 7:16은 어순 도치되어 목적어인 '기둥머리를'이 강조되었는데 이후 기둥머리에 여러 가지 모양의 세공을 했음을 언급합니다. 기둥 꼭대기에 있는 머리는 바둑판 모양으로 얽은 그물과 사슬 모양으로 땋은 것 일곱 개를 만들어 달았습니다. 또한 두 줄 석류를 한 그물 위에 둘러 만들어 기둥 꼭대기에 있는 머리에 둘렀고 머리의 4규빗은 백합화 모양으로 만들었고 기둥머리에 있는 그물을 돌아가며 석

---

* 열왕기상 7:23에서 놋바다의 크기가 둘레가 30규빗이요 직경이 10규빗이라고 말합니다. 그렇다면 원주율을 3으로 생각할 수 있습니다. 놋기둥의 둘레가 12규빗이기에 놋기둥의 직경은 4규빗으로 계산됩니다.

류 200개가 줄을 짓게 만들었습니다 (왕상 7:15-20).

이 두 기둥 중 오른쪽 기둥을 '야긴'(그가 세우실 것이라), 왼쪽 기둥은 '보아스'(그〈여호와〉 안에 능력이 있다)라고 불렀습니다. 두 기둥의 뜻으로 볼 때 여호와께서 다윗 왕조와 성전을 세우셨는데 영원할 것이며 또한 모든 능력이 여호와에게서 나올 것임을 고백하는 것으로 생각됩니다.

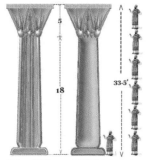

Hebrew Cubit = 17.5" High Priest = 5·5'

성전 두 기둥의 크기와 상상도

여기서 두 기둥을 만든 이유가 건물을 지탱하는 목적으로 세우지 않았고 성전에 나와 여호와 하나님께 제사 드리는 백성들에게 보여주기 위한 것으로 생각됩니다. 백성들이 성전에서 두 기둥을 보며 깨달아야 할 것은 여호와께서 세우실 것이며 여호와 안에 능력이 있다는 것이었습니다. 사도 요한이 빌라델비아 교회에 대해 본 계시 중 **"이기는 자는 내 하나님 성전에 기둥이 되게 하리니..."**(계 3:12)란 말씀도 건물을 지탱하는 기둥 같은 의미보다는 '야긴'과 '보아스'를 세운 이유와 같은 의미로 해석해야 할 것입니다.

❷ 물을 담을 바다를 부어 만듦

직경이 10규빗이고 둥근(원기둥) 모양이며 높이가 5규빗이고 둘레가 30규빗인 '바다'를 만들었습니다. 히브리어로 '얌'(ם", 바다)이라 불렀는데 이렇게 이름 지은 것은 바다(sea)처럼 많은 물을 모아 둘 수 있었기 때문이었습니다. 가장자리 아래에는 '박'(페카, 조롱박 모양의 장식) 모양의 장식

을 만들었는데 한 규빗에 10개씩 두
줄로 부어 만들었습니다(왕상 7:23-24, 대
하 4:2-4). 바다는 12마리의 소가 받치
고 있는데 각각 세 마리가 북쪽, 서쪽,
남쪽, 동쪽을 바라보게 했고 소의 꼬
리 방향이 안쪽을 향하게 했습니다(왕
상 7:25). 바다의 두께는 한 손 너비만
하고 가는 백합화 양식으로 만들었습

놋 바다 상상도

니다. 바다는 2000밧('바트', בַּת)의 물을 담을 수 있습니다(왕상 7:26). 밧('바
트')은 구약성경에 12번 사용되었는데(왕상 7:26, 왕상 7:38, 대하 2:10, 대하 4:5, 사
5:10, 겔 45:10, 겔 45:11, 겔 45:14) 히브리인들이 사용한 액체 측정단위로 약 22
리터 정도입니다(참조: HELOT, Gesenius). 바다는 제사장들이 씻기 위한 것이
었는데(대하4:6) 성전 오른쪽 동남쪽에 두었습니다(왕상 7:39).

❸ 받침 수레 10개를 만듦

'받침 수레'('메코나', מְכוֹנָה, 받침대)의 구조는 자세하게 설명되어 있습니다.
사면 옆 가장자리 가운데에 판이 있고 가장자리 가운데 판에는 사자와
소와 그룹들이 있고 또 가장자리 위에는 놓는 자리가 있고 사자와 소 아
래에는 화환('로요트', לֹיוֹת, 화환들, 꽃무늬 들) 모양이 있으며 각각 네 놋바퀴와
놋축이 있고 네 발밑에는 어깨 같은 것이 있으며 그 어깨 같은 것은 물두
멍 아래쪽에 부어 만들었습니다(왕상 7:28-31).

① 화환은 각각 그 옆에 있고 받침 수레 위로 들이켜 높이가 한 규빗 되
   게 내민 것이 있고 그 면은 직경 한 규빗 반 되게 반원형으로 우묵하
   고 그 나머지 면에는 아로새긴 것이 있고 내민 판들은 네모지고 둥글

지 않았습니다.

② 네 바퀴는 옆판 밑에 있고 바퀴 축은 받침 수레에 연결되있는데 바퀴의 높이는 각각 한 규빗 반이었고 바퀴의 구조는 병거 바퀴의 구조로 축과 테와 살과 통이 다 부어 만들었습니다(왕상 7:32-33)

받침 수레 상상도

받침 수레 네 모퉁이에 어깨 같은 것 넷이 있는데 그 어깨는 받침 수레와 연결되고 받침 수레 위에 둥근 테두리가 있는데 높이가 반 규빗이고 또 받침 수레 위의 버팀대와 옆 판들이 받침 수레와 연결되었고 버팀대 판과 옆 판에는 각각 빈 곳을 따라 그룹들과 사자와 종려나무를 아로새겼고 또 그 둘레에 화환 모양이 있었습니다(왕상 7:34-36). 받침 수레는 열 개를 만들었는데 부어 만든 법과 크기와 양식은 다 동일했습니다(왕상 7:37).

④ 물두멍 10개를 만듦

각각 40밧의 양을 담을 수 있는 물두멍 열 개를 놋으로 만들었습니다. 각각의 물두멍 직경은 4규빗이었는데 높이는 알 수 없습니다. 10개의 받침 수레 위에 각각 하나씩의 물두멍이 있었습니다. 물두멍과 받침 수레 다섯은 성전 오른쪽에 두었고 다섯은 성전 왼쪽에 두어 번제에 쓸 것을 거기서 씻게 했습니다(왕상 7:38-39, 대하 4:6).

> 또 물두멍 열 개를 놋으로 만들었는데 물두멍마다 각각 사십 밧을 담게 하였으며 매 물두멍의 직경은 네 규빗이라 열 받침 수레 위에 각각 물두멍이 하나씩이더라(왕상 7:38) 그 받침 수레 다섯은 성전 오른쪽에 두었고 다섯은 성전 왼쪽에 두었고 성전 오

른쪽 동남쪽에는 그 바다를 두었더라(왕상 7:39)

히람은 솔로몬 왕을 위하여 여호와의 전의 모든 일을 마쳤습니다. 두 기둥, 한 개의 바다와 12마리의 소, 10개의 받침 수레와 10개의 물두멍, 솥과 부삽과 대접들을 만들었는데 모든 그릇은 빛난 놋으로 만들었습니다(왕상 7:40-45). 솔로몬 왕은 요단계곡지대 숙곳과 사르단 사이 지역의 차진 흙에 모든 기구를 부어서 만들었습니다(왕상 7:46). 장소를 나타내는 부사어 '요단 계곡지대에서'('베키카르 하야르덴', בְּכִכַּר הַיַּרְדֵּן)가 어순 도치되어 강조되었습니다. 히람이 놋으로 만든 기구가 심히 많아 솔로몬은 다 달아보지 않고 두었는데 그 놋 무게를 능히 측량할 수 없었습니다(왕상 7:47).

성도 여러분!

솔로몬 왕은 아버지가 이방(두로) 사람이었던 히람을 두로에서 데려다가 성전 마당의 놋 기구들을 만들게 했습니다. 하나님을 위한 일을 할 때 전체 책임을 맡은 지도자였던 솔로몬 왕은 최고의 기술과 최고의 재료를 사용하여 성전을 완성했던 것을 알 수 있습니다. 또한 하나님이 거하실 성전을 만들고 하나님께 제사를 드리기 위한 여러 기구를 만드는데 이방인의 피가 흐르는 히람을 사용하게 하셨다는 것은 하나님께서 이스라엘 사람들만의 하나님이 아니심을 보여주는 것으로 생각됩니다. 오늘도 나의 편견으로 나와 같은 신앙(생각)을 소유하지 않은 사람들과 나를 구별하지 않고 하나님의 일을 감당할 최고의 실력과 가진 많은 재물을 하나님께 드릴 하나님께서 준비해 두신 사람을 찾아 함께 하나님의 일을 감당할 수 있도록 최선을 다하는 하루가 되시길 기도합니다.

솔로몬이 성전의 기구들을 만듦(왕상 7:48-51)

오늘 날짜가 언급된 성경 사건은 없습니다. 오늘 날짜가 포함된 사건은 다음과 같습니다.

사건 1   노아 601년 제1월 1일 땅 위에 물이 마른 지 35일째로 땅이 완전히 말라 제2월 27일에 방주를 나오기까지 방주에 머무름

사건 2   라암셋을 떠난 지 21일째 날이고 홍해를 건너 시내 반도로 들어와 광야를 걷기 시작한 14일째 날

사건 3   솔로몬 성전 건축 시작(솔로몬 4년 제2월 2일 주전 966년 4월 25일 수요일) 후 4일째

사건 4   주전 458년 2차 포로 귀환 시 제1월 1일 바벨론을 떠난 후 35일째로 아하와 강을 떠난 지 24일째(스 7:6-9, 8:15-36)

사건 5   하만이 제12월 13일에 유대인들을 죽이라는 조서를 써서 보낸 후 23일째 (더 3:12)

성전은 하나님께서 다윗에게 보여주신 식양대로 지어졌습니다. 오늘은 다윗이 솔로몬에게 말할 때의 내용에는 없으나 솔로몬 성전이 지어질 때 언급된 성전 기구들의 모양과 크기를 성막과 비교해서 살펴보겠습니다.

❶ 솔로몬이 만든 놋 제단

열왕기 저자는 성전 마당에 있는 기구들을 히람이 놋으로 만들었다고 기록할 때 놋 제단에 대해서는 언급하지 않았습니다(왕상 7:13-39). 그리고 다시 한번 히람(열왕기 저자의 표현)이 놋으로 만든 성전 기물들을 설명할 때에도 놋 제단에 대한 언급은 없습니다(왕상 7:40-47). 역대기 저자는 히람을 시켜서 만들었을 가능성이 크지만 솔로몬이 놋으로 제단을 만들었다(대하 4:1)고 말합니다. 그리고 열왕기 저자와 마찬가지로 다시 한번 후람(역대기 저자의 표현)이 놋으로 만든 성전 기물들을 설명할 때에도 놋 제단에 대한 언급은 하지 않았습니다(대하 4:11-16).

> **솔로몬이 또 놋으로 제단을 만들었으니 길이가 이십 규빗이요 너비가 이십 규빗이요 높이가 십 규빗이며**(대하 4:1)

솔로몬이 만든 성전의 놋 제단 크기는 장광고가 각각 20규빗, 20규빗, 10규빗이었습니다. 성막을 만들 때 하나님께서 계시하셨던 번제단의 크기는 장광고가 각각 5규빗, 5규빗, 3규빗이었던 것을 생각하면 길이가 4배 늘었고 짐승을 태울 수 있는 제단의 넓이는 16배가 되었습니다. 크기뿐 아니라 달라진 것은 번제단은 조각목으로 만든 후 놋으로 싸서 입혔는데(출 27:1-2) 성전의 놋 제단을 만들 때는 조각목에 대한 언급이 없는 것으로 볼 때 전체가 놋으로 만들어진 것으로 생각됩니다.

> **너는 조각목으로 길이가 다섯 규빗, 너비가 다섯 규빗의 제단을 만들되 네모 반듯하게 하며 높이는 삼 규빗으로 하고**(출 27:1) **그 네 모퉁이 위에 뿔을 만들되 그 뿔이 그것에 이어지게 하고 그 제단을 놋으로 싸고**(출 27:2)

❷ 성전 내부에서 사용되는 기구 제작

솔로몬은 여호와의 성전 속 기구인 '금 단'('미즈바흐 하자하브', זָבֵח הַזָּהָב)과 '진설병 금 상'('하슐한 아쉐르 알라브 레헴 하파님 자하브', עָלָיו לֶחֶם הַפָּנִים זָהָב הַשֻּׁלְחָן אֲשֶׁר, 그 앞에(얼굴에) 빵을 올려 놓는 금 상)과 '등잔대'('메노라', מְנוֹרָה)를 만들었습니다. '금 단'을 만든 개수에 대한 언급이 없는 것으로 볼 때 1개를 만들었고 '진설병 상'과 '등잔대'는 10개씩 만들었습니다. 성전 안에서 사용되는 기구들은 모두 금으로 만들었습니다(왕상 7:48-49a). 광야시대 성막의 기구를 만들 때는 등잔대는 1달란트의 금으로 쳐서 만들었지만 '분향단'과 '진설병 상'은 조각목으로 모양을 만든 후 정금으로 싸서 입혔습니다. 그런데 솔로몬이 성전 기구를 만들 때 조각목에 대한 언급이 없는 것으로 보아 전체를 금으로 만들었을 것으로 생각됩니다. 성전 기구의 제작에 있어 '금 단'과 '진설병 금 상' 그리고 '등잔대'의 크기와 모양에 대해서는 전혀 언급이 없습니다. 성막을 계시하실 때의 크기를 보면 '금 단'은 장광고가 각각 1규빗, 1규빗, 2규빗이고(출 37:10) '진설병 상'은 장광고가 각각 2규빗, 1규빗, 1.5규빗이라고(출 37:25) 말씀하셨습니다.

광야에서 하나님께서 계시하셨던 성막의 성소에서는 분향단이 증거궤 위 속죄소 맞은편 휘장 밖에 위치했고(출 30:6) '진설병 상'은 성소의 북쪽에 위치했으며(출 40:22) 금등대는 '진설병 상'과 마주하도록 남쪽에 위치했습니다(출 40:24).

> 그 제단을 증거궤 위 속죄소 맞은편 곧 증거궤 앞에 있는 휘장 밖에 두라 그 속죄소
> 는 내가 너와 만날 곳이며(출 30:6)
> 그는 또 회막 안 곧 성막 북쪽으로 휘장 밖에 상을 놓고(출 40:22)
> 그는 또 회막 안 곧 성막 남쪽에 등잔대를 놓아 상과 마주하게 하고(출 40:24)

성전의 성소에서 '금 단'의 위치는 변함없이 휘장 밖에 위치했을 것인데 10개의 금등대와 10개의 '진설병 금 상'은 두 줄로 배열했다고 기록되었습니다(대하 4:7-8).

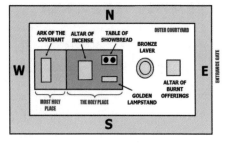

성막 내 기구들의 대략적 배치

또 규례대로 금으로 등잔대 열 개를 만들어 내전 안에 두었으니 왼쪽에 다섯 개요 오른쪽에 다섯 개이며(대하 4:7)
또 상 열 개를 만들어 내전 안에 두었으니 왼쪽에 다섯 개요 오른쪽에 다섯 개이며 또 금으로 대접 백 개를 만들었고(대하 4:8)

솔로몬은 등잔대와 관련된 금으로 만든 꽃과 등잔 불집게를 만들었고 정금 대접과 불집게와 주발과 숟가락과 불을 옮기는 그릇을 만들었고 내소 곧 지성소 문의 금 돌쩌귀와 성전 곧 외소 문의 금 돌쩌귀를 만들었습니다(왕상 7:49b-50). 솔로몬이 여호와의 성전을 위하여 만드는 모든 일을 마친 후에 그의 아버지 다윗이 드린 물건 곧 은과 금과 기구들을 가져다가 여호와의 성전 곳간에 두었습니다(왕상 7:51).

모세가 만든 성막과 솔로몬이 만든 성전을 비교해보면 성소와 지성소 자체의 크기도 변했고 그 안에 들어갈 기구들을 다시 제작했으며 크기나 개수가 바뀌었습니다. 하지만 단 한 가지 바뀌지 않은 것이 있는데 그것은 언약궤였습니다. 솔로몬 왕은 성전건축을 다 끝낸 후 마지막으로 언약궤를 옮겼는데 모세 때 만들었고 이스라엘 백성과 함께 했던 것을 그대로 지성소에 옮겼습니다. 하나님께서 거하실 장소가 커지고 조각목이 아닌 모든 것이 금이나 놋으로 채워진 것은 물질적인 면에서 값어치가

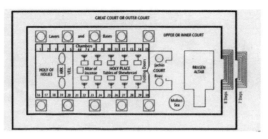

가능성 있는 솔로몬 성전의 기구 배치도

높아졌고 좋아진 것은 틀림없습니다. 하지만 하나님의 임재의 상징인 언약궤가 변하지 않았다는 것을 주목해야 할 것입니다.

성도 여러분!

현대의 교회들이 성도의 수가 늘어나면 공동체의 재산이 많아져 건물이 커지고 더 좋은 것으로 교회를 채우고 좋은 시설을 해 예배드리는 분위기를 좋게 하려고 합니다. 하지만 무엇보다도 우선해야 하는 것이 변함없이 함께 하시는 하나님의 말씀임을 잊지 않아야 할 것입니다. 솔로몬이 크고 웅장한 성전을 만들고 금으로 채웠지만 그가 하나님을 떠났을 때 하나님께서는 솔로몬과 그리고 이스라엘 백성들과 함께 하지 않으셨고 잘 건축된 성전이 파괴되도록 내버려 두셨습니다. 오늘도 무엇보다도 먼저 하나님의 말씀에 집중하는 성도가 되시고 말씀과 동행하는 하루가 되시길 기도합니다.

6일

솔로몬 성전의
내부 구조(왕상 6:15-36)

오늘 날짜가 언급된 성경 사건은 없습니다. 오늘 날짜가 포함된 사건은 다음과 같습니다.

사건 1 노아 601년 제1월 1일 땅 위에 물이 마른 지 36일째로 땅이 완전히 말라 제2월 27일에 방주를 나오기까지 방주에 머무름

사건 2 라암셋을 떠난 지 22일째 날이고 홍해를 건너 시내 반도로 들어와 광야를 걷기 시작한 15일째 날

사건 3 솔로몬 성전 건축 시작(솔로몬 4년 제2월 2일 주전 966년 4월 25일 수요일) 후 5일째

사건 4 주전 458년 2차 포로 귀환 시 제1월 1일 바벨론을 떠난 후 36일째로 아하와 강을 떠난 지 25일째(스 7:6-9, 8:15-36)

사건 5 하만이 제12월 13일에 유대인들을 죽이라는 조서를 써서 보낸 후 24일째(더 3:12)

오늘은 솔로몬이 건축한 성전의 외소(성소)와 내소(지성소)의 구조에 대해 살펴보겠습니다.

① 외소(성소)와 내소(지성소)의 구조

솔로몬 성전 자체의 크기는 장광고가 60규빗(약 27m, 1규빗 약 4.5m로 계산), 20규빗(약 9m), 30빗(약 13.5m)입니다(왕상 6:2). 그리고 성전 내부는 뒤쪽에서 20규빗 되는 곳에 백향목 널판으로 가로막아 성전의 내소(지성소)와 외소(성소)로 구분했습니다. 이 구분하는 벽은 백향목 널판으로 만들었습니다(왕상 6:16). 이 구분하는 벽, 곧 내소(지성소)로 들어가는 곳에 올리브(감람)나무로 문을 만들었는데 개역개정의 번역에 의하면 그 문인방과 문설주는 벽(30규빗)의 5분의 1인 6규빗(약 2.7m)의 크기의 정사각형 모양이었습니다(왕상 6:31, 개역개정은 '하미쉬트'(חֲמִשִׁית)를 1/5로 번역했고 바른성경, 공동번역, 표준새번역은 '하마쉬트'를 오각형으로 번역하여 '인방과 설주가 오각형이었다'로 번역합니다.). 외소의 문도 올리브(감람)나무로 문설주를 만들었는데 크기는 벽의 4분의 1인 7.5규빗(약 3.4m)이었습니다(왕상 6:33).

솔로몬 성전 내소(지성소)**와 외소**(성소)**의 상상도**
내소와 외소사이에 벽과 문이 있고 올라가는 계단이 있는 것 그리고 내소와 외소로 드나드는 문이 양쪽으로 접히는 문이라는 것에 동의하는데 그림의 내용 중 필자와 다른 의견인 것도 많다.

외소(성소)의 크기는 장광고가 40규빗, 20규빗, 30규빗이었고(왕상 6:17), 내소(지성소)의 크기는 장광고가 모두 20규빗이었습니다. 높이가 다른 이유는 내소(지성소)가 위치하는 곳에 큰 바위가 있었기 때문이었고 외소(성소)에서 내소(지성소)로 가기 위해서는 계단을 올라가야 했습니다.

계단을 통해 내소(지성소)로 올라간 이유는 내소(지성소) 가운데 큰 바위가 있었기 때문으로 내소(지성소)와 외소(성소)의 바닥 높이가 달랐기 때문입니다. 내소(지성소)에 위치했던 바위는 아브라함이 이삭을 번제로 드렸던 바위이고 (창 22:1-14), 오르난이 타작을 하던 곳이며 또한 인구조사를 함으로 범죄 한 다윗이 하나님께서 말씀하신 대로 번제를 드렸던 곳입니다. 다윗은 이 바위와 주변을 오르난에게서 산 후 하나님께 번제를 드렸고(대상 21:1-28) 성전이 지어질 장소로 정해 두었습니다.

아브라함이 이삭을 번제로 드리는 상상도
by The Holy Temple in Jerusalem

아브라함이 그 땅 이름을 여호와 이레라 하였으므로 오늘날까지 사람들이 이르기를 여호와의 산에서 준비되리라 하더라(창 22:14)
다윗이 거기서 여호와를 위하여 제단을 쌓고 번제와 화목제를 드려 여호와께 아뢰었더니 여호와께서 하늘에서부터 번제단 위에 불을 내려 응답하시고(대상 21:26) 여호와께서 천사를 명령하시매 그가 칼을 칼집에 꽂았더라(대상 21:27) 이때에 다윗이 여호와께서 여부스 사람 오르난의 타작 마당에서 응답하심을 보고 거기서 제사를 드렸으니(대상 21:28)
솔로몬이 예루살렘 모리아 산에 여호와의 전 건축하기를 시작하니 그곳은 전에 여호

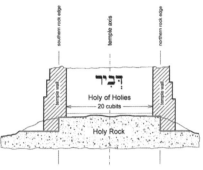

언약궤가 올려져 있던 내소(지성소) **중앙의 바위**
왼쪽 사진은 현재 황금돔 중앙에 있는 바위와 내소(지성소)의 크기를 비교한 것이고 오른쪽 그림은 구조도이다.

> **와께서 그의 아버지 다윗에게 나타나신 곳이요 여부스 사람 오르난의 타작 마당에 다**
> **윗이 정한 곳이라**(대하 3:1)

이처럼 내소(지성소)의 언약궤가 있었던 자리는 아브라함이 전능하신 여호와 하나님을 믿는 믿음의 터였고 하나님께서 택하신 다윗 왕이 자신의 범죄를 사함 받는 자리였습니다. 이곳이 내소(지성소)가 되고 언약궤가 놓였으며 일 년에 하루 속죄일에 대제사장이 드나들며 이스라엘의 모든 죄를 사함 받을 수 있었던 장소였습니다. 현재 이 장소는 아브라함이 이스마엘을 하나님께 드렸다고 믿고 이슬람의 창시자 마호메트가 승천한 장소로 알려져 그들의 3대 성지 중 하나가 되었고 황금돔이 세워져 있습니다.

❷ 외소(성소)와 내소(지성소)의 모습

솔로몬 성전 내부의 벽과 천정은 백향목 널판으로 입혔고 마루(바닥)는 잣나무 널판을 놓았고 금으로 입혔습니다(왕상 6:15, 30). 성전 안에 입힌 백향목에는 그룹들과 종려와 박과 핀 꽃을 아로새겼고 돌이 보이지 않게 했고 정금으로 입혔습니다(왕상 6:18, 21, 29).

여호와의 언약궤를 두기 위한 내소(지성소)는 백향목 널판으로 입힌 후 다시 정금을 입혔고 금으로 입힌 백향목 제단을 두었습니다(왕상 6:19-20). 내소(지성소)에는 올리브(감람)나무로 높이가 각각 10규빗인 두 그룹을 만들었습니다. 금으로 입혀진 두 그룹의 두 날개는 각각 5규빗(약 2.25m)이었고 두 그룹은 두 날개를 편 모양이었습니다. 두 그룹의 날개가 중앙에서 닿았고 각 그룹의 나머지 한 쪽 날개는 내소(지성소)의 양쪽 벽에 닿게 했습니다(왕상 6:23-28).

내소에 들어가는 올리브(감람)나무로 만든 두 문짝에 그룹과 종려와 핀 꽃을 아로새기고 금으로 입혔습니다(왕상 6:32). 외소 두 문짝은 잣나무로 만들었는데 양쪽 문이 모두 두 짝으로 접게 만들어졌습니다(왕상 6:34). 외소의 문짝에도 그룹들과 종려와 핀 꽃을 아로새기고 금으로 입혔습니다(왕상 6:35).

성도 여러분!
성전이 세워지는 과정에서 언약궤가 위치할 내소(지성소)의 위치가 아브라함에게 이삭을 번제로 드리라고 지정하셨던 장소였음을 볼 때 하나님께서는 1100년 정도의 간격을 두고 같은 장소에 뜻을 두시고 일하시는 모습을 볼 수 있습니다. 하나님께서는 시대마다 하나님의 언약을 받고 깨닫고 믿는 사람들에 통해 일하시는데 각 시대에 맞게 계획하신 대로 이루시며 시대마다 주인공은 바뀌지만 하나님의 구속사는 유유히 진행된다는 것을 고백하지 않을 수 없습니다. 오늘도 각자 내가 사는 이 시대에

도 하나님의 구속사가 진행되고 있음을 분명히 깨닫고 이 시대 나를 통해
이루실 구속사의 한 부분이 반드시 있다는 것을 깨닫고 그것을 감당하는
하루가 되시길 기도합니다.

7일

솔로몬이 언약궤를
지성소로 옮김

(왕상 8:1-4, 대하 5:2-5)

오늘 날짜가 언급된 성경 사건은 없습니다. 오늘 날짜가 포함된 사건은 다음과 같습니다.

사건 1 노아 601년 제1월 1일 땅 위에 물이 마른 지 37일째로 땅이 완전히 말라 제2월 27일에 방주를 나오기까지 방주에 머무름

사건 2 라암셋을 떠난 지 23일째 날이고 홍해를 건너 시내 반도로 들어와 광야를 걷기 시작한 16일째 날

사건 3 솔로몬 성전 건축 시작(솔로몬 4년 제2월 2일 주전 966년 4월 25일 수요일) 후 6일째

사건 4 주전 458년 2차 포로 귀환 시 제1월 1일 바벨론을 떠난 후 37일째로 아하와 강을 떠난 지 26일째(스 7:6-9, 8:15-36)

사건 5 하만이 제12월 13일에 유대인들을 죽이라는 조서를 써서 보낸 후 25일째 (더 3:12)

솔로몬은 성전을 완성한 후 언약궤를 지성소로 옮겼습니다. 성전 건축이 끝난 것은 제8월(불월)이고 그다음 해 제7월에 언약궤를 옮겼겠지만 오늘은 언약궤를 둘 내소(지성소)와 언약궤를 옮기는 것에 대해 살펴보겠습니다.

❶ 언약궤를 둘 지성소를 만듦

솔로몬은 여호와의 언약궤를 두기 위하여 성전 안에 내소('데비르', דְּבִיר, 신탁 장소, 지성소)를 마련했는데 열왕기상 6:19은 어순 도치되어 목적어 '내소를'과 부사어 '그 집(성전) 안쪽으로 중간에'가 강조되었습니다(왕상 6:19). 솔로몬이 만든 내소(지성소)의 크기는 장광고가 각각 20규빗인 정육면체 모양이었고 금으로 입혀졌습니다. 내소(지성소)에는 백향목 제단이 있었고 전체가 정금으로 입혀졌습니다(왕상 6:20). 솔로몬은 내소(지성소)와 외소(성소)를 전부 금으로 입혔고 내소(지성소) 앞에 금사슬로 늘어 뜨렸습니다(건너 질렀습니다)(왕상 6:21). 내레이터는 온 성전을 금으로 입히기를 마치고 내소(지성소)에 속한 제단 전부를 금으로 입혔다고 언급하는데(왕상 6:22) 6:22a는 어순 도치되어 목적어 '그리고 온 전을'('베에트-콜-하바이트', וְאֶת־כָּל־הַבַּיִת)이 강조되었고 6:22b는 어순 도치되어 목적어 '그 내소(지성소)에 속한 단의 전부를'('콜-하미즈베아흐 아쉐르-라데비르', כָּל־הַמִּזְבֵּחַ אֲשֶׁר־לַדְּבִיר צִפָּה זָהָב)을 강조하고 있습니다.

내소(지성소)와 외소(성소) 사방 벽은 모두 그룹들과 종려와 핀 꽃 형상을 새겼는데 어순 도치되어 목적어인 '그 전의 사면 모두를'이 강조되었습니다(왕상 6:29). 또한 내외소(지성소와 성소) 성전 마루에도 금을 입혔는데 어순 도치되어 목적어 '그 성전 마루를'이 강조되었습니다(왕상 6:30). 내소에 들어가는 곳에 올리브(감람)나무로 문을 만들었는데 어순 도치되어 목적어 '그 내소(지성소) 입구를'이 강조되었습니다(왕상 6:31). 두 문짝에 그룹 조각과 종려와 핀 꽃을 아로새기고 금을 입혔고, 벽의 1/5인(4규빗) 문인방과 문설주를 만들었는데 6:32b와 32c는 '접속사-완료'를 써서 목적어인 '그룹 조각과 종려와 핀 꽃을'과 '금을'에 관심을 두게 하고 6:32d는 '와우계속법-미완료'(기본형식)를 사용하여 '그룹들과 종려나무들에 금을 입혔다'고 다시 반복했습니다(왕상 6:32).

② 언약궤를 다윗성에서 성전의 지성소로 옮김

솔로몬은 여호와의 언약궤를 '다윗 성'(시온)에서 메어 올리려고 이스라엘 장로와 모든 지파의 우두머리인 이스라엘 자손의 족장들을 예루살렘으로 소집했습니다. 솔로몬이 언약궤를 옮기는 사건은 부사어 '아즈'(אָז, 이에)를 써서 앞 사건과 구분합니다(왕상 8:1, 대하 5:2). 이스라엘 모든 사람이 제7월(에다님월) 절기에 솔로몬 왕에게 모였고 이스라엘 장로들이 다 모인 후 제사장들이 궤와 회막과 성막 안의 모든 거룩한 기구들을 메고 올라갔습니다(제7월 8일 솔로몬 솔로몬이 성전 낙성식을 행함①(언약궤를 다윗성에서 지성소로 옮김) 참조). 제사장들은 언약궤를 성전의 지성소 그룹들의 날개 아래로 옮겼습니다. 그룹들은 언약궤 처소 위에서 날개를 펴 궤와 그 채를 덮었고 채가 길므로 채 끝이 내소 앞 성소에서 보이나 밖에서는 보이지 않았습니다(왕상 8:6-8, 대하 5:7-8).

오른쪽 그림 '내소(지성소)의 상상도' 중 동의 되지 않는 것은 언약궤에 연결된 채의 방향과 아론의 싹 난 지팡이와 만나 담은 항아리가 언약궤 옆에 그려진 것입니다. 열왕기상 8:8은 '내소(지성소) 앞에서는 보이나 밖에서는 채 끝이 보이지 않았다'고 언급하기에 채의 방향은 동서방향이 아니라 남북방향으로 그려져야 하고, 채의 길이도 성막의 지성소의 크기가 10규빗이었기에 10규빗 이하여야 하는데 그림에서는 너무 길게 그렸습니다. 그러므로 채는 언약궤의 길이 방향(1.5규빗 쪽, 남북방향)으로 10규빗 이하로 표현되어야 합니다. 또한 그림에서 아론의 싹 난 지팡이와 만나 담은 항아리가 궤 옆에 그려진 것은 **'그 궤 안에는 두 돌판 외에 아무것도 없으니 이것은 이스라엘 자손이 애굽 땅에서 나온 후 여호와께서 저희와 언약을 맺으실 때에 모세가 호렙에서 그 안에 넣은 것이더라'**(왕상 8:9)는 언급 때문일 것입니다. 하지만 아론의 싹 난 지팡이와 만나 담은 항아리는 두 돌판 앞인 언약궤 안에 들어있었어야 정상이기에 사라진 것으로 생각됩니다. 히브리서 저자도 언약궤 안에

내소(지성소)**의 상상도**
내소에는 백향목으로 만들고 정금으로 입혀진 단과 두 그룹 그리고 언약궤가 있었다.
출처 "The Holy Temple in Jerusalem" by Carta Jerusalem

만나 담은 금항아리와 아론의 싹 난 지팡이와 언약의 돌판들이 들어있다
(히 9:4)고 언급했습니다.

> **금 향로와 사면을 금으로 싼 언약궤가 있고 그 안에 만나를 담은 금 항아리와 아론의**
> **싹 난 지팡이와 언약의 돌판들이 있고**(히 9:4)

요시야 왕은 종교개혁을 한 후 **"거룩한 궤를 이스라엘 왕 다윗의 아들 솔로몬이 건**
축한 전 가운데 두고 다시는 어깨에 메지 말라"(대하 35:3)고 말했습니다. 솔로몬이 성
전건축을 한 후에도 언약궤의 이동이 있었음은 분명한데 솔로몬 성전이
지어지기 전에는 더 많은 언약궤의 이동이 있었음을 알 수 있습니다. 이
렇게 언약궤가 이동되던 중 언약궤 속을 들여다보는 사건이 있었음을 볼
때(삼상 6:19) 언약궤 속의 만나 담은 항아리와 아론의 싹 난 지팡이의 분실
가능성이 큽니다.

> **또 여호와 앞에 구별되어서 온 이스라엘을 가르치는 레위 사람에게 이르되 거룩한 궤**

를 이스라엘 왕 다윗의 아들 솔로몬이 건축한 전 가운데 두고 다시는 너희 어깨에 메지 말고 마땅히 너희의 하나님 여호와와 그의 백성 이스라엘을 섬길 것이라(대하 35:3) 벧세메스 사람들이 여호와의 궤를 들여다 본 까닭에 그들을 치사 (오만) 칠십 명을 죽이신지라 여호와께서 백성을 쳐서 크게 살륙하셨으므로 백성이 슬피 울었더라(삼상 6:19)

성도 여러분!

하나님의 임재의 상징인 언약궤가 사람들의 필요에 의해 이리저리 옮겨졌습니다. 그로 인해 언약궤 안에 있던 광야 40년 동안 하나님께서 먹이셨던 증거인 만나 담은 항아리와 하나님께서 역사하심의 상징인 아론의 싹 난 지팡이를 분실했습니다. 이 시대를 사는 우리는 혹시 하나님의 함께 하심과 능력을 믿음 생활이 아닌 내 개인의 생활(사회생활)에 도움이 되는 쪽으로 활용하지는 않는지 고민해 보아야 할 것입니다. 오늘도 내 생활 가운데 함께 하시는 하나님의 임재를 경험하며 내 필요를 위해서가 아니라 하나님의 구속사를 이루기 위한 일에 하나님께서 주신 능력을 사용하는 하루가 되시길 기도합니다.

하나님께서 솔로몬에게
두 번 나타나심(왕상 9:1-9)

오늘 날짜가 언급된 성경 사건은 없습니다. 오늘 날짜가 포함된 사건은 다음과 같습니다.

사건 1 노아 601년 제1월 1일 땅 위에 물이 마른 지 38일째로 땅이 완전히 말라 제2월 27일에 방주를 나오기까지 방주에 머무름

사건 2 라암셋을 떠난 지 24일째 날이고 홍해를 건너 시내 반도로 들어와 광야를 걷기 시작한 17일째 날

사건 3 솔로몬 성전 건축 시작(솔로몬 4년 제2월 2일 주전 966년 4월 25일 수요일) 후 7일째

사건 4 주전 458년 2차 포로 귀환 시 제1월 1일 바벨론을 떠난 후 38일째로 아하와 강을 떠난 지 27일째(스 7:6-9, 8:15-36)

사건 5 하만이 제12월 13일에 유대인들을 죽이라는 조서를 써서 보낸 후 26일째(더 3:12)

솔로몬은 성전을 완성한 후 하나님께 기도를 드렸습니다. 솔로몬의 기도를 들으신 하나님께서는 솔로몬에게 두 번 나타나셔서 말씀하셨습니다. 오늘은 두 번 나타나셔서 하신 말씀을 살펴보겠습니다.

❶ 솔로몬에게 나타나셔서 하신 첫 번째와 두 번째 말씀의 비교

오늘 본문 열왕기상 9:1-9은 성전을 봉헌하며 솔로몬이 하나님께 드린 기도를 들으시고 하나님께서 응답하신 내용입니다. 그런데 이 말씀은 성전 건축 후 바로 말씀하시는 것이 아니라 자기가 이루기를 원하던 모든 것을 마친 때 곧 솔로몬이 자신의 왕궁까지 건축한 후 하신 말씀으로 솔로몬 통치 후반기에 있었던 사건입니다(왕상 9:1-2).

솔로몬이 여호와의 성전과 왕궁 건축하기를 마치며 자기가 이루기를 원하던 모든 것을 마친 때에(왕상 9:1) **여호와께서 전에 기브온에서 나타나심 같이 다시 솔로몬에게 나타나사**(왕상 9:2)

솔로몬은 통치를 시작한 후 기브온에서 일천번제를 드리고 기도하여 첫 번째 말씀을 들었습니다(왕상 3:4-14). 솔로몬은 그의 통치 4년에 성전을 짓기 시작하여 약 6년 6개월 동안 성전을 지었고 이후 자신의 왕궁을 13년 동안 지었습니다. 그렇기에 하나님께서 솔로몬에게 두 번째 나타나신 시점은 그의 통치 24년 이후임을 알 수 있습니다.

하나님께서 솔로몬에게 말씀하신 내용은 두 번 다 긍정적인 권고와 미래에 대한 약속이 들어 있습니다. 그런데 성전과 왕궁을 지은 후 하시는 두 번째 말씀에는 솔로몬과 그의 왕국이 범죄 한다면 심판하시겠다는 말씀이 있는 것이 차이점입니다. 솔로몬은 이미 성전과 왕궁을 건축하기 전에도 애굽 왕 바로의 딸의 아내로 맞아들여 정치적인 관계를 통해 번영하려는 시도도 했습니다. 그러나 이때는 그래도 하나님께 기도하며 '듣는 마음'(레브 쇼메아, לֵב שֹׁמֵעַ, 개역성경은 '지혜'로 번역함)을 달라고 기도한 지 얼마 지나지 않은 때였습니다(왕상 3:7-9). 여러 사람의 소리를 듣고 잘 판결하겠다는 의지였지만 하나님의 말씀을 잘 듣겠다는 의미도 들어 있다고 생각되기에 초기에는 신앙적으로 통치를 했던 것으로 생각됩니다.

> **나의 하나님 여호와여 주께서 종으로 종의 아버지 다윗을 대신하여 왕이 되게 하셨사오나 종은 작은 아이라 출입할 줄을 알지 못하고**(왕상 3:7) **주께서 택하신 백성 가운데 있나이다 그들은 큰 백성이라 수효가 많아서 셀 수도 없고 기록할 수도 없사오니**(왕상 3:8) **누가 주의 이 많은 백성을 재판할 수 있사오리이까 듣는 마음을 종에게 주사 주의 백성을 재판하여 선악을 분별하게 하옵소서**(왕상 3:9)

하나님께서 첫 번째 나타나셨을 때 솔로몬이 구한 것이 하나님 마음에 들었습니다(왕상 3:10). 솔로몬이 통치 초기 하나님께 장수나 부, 원수의 생명 멸하는 것을 구하지 않고 당신의 백성을 잘 다스리기 위해 오직 송사를 듣고 분별하는 지혜를 구한 것을 하나님께서 기뻐하셨습니다. 하나님께서 지혜도 주시고 그가 구하지 않은 부귀와 영광도 주셨습니다(왕상 3:11-13).

> **이에 하나님이 그에게 이르시되 네가 이것을 구하도다 자기를 위하여 장수하기를 구하지 아니하며 부도 구하지 아니하며 자기 원수의 생명을 멸하기도 구하지 아니하고 오직 송사를 듣고 분별하는 지혜를 구하였으니**(왕상 3:11) **내가 네 말대로 하여 네게 지혜롭고 총명한 마음을 주노니 네 앞에도 너와 같은 자가 없었거니와 네 뒤에도 너와 같은 자가 일어남이 없으리라**(왕상 3:12) **내가 또 네가 구하지 아니한 부귀와 영광도 네게 주노니 네 평생에 왕들 중에 너와 같은 자가 없을 것이라**(왕상 3:13)

하나님께서는 마지막으로 **"네가 만일 네 아버지 다윗이 행함 같이 내 길로 행하며 내 법도와 명령을 지키면 내가 또 네 날을 길게 하리라"**(왕상 3:14)는 약속을 하시며 첫 번째 말씀을 끝내셨습니다. 그런데 두 번째 나타나셔서 하신 말씀은 솔로몬이 주변 나라들과의 정치적 동맹관계를 통해(두로와는 성전과 왕궁을 짓기 위해 협조한 내용이 나타남) 최고로 번성하고 있지만 종교적으로는 후퇴하는 상황이었기 때문에 다시 한번 기회를 주시겠다는 선언을 하신 것으로 생각됩니다. 여호와 하나님께서는 말씀에 순종한다면 번영할 것이지만 그렇지 않고 떠난다면 심판하시겠다는 경고의 말씀을 하셨던 것입니다. 이제 두 번째 하신 말씀에 대해 살펴보겠습니다.

❷ 하나님께서 솔로몬에게 두 번째 나타나셔서 하신 말씀(왕상 9:3-9)

하나님께서는 먼저 **"네 기도와 네가 내 앞에서 간구한 바를 내가 들었은즉 나는 네가 건축한 이 성전을 거룩하게 구별하여 내 이름을 영원히 그곳에 두며 내 눈길과 내 마음이 항상 거기에 있으리니"**(왕상 9:3)라고 약속하셨습니다.

וְהָיוּ עֵינַי וְלִבִּי שָׁם כָּל־ הַיָּמִים:

'베하유 에나이 벨립비 샴 콜-하야임' 나의 눈과 나의 마음이 항상 거기 있을 것이다

이후 솔로몬과 그가 통치하는 나라가 영원히 견고할 수 있는 방법을 말씀하셨습니다. 그것은 하나님께서 명령하신 대로 온갖 일에 순종하며 하나님의 법도와 율례를 지키는 것이었습니다(왕상 9:4-5). 하나님께서는 현재 솔로몬의 신앙이 처음과는 많이 달라지셨음을 아셨고 그에게 한 번 더 기회를 주시고 있는 것으로 생각됩니다.

> 네가 만일 네 아버지 다윗이 행함 같이 마음을 온전히 하고 바르게 하여 내 앞에서 행하며 내가 네게 명령한 대로 온갖 일에 순종하여 내 법도와 율례를 지키면(왕상 9:4) 내가 네 아버지 다윗에게 말하기를 이스라엘의 왕위에 오를 사람이 네게서 끊어지지 아니하리라 한 대로 네 이스라엘의 왕위를 영원히 견고하게 하려니와(왕상 9:5)

하나님께서는 당신의 말씀을 순종한다면 영원한 왕권을 약속하셨지만 신앙적으로 돌아서서 다른 신을 섬긴다면 이스라엘 백성들을 약속의 땅에서 쫓아내시고 영원히 머무시겠다고 약속하셨던 성전도 던져버리시겠다고 말씀하셨습니다(왕상 9:6-7).

> 그런데 솔로몬이 만일 너희나 너희의 자손이 아주 돌아서서 나를 따르지 아니하며 내가 너희 앞에 둔 나의 계명과 법도를 지키지 아니하고 가서 다른 신을 섬겨 그것을 경배하면(왕상 9:6) 내가 이스라엘을 내가 그들에게 준 땅에서 끊어 버릴 것이요 내 이름을 위하여 내가 거룩하게 구별한 이 성전이라도 내 앞에서 던져버리리니 이스라엘은 모든 민족 가운데에서 속담거리와 이야기거리가 될 것이며(왕상 9:7)

만약 솔로몬과 백성들이 여호와 하나님을 떠나 하나님께서도 성전을 떠나시고 성전이 황폐하게 된다면 지나가는 사람들이 "여호와께서 무슨 까닭으로 이 땅과 이 성전에 이같이 행하셨는고"라며 비웃으며 묻고 "그들이 그들의 조상들을 애굽 땅에서 인도하여 내신 그들의 하나님 여호와를 버리고 다른 신을 따라가서 그를 경배하여 섬기므로 여호와께서 이 모든 재앙을 그들에게 내리심이라"라고 말하며 비웃을 것이라(왕상 9:8-9)고 말씀하셨습니다.

> 이 성전이 높을지라도 지나가는 자마다 놀라며 비웃어 이르되 여호와께서 무슨 까닭으로 이 땅과 이 성전에 이같이 행하셨는고 하면(왕상 9:8)
> 대답하기를 그들이 그들의 조상들을 애굽 땅에서 인도하여 내신 그들의 하나님 여호와를 버리고 다른 신을 따라가서 그를 경배하여 섬기므로 여호와께서 이 모든 재앙을 그들에게 내리심이라 하리라 하셨더라(왕상 9:9)

그러나 솔로몬은 여호와 하나님의 경고 말씀을 듣지 않고 마음을 돌려 이스라엘의 하나님 여호와를 떠났습니다. 하나님께서는 다시 솔로몬에게 나타나셔서 "네게 이러한 일이 있었고 또 네가 내 언약과 내가 네게 명령한 법도를 지키지 아니하였으니 내가 반드시 이 나라를 네게서 빼앗아 네 신하에게 주리라'라고 선언하셨습니다.

> 솔로몬이 마음을 돌려 이스라엘의 하나님 여호와를 떠나므로 여호와께서 그에게 진노하시니라 여호와께서 일찍이 두 번이나 그에게 나타나시고(왕상 11:9) 이 일에 대하여 명령하사 다른 신을 따르지 말라 하셨으나 그가 여호와의 명령을 지키지 않았으므로(왕상 11:10) 여호와께서 솔로몬에게 말씀하시되 네게 이러한 일이 있었고 또 네가 내 언약과 내가 네게 명령한 법도를 지키지 아니하였으니 내가 반드시 이 나라를 네게서 빼앗아 네 신하에게 주리라(왕상 11:11)

성도 여러분!

하나님께서는 신앙적으로 자신에게 맡기신 하나님의 백성을 잘 통치하려고 한 솔로몬에게 지혜뿐 아니라 그가 구하지 않은 부귀와 영광도 주셨습니다. 그리고 솔로몬 통치 중반기에 나타나셔서 신앙적으로 약해진 그에게 다시 한번 말씀하시며 신앙에 머물 것을 말씀하시고 순종할 때 그의 왕국이 영원할 것을 약속하셨습니다. 이제 이 시대를 사는 나의 신앙 모습을 돌아봅시다. 어렵고 힘들 때 하나님의 도움을 구하며 열심히 신앙생활을 했던 때를 기억합시다. 그리고 하나님의 도우심으로 현재 부와 영광을 누리고 있다면 그 누리는 부와 영광이 영원할 수 있도록 더욱 믿음이 강해지고 하나님의 명령에 순종하는 삶이 되도록 합시다. 오늘도 믿음의 선배 솔로몬이 갔던 길을 묵상하며 책망받을 행동을 하고 있다면 경고하실 때 돌이키고 하나님께서 원하시는 길을 잘 가고 있다면 더욱 하나님의 도우심을 구하는 하루가 되시길 기도합니다.

하나님을 떠난
솔로몬의 통치
(왕상 10:14-29, 11:1-13)

제2月

오늘 날짜가 언급된 성경 사건은 없습니다. 오늘 날짜가 포함된 사건은 다음과 같습니다.

사건 1 노아 601년 제1월 1일 땅 위에 물이 마른 지 39일째로 땅이 완전히 말라 제2월 27일에 방주를 나오기까지 방주에 머무름

사건 2 라암셋을 떠난 지 25일째 날이고 홍해를 건너 시내 반도로 들어와 광야를 걷기 시작한 18일째 날

사건 3 솔로몬 성전 건축 시작(솔로몬 4년 제2월 2일 주전 966년 4월 25일 수요일) 후 8일째

사건 4 주전 458년 2차 포로 귀환 시 제1월 1일 바벨론을 떠난 후 39일째로 아하와 강을 떠난 지 28일째(스 7:6-9, 8:15-36)

사건 5 하만이 제12월 13일에 유대인들을 죽이라는 조서를 써서 보낸 후 27일째 (더 3:12)

하나님께서는 모세에게 이스라엘 백성들이 왕을 구할 것을 이미 말씀해 주셨습니다. 그리고 하나님께서는 왕을 주실 것을 약속하셨습니다. 그런데 하나님께서 세우신 왕들이 하지 말아야 할 일 세 가지와 해야 할 일 한 가지를 모세를 통해 말씀하셨습니다. 오늘은 모세에게 말씀하셨던 왕들이 하지 말아야 할 일들과 솔로몬이 왕이 되어 한 일을 살

펴보겠습니다.

❶ 모세에게 주신 왕이 지켜야 할 규례

하나님께서는 모세를 통해 모압 평지에서 이스라엘 백성들에게 말씀하셨습니다. 모세는 이스라엘 백성들에게 **"네가 네 하나님 여호와께서 네게 주시는 땅에 이르러 그 땅을 차지하고 거주할 때에 만일 우리도 우리 주위의 모든 민족들 같이 우리 위에 왕을 세워야겠다는 생각이 나거든**(신 17:14) **반드시 네 하나님 여호와께서 택하신 자를 네 위에 왕으로 세울 것이며 네 위에 왕을 세우려면 네 형제 중에서 한 사람을 할 것이요 네 형제 아닌 타국인을 네 위에 세우지 말라"**(신 17:15)고 말했습니다. 그리고 왕이 하지 말아야 할 일 세 가지와 행해야 할 일 한 가지를 알려주었습니다.

왕이 된 자가 하지 않아야 할 것에 대해 첫째, '병마를 많이 두지 말지니라 그리고 병마를 많이 얻으려고 그 백성을 애굽으로 돌아가게 말지니라'고 말씀하셨습니다. 모세는 어순 도치하여 주어인 '여호와께서'를 강조하며 **"여호와께서 너희들에게 말씀하셨다"**(신 17:16b)라고 강조하며 **"너희가 이후에는 그 길로 다시 돌아가지 말 것이라"**라고 말씀하셨다고 알려 주었습니다. 계속해서 둘째, '그(왕)에게 아내를 많이 두어 그의 마음이 미혹되게 하지 말 것이라' 셋째, '자기를 위하여 은금을 많이 쌓지 말지니라'(신 17:17)고 말씀하셨습니다. 신명기 17:17c는 어순 도치되어 목적어인 '은과 금을'이 강조되어 '그리고 그는 은과 금을 자기를 위하여 많이 쌓지 말라'고 기록되었습니다.

모세는 왕이 된 자가 해야 할 한 가지에 대해 **"그가 왕위에 오르거든 이 율법서의 등사본을 레위 사람 제사장 앞에서 책에 기록하여**(18) **평생에 자기 옆에 두고 읽어 그의 하나님 여호와 경외하기를 배우며 이 율법의 모든 말과 이 규례를 지켜 행할 것이라**(19) **그리**

하면 그의 마음이 그의 형제 위에 교만하지 아니하고 이 명령에서 떠나 좌로나 우로나 치우치지 아니하리니 이스라엘 중에서 그와 그의 자손이 왕위에 있는 날이 장구하리라"(신 17:18-20)고 하나님 말씀을 전했습니다. 신명기 17:18부터 '와우계속법-완료'로 진행되던 문장은 신명기 17:19c와 20절에서 '미완료'로 기술되며 '그가'(왕이 된자)에 집중하게 합니다. 이것은 왕이 된 '그가' 율법의 말씀을 잘 '배우면' 교만하지 않고 좌로나 우로나 치우치지 않을 것인데 '그와 그의 자손이' 왕위에 있는 날이 '장구할' 것에 관심을 두게 합니다.

❷ 왕이 된 솔로몬의 행한 일

하나님으로부터 지혜를 받은 솔로몬은 그의 통치 초기에 사람들의 말을 잘 듣고 잘 분별하여 판결을 내림으로 그에 대한 칭찬이 여러 나라에 알려졌습니다. 그런데 그의 나중 통치에 대한 열왕기 저자의 언급을 살펴보면 모세를 통해서 하지 말라고 한 세 가지 일을 모두 행한 것을 알 수 있습니다.

첫째, 솔로몬은 '병마를 많이 두지 말지니라 그리고 병마를 많이 얻으려고 그 백성을 애굽으로 돌아가게 말지니라'(신 17:16)는 말씀이 있었음에도 애굽에서 말들을 많이 들여왔습니다. 솔로몬은 말과 병거를 애굽에서 들여다가 헷 족속과 아람에 되팔았습니다(왕상 10:28-29).

애굽에서 솔로몬이 수입한 말과 병거

솔로몬의 말들은 애굽에서 들여왔으니 왕의 상인들이 값주고 산 것이며(왕상 10:28)
애굽에서 들여온 병거는 한 대에 은 육백 세겔이요 말은 한 필에 백오십 세겔라 이

와 같이 헷 사람의 모든 왕과 아람 왕들에게 그것들을 되팔기도 하였더라(왕상 10:29)

솔로몬이 말을 많이 들여온 이유는 다른 나라에 팔기 위한 목적도 있었지만 그가 만든 세 개의 병거성에(하솔, 므깃도, 게셀) 두고 군사력을 키워 주변 나라와의 전쟁을 대비하며 국방을 튼튼히 하기 위한 목적이 있었습니다(왕상 9:15, 10:26). 이것은 여호와 하나님께서 병거와 마병이시며 구원은 하나님께 있다는 다

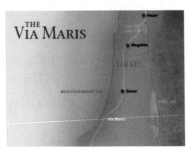

솔로몬이 만든 병거성(하솔, 므깃도, 게셀)
해변 길('비아 마리스')를 장악하여 경제적 이익을 보고 국방을 튼튼하게 하기 위한 병거성이다.

윗의 믿음 고백과는 전혀 다른 것이었습니다. 솔로몬은 하나님께서 지켜 주신다는 믿음보다는 주변 나라들과의 관계에서 군사력으로 안전을 도모했습니다.

> 솔로몬 왕이 역군을 일으킨 까닭은 이러하니 여호와의 성전과 자기 왕궁과 밀로와 예루살렘 성과 하솔과 므깃도와 게셀을 건축하려 하였음이라(왕상 9:15)
> 솔로몬이 병거와 마병을 모으매 병거가 천사백 대요 마병이 만이천 명이라 병거성에도 두고 예루살렘 왕에게도 두었으며(왕상 10:26)

둘째, '그(왕)에게 아내를 많이 두어 그의 마음이 미혹되게 하지 말 것이라'(신 17:17a)는 말씀이 있었음에도 솔로몬은 왕이 되어 후궁이 700명과 첩 300명을 두었습니다(왕상 11:3). 열왕기 저자는 '여호와께서 일찍이 이 여러 백성에 대하여 이스라엘 자손에게 말씀하시기를 너희는 그들과 서로 통혼하지 말며 그들도 너희와 서로 통혼하게 하지 말라 그들이 반드시 너희의 마음을 돌려 그들의 신들을 따르게 하리라'(왕상 11:2)고 말씀하셨지만 솔로몬 왕이 바로의 딸 외에 이방의 많은 여인 곧 모압과 암몬

과 에돔과 시돈과 헷 여인들을 사랑했다(왕상 11:1)고 언급합니다. 문제는 이 이방 여인이 솔로몬이 나이가 많아졌을 때 그의 마음을 돌려 다른 신을 믿게 했다는 것입니다(왕상 11:4-5).

제 2 月

> 솔로몬의 나이가 많을 때에 그의 여인들이 그의 마음을 돌려 다른 신들을 따르게 하였으므로 왕의 마음이 그의 아버지 다윗의 마음과 같지 아니하여 그의 하나님 여호와 앞에 온전하지 못하였으니(왕상 11:4) 이는 시돈 사람의 여신 아스다롯을 따르고 암몬 사람의 가증한 밀곰을 따름이라(왕상 11:5)

솔로몬 왕은 그의 아버지 다윗처럼 여호와를 온전히 따르지 않고 여호와의 눈앞에서 악을 행했는데 모압의 그모스와 암몬의 몰록을 위해 산당을 지었고 그 외 다른 이방 여인들을 위하여도 산당을 지어 각자 이방 신에게 분향하고 제사하게 했습니다(왕상 11:6-8). 하나님께서 거하실 성전을 만들었던 솔로몬은 얼마 지나지 않아 이방 신에게 제사를 드리는 신전을 기드론 골짜기 건너편 솔로몬 성전에서 아주 잘 보이는 위치인 멸

기드론 골짜기를 가운데 두고 솔로몬 성전과 마주 보게 만들어진 이방 신전들

망산에 만들었습니다. 정말 아이러니 한 일인데 마침내 솔로몬은 마음을 돌려 이스라엘의 하나님 여호와를 떠났고 여호와께서 일찍이 두 번이나 그에게 나타나셔서 책망하셨습니다. 그러나 이미 마음이 떠난 솔로몬 왕은 여호와의 명령을 지키지 않았습니다(왕상 11:9-10).

솔로몬이 마음을 돌려 이스라엘의 하나님 여호와를 떠나므로 여호와께서 그에게 진노하시니라 여호와께서 일찍이 두 번이나 그에게 나타나시고(왕상 11:9) **이 일에 대하여 명령하사 다른 신을 따르지 말라 하셨으나 그가 여호와의 명령을 지키지 않았으므로**(왕상 11:10)

셋째, '자기를 위하여 은금을 많이 쌓지 말지니라'(신 17:17b)는 말씀이 있었음에도 솔로몬에게 일 년 동안 들어오는 금의 무게가 666달란트(1달란트 약 34kg이므로 22,644kg)였습니다. 정작 이스라엘 땅에서는 금이 나오지 않습니다. 솔로몬이 가진 금은 모두 무역을 통해 다른 나라로부터 수입한 것이었습니다(왕상 10:22). 솔로몬은 금이 너무 많아서 금이 600세겔(1세겔이 약 11.4g이므로 6.84kg) 들어가는 큰 방패 200개를 만들었고 3마네(1마네가 약 571g이므로 약 1.7kg)가 들어간 작은 방패 300개를 만들었습니다(왕상 10:16-17). 또한 그는 상아로 큰 보좌를 만든 후 정금으로 입혔고 마시는 모든 그릇을 금으로 만들었습니다(왕상 10:18-21). 솔로몬은 많은 금으로 자기를 위해 쌓고 기구를 만들어 씀으로 하나님께서 하신 말씀을 거역했습니다.

솔로몬 왕은 하나님께서 주신 지혜를 사용하여 세상의 그 어느 왕보다 큰 자가 되었습니다. 온 세상 사람들은 솔로몬을 보기 원했고 해마다 예물을 가져와 만났습니다(왕상 10:23-24). 솔로몬은 예루살렘에서 은을 돌 같이 흔하게 하고 백향목을 평지의 뽕나무 같이 많게 했습니다(왕상 10:27). 하지만 솔로몬 왕은 하나님께서 모세를 통해 말씀하신 왕이 된 자가 하지 않아야 할 일 세 가지 모두를 행했습니다. 이에 하나님께서는 솔로몬에게 "이 나라를 네게서 빼앗아 네 신하에게 주리라"라고 선언하셨습니다(왕상 11:11-13). 하나님께서는 '카라'(קָרַע, 찢다, 잡아 째다, 찢어서 조각을 내다)의 '절대부정사'를 동족목적어 겹쳐 '카로아 엘라'(קָרֹעַ אֶקְרַע, 반드시 빼앗을 것이다)라고 말씀하심으로 강조하셨습니다(왕상 11:11d). 열왕기상 11:12a와 12b는 어순 도치되어 부사어 '네 생전에는'과 '네 아들의 손에서'가 강조되어 다윗으로 인해 솔로몬 당대에는 행하지 않으시고 솔로몬 아들의 손에서 빼앗을 것을 강조해서 말씀하셨습니다. 또한 11:13a와 13b도 어순 도치되어 목적어인 '이 나라 전부를'과 '한 지파를'이 강조되어 솔로몬의 아들에게서 '모든 나라를' 빼앗지 않으시고 '한 지파를' 주시겠다고 선언하셨습니다. 하나님의 말씀은 그의 아들 르호보암 때 정확히 말씀대로 이루어졌습니다.

> 여호와께서 솔로몬에게 말씀하시되 네게 이러한 일이 있었고 또 네가 내 언약과 내가 네게 명령한 법도를 지키지 아니하였으니 내가 반드시 이 나라를 네게서 빼앗아 네 신하에게 주리라(왕상 11:11) 그러나 네 아버지 다윗을 위하여 네 세대에는 이 일을 행하지 아니하고 네 아들의 손에서 빼앗으려니와(왕상 11:12) 오직 내가 이 나라를 다 빼앗지 아니하고 내 종 다윗과 내가 택한 예루살렘을 위하여 한 지파를 네 아들에게 주리라 하셨더라(왕상 11:13)

성도 여러분!

하나님께서는 부모세대가 열심히 하나님의 일을 한 대가로 그 자식에게 축복을 주시겠다고 약속하시고 행하시는 분이시지만 그 아들이 잘못할 때 그 아들의 아들에게서 잘못한 대가를 찾으시는 분입니다. 나의 생활 속에 나의 부모님이 하나님의 일을 잘 감당함으로 누리는 복을 감사하고 또한 내 신앙의 잘못으로 나의 다음 세대가 고통을 받을 수 있다는 것을 잊지 마시기 바랍니다. 오늘도 하나님의 구속사를 잘 감당하는 내 믿음의 삶이 나의 다음 세대, 내가 속한 공동체의 다음 세대에게 영향을 주어 그들이 하나님의 구속사를 이어받아 잘 감당할 수 있다는 것을 깨닫고 하나님께 감사하는 하루가 되시길 기도합니다.

10일

방주로 들어가라!

(창 7:1-9)

제
2
月

오늘 날짜가 언급된 성경 사건은 방주를 다 지은 노아에게 하나님께서 나타나신 사건이 있습니다. 오늘 날짜가 포함된 사건은 다음과 같습니다.

사건 1 방주를 다 지은 노아에게 하나님께서 두 번째 나타나심

사건 2 노아 601년 제1월 1일 땅 위에 물이 마른 지 40일째로 땅이 완전히 말라 제2월 27일에 방주를 나오기까지 방주에 머무름

사건 3 라암셋을 떠난 지 26일째 날이고 홍해를 건너 시내 반도로 들어와 광야를 걷기 시작한 19일째 날

사건 4 솔로몬 성전 건축 시작(솔로몬 4년 제2월 2일 주전 966년 4월 25일 수요일) 후 9일째

사건 5 주전 458년 2차 포로 귀환 시 제1월 1일 바벨론을 떠난 후 40일째로 아하와 강을 떠난 지 29일째(스 7:6-9, 8:15-36)

사건 6 하만이 제12월 13일에 유대인들을 죽이라는 조서를 써서 보낸 후 28일째 (더 3:12)

아담력 1656년(창세기 5장 족장들의 나이 계산을 통해), 서기력 2458년, 노아 600세, 제2월 10일에 하나님의 말씀이 노아에게 다시 임했습니다. 오늘은 하나님의 명령대로 방주를 짓고 방주로 들어가는 노아와 그의 가

족들에 대해 살펴보겠습니다.

❶ 방주를 지으라는 하나님의 말씀이 임한 때

성경에는 하나님께서 노아에게 나타나셔서 '방주를 지으라!'는 단 한 번의 계시가 임한 것으로 나타납니다. 하나님께서 노아에게 계시하신 때가 노아의 나이로 언제인지 두 가지로 나누어 생각해 보겠습니다.

첫째, 하나님께서 노아에게 나타나셔서 방주를 만들라고 말씀하신 것을 기록한 창세기 6:13은 **"그리고 하나님이 노아에게 말씀하셨다"**로 '와우계속법-미완료'가 쓰였습니다. 이 '와우계속법-미완료'는 창세기 6:10에서 **"그리고 그가(노아) 세 아들을 셈과 함과 야벳을 낳았다"**부터 계속된 사건으로 '그리고 그가(노아) 세 아들을 … 낳았다(창 6:10) 그리고 온 땅이 … 패괴했다(6:11a) 그리고 … 땅에 충만했다(6:11b) 그리고 하나님께서 … 보셨다(6:12a) 그리고 … 패괴했다(6:12b) 그리고 하나님이 노아에게 말씀하셨다(6:13)'로 진행되었음을 보여줍니다. '와우계속법-미완료'로 계속 서술된 사건들을 통해 하나님의 말씀이 노아에게 임했을 때 이미 노아에게는 세 아들이 있었음을 알 수 있습니다. 그리고 '노아는 500세 된 후에 아들들을 낳았다'(창 5:32)는 언급과 '셈의 계보는 이렇다 셈이 백세 때, 곧 홍수 후 이년에 아르박삿을 낳았다'(창 11:10)는 언급을 통해 셈이 노아 502세에 태어났다는 것을 알 수 있습니다. 셈이 장자이고 두 형제가 태어나는 간격을 2년이라고 생각하면 하나님께서 말씀하신 때는 최소한 노아 506세 이후가 되어야 합니다. 만약 창세기 5:32을 '노아가 500세가 되었고 500세부터 아들을 낳았다'는 것으로 이해할 경우에는 셈이 장자가 아니고 하나님께서 말씀하신 때는 최소한 노아 504세 이후가 되어야 합니다.

둘째, 하나님께서 노아에게 말씀하시는 내용을 보면 **"그러나 내가 내 언약을 너와 세울 것이다 너는 네 아들들과 네 아내와 네 며느리들과 함께 그 방주로 들어가라"**(창 6:18)고 말씀하셨습니다. 여기서 방주에 들어가야 할 대상 중 '네 며느리들'이라는 언급이 있는데 최소한 두 명의 며느리가 있어야 합니다. 만약 노아의 두 아들이 15세 정도에 장가를 갔다면 이때는 최소한 노아의 나이 520세는 되는 때이고 하나님의 말씀은 이후에 주어진 것입니다.

위 두 상황을 생각해 보면 노아는 최대한 80여 년 동안 방주를 만들었음을 알 수 있습니다. 또한 셈이 홍수 후 2년 곧 그의 나이 98세에 아들을 낳았다는 언급을 볼 때 방주를 만드는 동안에는 노아의 세 아들이 자녀를 낳지 않았다는 것을 미루어 짐작할 수 있습니다. 이것은 하나님께서 말씀하신 것을 우선시하여 이루기까지 하나님의 일을 잘 감당했다는 것을 알 수 있습니다. 하나님께서 나타나셔서 한번 말씀하신 것을 듣고 노아는 그의 가족들과 함께 하나님의 뜻을 이루기 위해 최대한 80여 년 동안 방주를 만들었는데 이 과정은 정말로 쉽지 않은 과정이었음을 알 수 있습니다. 한 번 나타나셔서 말씀하신 것을 듣고 믿고 80여 년을 순종한다는 것은 노아가 여호와께 은혜를 입었고(창 6:8) 노아가 당대에 의로운 사람으로 흠이 없었으며 하나님과 동행했다(창 6:9)는 성경의 언급을 이해하게 합니다.

노아는 세상의 많은 사람의 비난과 조소를 받는 상황에서도 하나님의 말씀을 믿고 방주를 지었을 것입니다. 창세기 6:22은 어순 도치되어 목적어 '하나님께서 그에게 명하신 모든 것을'과 부사어 '그대로'를 강조하여 **"그리고 노아가 행했다 '하나님께서 그에게 명령하신 모든 것을' '그대로' 행했다"**라고 기록되었습니다. '행하다'는 의미의 '아사'(עשה)가 두 번 반복되며 강조되어 노아가 여호와 하나님의 말씀에 순종한 것을 보여줍니다.

❷ 방주로 들어가라!

여호와 하나님께서 명하셨던 모든 것을 다 준행한 노아 600세 제2월 10일 하나님께서는 노아에게 **"너와 네 온 집은 방주로 들어가라 이 세대에서 네가 내 앞에 의로움을 내가 보았음이니라(1) 너는 모든 정결한 짐승은 암수 일곱씩, 부정한 것은 암수 둘씩을 네게로 데려오며(2) 공중의 새도 암수 일곱씩을 데려와 그 씨를 온 지면에 유전하게 하라(3) 지금부터 칠 일이면 내가 사십 주야를 땅에 비를 내려 내가 지은 모든 생물을 지면에서 쓸어버리리라"**(창 7:1-4)고 말씀하셨습니다.

창세기 7:1b의 이유를 말씀하시는 부사절은 어순 도치되어 간접목적어인 '너에게'가 강조되고 있습니다. 하나님께서는 **"'너에게' 의로움을 이 세대 중에서 내가 보았다"**라고 말씀하셨습니다. 그리고 계속되는 하나님의 말씀인 창세기 7:2-4a까지는 한 문장으로 보아야 합니다. 술어는 2절에 '티카흐'(너는 취할 것이라) 하나이고 '모든 정결한 짐승을'(7:2a), '정결하지 못한 짐승을'(7:2b), '또한 공중의 새를'(7:3)이 목적어이며, 7:4a는 세 가지 짐승들을 태워야 하는 이유를 나타내는 부사절입니다. 좀더 세분해서 보면 창세기 7:2은 동사문장으로 어순 도치 되어 목적어인 '모든 정결한 짐승을'이 강조되고 '와우연속법-완료'로 진행되던 문장이 '접속사-미완료'로 진행되어 주어인 '노아'에 집중하게 합니다. 하나님의 말씀에 따르면 노아가 '모든 정결한 짐승을' 취해야 했습니다. 또한 창세기 7:4a는 명사문장으로 세 가지 짐승들을 태워야 하는 이유를 나타내는 부사절로 2절의 '티카흐'(너는 취할 것이라)에 연결됩니다. 이때 어순 도치되어 부사어 '칠일이면'이 강조되었습니다.

노아가 방주를 만든 후, 방주를 탈 수 있었던 것에 대해 하나님께서는 **"이 세대 가운데 내 앞에서 '너의' 의로움을 내가 보았음이니라"**라고 말씀하고 계십니다. 노아는 하나님의 말씀대로 방주를 완성한 후 나타나셔서 말씀하신

대로 모든 것을 준행했습니다(창 7:5)

노아가 여호와께서 자기에게 명하신 대로 다 준행하였더라(창 7:5)

노아는 하나님의 말씀에 순종하여 아내와 세 아들과 세 며느리와 함께 방주에 들어갔습니다(창 7:7). 이후 아마도 제2월 10일부터 17일 비가 내리는 날까지 8일 동안 방주에 머물며 하나님께서 보내시는 짐승들을 방주에 태웠을 것으로 생각됩니다.

성도 여러분!

여호와께 은혜를 입고 의인으로 하나님과 동행하던 노아는 한번 말씀하신 하나님의 계획을 믿고 80여 년 동안 변함없이 묵묵히 순종하여 방주를 완성했습니다. 그리고 때가 되어 다시 나타나셔서 마무리로 짐승들을 태우는 일을 7-8일 동안 하게 하셨는데 그것도 여호와께서 명하신 대로 다 준행했습니다. 나의 신앙생활을 돌아볼 때 예수를 그리스도라 고백하고 믿기 시작하여 하나님의 뜻을 제대로 깨달은 적은 있습니까? 또한 깨닫고 내게 주신 사명을 감지한 후 열심을 다해 그 일을 감당하고 계십니까? 오늘도 작으나마 하나님께서 나에게 주신 사명을 다시 한번 되새기고 끝까지 감당하기로 다짐하는 하루가 되시길 기도합니다.

11일

의인 노아를
택하신 하나님

(창 6:8-22)

오늘 날짜가 언급된 성경 사건은 없습니다. 오늘 날짜가 포함된 사건은 다음과 같습니다.

사건 1   제2월 10일부터 방주에 들어가 하나님의 명령을 감당하는 2일째

사건 2   노아 601년 제1월 1일 땅 위에 물이 마른 지 41일째로 땅이 완전히 말라 제2월 27일에 방주를 나오기까지 방주에 머무름

사건 3   라암셋을 떠난 지 27일째 날(제1월을 30일로 계산함)

사건 4   홍해를 건너 시나이 반도로 들어와 광야를 걷기 시작한 20일째 날

사건 5   솔로몬 성전 건축 시작(솔로몬 4년 제2월 2일, 주전 966년 4월 25일 수요일) 후 10일째(대하 3:2)

사건 6   주전 458년 2차 포로 귀환 시 제1월 1일 바벨론을 떠난 후 41일째로 아하와 강을 떠난 지 30일째(스 7:6-9, 8:15-36)

사건 7   하만이 제12월 13일에 유대인들을 죽이라는 조서를 써서 보낸 후 29일째 (더 3:12)

오늘부터(11일) 13일까지는 의인 노아와 그의 가족을 택하신 후 홍수로 심판하시기까지의 과정을 살펴보겠습니다.

① 노아의 출생과 믿음의 삶

'안위'라는 뜻을 가진 아담의 9대손 노아는 아담을 기준으로 1056년 후 그의 아버지 라멕 182세에 태어났습니다(창 5:28-29). 이후 노아는 500세가 되기까지 그의 행적에 대해 아무런 언급이 없습니다. 그리고 노아가 살던 시대는 땅에 사람이 번성하기 시작하면서 땅에 사람의 죄악이 많아졌고 사람들이 마음에 생각하는 모든 계획이 항상 악하기만 했다고 언급됩니다(창 6:1-5). 그런데 이렇게 악한 시대에도 노아는 여호와께 은혜를 입었고(창 6:8) 여호와 신앙을 소유한 자로서 의인이요 당대에 완전한 자로 하나님과 동행했다고 언급됩니다(창 6:9). 창세기 6:8은 어순 도치되어 주어인 '노아는'을 강조하여 **"그러나 '노아는' 여호와께 은혜를 입었더라"**라고 말합니다. 또한 노아의 '톨도트'(족보, 계보, 사적)가 시작되는 창세기 6:9b도 어순 도치되어 주어인 '노아는'을 강조하고 '의인이요 완전한 자'임도 강조되었습니다. 마침내 창세기 6:9c는 어순 도치되어 부사어 '하나님과 함께'를 강조하여 노아의 행적이 하나님과 함께했음을 언급하고 있습니다.

> **라멕은 백팔십이 세에 아들을 낳고**(창 5:28) **이름을 노아라 하여 이르되 여호와께서 땅을 저주하시므로 수고롭게 일하는 우리를 이 아들이 안위하리라 하였더라**(창 5:29) **그러나 노아는 여호와께 은혜를 입었더라**(창 6:8) **이것이 노아의 족보니라 노아는 의인이요 당대에 완전한 자라 그는 하나님과 동행하였으며**(창 6:9)

노아는 악한 세상에서 여호와께 은혜를 입었던 자로 언급되었습니다. 그렇다면 여호와 하나님에 대해 어떻게 알았을까요? 아마도 조상들로부터 가르침을 여호와 하나님에 대해 받았고 여호와께 은혜를 입어 당대에 완전한 자요 하나님과 동행한 자라는 평가를 받았을 것입니다.

제2월

노아의 9대 조상 아담은 930년을 살았습니다. 아담의 '톨도트'(족보, 계보, 사적)가 언급된 창세기 5장의 나이를 계산해 보면 첫 사람 아담은 8대손 노아의 아버지 라멕 때까지 살았습니다(아래 도표 참조). 아담은 자신의 직계 자손인 셋, 에노스, 게난, 마할랄렐, 야렛, 에녹, 므두셀라, 라멕과 동시대를 살며 에덴동산에서 있었던 여호와 하나님과의 일들과 '여자의 후손'을 약속하시며 시작된 하나님의 구속사에 대해 가르쳤을 것입니다. 직계 자손들 전체가 한 곳에 모여 살며 자손들을 가르쳤다는 직접적인 언급은 없지만 아마도 3대 정도는 함께 살며 후손들을 가르쳤을 것입니다.

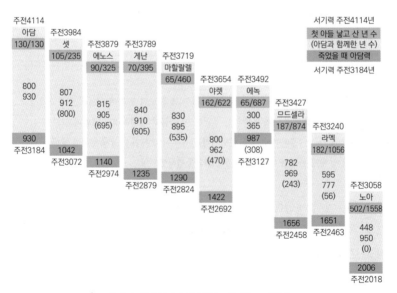

창세기 5장에 나타난 아담부터 노아까지 10대의 삶

창세기 5장에는 아담으로부터 노아까지 10대의 '톨도트'(족보, 계보, 사적)가 언급되어 있습니다. 그리고 창세기 5:1은 **'이것은 아담의 계보 책이다 하나님께서 사람을 창조하실 때 그를 하나님의 형상대로 만드셨다'**고 말합니다. 그런데 창세기 5:1b는 어순 도치되어 부사어인 '하나님께서 사람을 창조하실 때에'와 '하나님의 형상대로'가 강조되었습니다. 관심을 두어야 할 대목은 '하나님의 형상대로'라는 언급인데 창세기 5:3에서 **'아담은 130세가 되었을 때 자기 모양, 곧 자기 형상과 같은 아들을 낳아 그의 이름을 셋이라 불렀다'**고 언급되며 '자기 모양, 곧 자기 형상과 같은'이라는 말이 반복되기 때문입니다. 아담에게는 셋 말고 다른 아들 가인도 있었지만 그는 아담을 떠나 살았습니다. 아마도 아담의 신앙과 사상을 이어받은 아들이 셋이었기에 후대 하나님의 뜻을 깨달은 모세에 의해 셋이 '아담의 모양/형상' 곧 '하나님의 모양/형상'을 이어받은 사람이 셋이었음을 말했을 것입니다. 그리고 이 '아담의 모양과 형상'이라는 말은 하나님께서 세상을 창조하실 때 여섯째 날에 하나님께서 **"우리가 우리의 형상**('데무트', דְמוּת)**을 따라 우리의 모양**('첼렘', צֶלֶם)**대로 사람을 만들자"**(창 1:26)라고 말씀하셨고 **'하나님께서 자신의 형상대로 사람을 창조하시되 하나님의 형상대로 사람을 창조하셨으니 그들을 남자와 여자로 창조하셨다'**(창 1:27)라고 언급된 그 모양과 형상대로라고 말할 수 있을 것입니다.

창세기 5장에서 아담의 '톨도트'(족보, 계보, 사적)를 정리하며 그의 후손들 가운데 행적이 언급된 사람은 에녹입니다. 에녹은 하나님과 300년을 동행하다 아담이 살아있을 때 하나님께서 데려가셨습니다(창 5:24). 에녹이 하나님과 동행할 수 있었던 것은 그의 조상들에게 여호와 하나님에 대해 가르침을 받았고 믿었기 때문일 것입니다. 하나님의 명령에 순종하지 못해 에덴동산에 쫓겨났지만, 아담은 하나님의 형상과 모양을 잘 간직했고 에덴동산에서의 일들과 하나님의 약속에 대해 아들과 후손들을 잘 가르쳤을 것입니다. 그리고 마침내 아들과 자손들이 하나님의 형상과 모양을 갖게 했으며 마침내 7대 만에 하나님과 300년을 동행한 에녹을 하나님께서 데려가시는 것을 체험(함께 살았다면 목격했고 떨어져 살았다면 전해 들)했을 것입니다.

하나님께서 에녹을 데려가신 사건은 당시 여호와 하나님을 믿었던 사람들에게는 상당한 영향을 주었을 것입니다. 왜냐하면 범죄 한 아담의 후손이지만 하나님 신앙을 배워 믿고 하나님과 동행했을 때 영원한 생명을 가질 수 있다는 증거를 보여주었기 때문입니다.

에녹이 하나님과 동행하더니 하나님이 그를 데려가시므로 세상에 있지 아니하였더라(창 5:24)

이제 노아가 500년 동안 믿음의 삶을 산 근거에 대해 생각해 봅시다. 창세기 5장의 나이를 계산해 보면 노아는 아담이나 에녹과 동시대를 살지 못했습니다. 동시대를 살지 못했다는 것은 함께 살 가능성이 없고 직접적인 가르침을 받을 수 없었다는 것입니다. 그러나 노아는 조상들의 신앙에 대한 전승과 동시대를 사는 조상들에게 가르침을 받고 온전히 믿었음을 알 수 있습니다. 마침내 노아는 여호와께 은혜를 입었고 의인이요 당대에 완전한 자라는 평가를 받았고 에녹이 하나님과 동행했던 것처럼 하나님과 동행할 수 있었을 것입니다.

❷ 500세 된 후에 아들을 낳기 시작한 노아

개역, 개역개정, 바른성경은 '노아가 오백 세 된 후에 셈과 함과 야벳을 낳았다'로 번역했고, 표준새번역은 '오백 살이 지나서'로 공동번역은 '노아가 셈과 함과 야벳을 낳았을 때의 나이는 오백 세였다'로 번역하고 있습니다. 그런데 창세기 5:32은 '와우계속법-미완료'인 두 문장으로 직역하면 '그리고 노아는 오백세가 되었다 그리고 노아는 셈과 함과 야벳을 낳았다'로 노아가 500세가 된 사건과 셈과 함과 야벳을 낳은 사건이 연속으로 진행되고 있음을 보여 줍니다. 그렇다면 노아는 500세가 되었고 세 아들을 낳은 것인데 세 쌍둥이를 낳았을까요? 아니면 500세가 되었고 500세부터 아들을 낳기 시작하여 셈과 함과 야벳을 낳았다는 표현일까요? 아니면 정확히 500세가 아니라 오백세 이후에 아들을 낳기 시작한 것일까요?

노아의 아들 중 함과 야벳이 태어난 때는 알 수 없지만 셈이 태어난 시기는 알 수 있습니다. 셈은 100세에 아르박삿을 낳았는데 이때가 홍수 후 2년이 지난 때입니다(창 11:10). 홍수는 노아 600세에 일어났기에 셈은 노아 502세에 태어났음을 알 수 있습니다. 그렇다면 창세기 5:32절과 11:10을 비교해 생각할 때 두 가지 가능성이 있습니다. 먼저 셈이 장자로 생각한다면 노아는 502세부터 아들을 낳았고 그 이후에 함과 야벳을 낳은 것입니다. 다른 접근은 노아가 500세 된 때 함이나 야벳을 낳았고 셈은 502세에 태어나 셈이 장자가 아닐 가능성이 있습니다.

셈의 족보는 이러하니라 셈은 백 세 곧 홍수 후 이 년에 아르박삿을 낳았고(창 11:10)

❸ 의롭고 완전한 노아를 찾으신 하나님

노아가 500세가 되고 아들을 낳은 것이 기록된 후(창 5:32) 하나님께서 세상을 심판하시기 위해 의인 노아를 찾으신 것이 기록되었습니다 (창 6:1-8). 하나님께서는 **"내가 창조한 사람을 내가 지면에서 쓸어버리되 사람으로부터 가축과 기는 것과 공중의 새까지 그리하리니 이는 내가 그것들을 지었음을 한탄함이니라"** (창 6:8)고 말씀하셨는데 모세는 '그러나 노아는 여호와께 은혜를 입었더라'(창 6:8)고 기록하며 하나님께서 노아를 통해 세상을 심판하실 것임을 시사하고 있습니다. 창세기 6:8은 어순 도치되어 주어인 '노아'가 강조되었고 '와우계속법-미완료'로 진행되던 문장이 '완료'로 진행하며 목적어인 '은혜를'에 집중하게 합니다. 계속해서 내레이터는 노아의 '톨도트'(족보, 계보)를 언급하며 **"노아는 의인이요 당대에 완전한 자라 그는 하나님과 동행했다"**(창 6:9)고 말합니다. 창세기 6:9b는 어순 도치되어 주어인 의롭고 완전한 자 '노아'가 강조되었고 6:9c는 부사어인 '하나님과 함께'가 강조되었습니다.

하나님께서는 노아에게 홍수로 모든 육체를 심판할 것이니 방주를 지으라고 말씀하셨습니다(창 6:17). 그리고 노아에게 **"너와는 내가 내 언약을 세우리니 너는 네 아들들과 네 아내와 네 며느리들과 함께 그 방주로 들어가라"**(창 6:18)고 말씀하셨습니다. 노아는 하나님께서 명하신 대로 다 준행했습니다(창 6:22). 창세기 6:22을 직역하면 '그리고 노아가 행했다 하나님께서 그에게 명령하신 대로 모든 것을 행했다'입니다. '아사'(행하다)가 반복되어 사용되어 강조되었고 창세기 6:22b는 어순 도치되어 부사어 '하나님께서 명하신 대로 다'가 강조되었습니다.

성도 여러분!
사람들이 땅에 번성하여 악이 가득할 때에도 신앙의 선배들로부터 가르침을 받고 믿고 여호와 하나님과 동행하며 의인으로 살았던 노아를 살펴보았습니다. 노아가 의인으로 하나님과 동행함으로 하나님 심판의 기준이 될 수 있었던 것은 믿음의 아비들(조상들, 선배들)의 가르침을 잘 받아 하나님의 언약을 깨닫고 그 언약이 이루어지도록 믿음의 삶을 잘 살았기 때문일 것입니다. 오늘도 이 시대 하나님의 언약과 구속사가 나를 통해서도 이루어지고 있다는 강한 확신과 믿음으로 하나님과 동행하는 하루가 되시길 기도합니다.

하나님께서
물로 심판하실 것을 전한

노아 (벧전 3:20, 벧후 2:5)

오늘 날짜가 언급된 성경 사건은 없습니다. 오늘 날짜가 포함된 사건은 다음과 같습니다.

사건 1 제2월 10일부터 방주에 들어가 하나님의 명령을 감당하는 3일째

사건 2 노아 601년 제1월 1일 땅 위에 물이 마른 지 42일째로 땅이 완전히 말라 제2월 27일에 방주를 나오기까지 방주에 머무름

사건 3 라암셋을 떠난 지 28일째 날 (제1월을 30일로 계산함)

사건 4 홍해를 건너 시나이 반도로 들어와 광야를 걷기 시작한 21일째 날

사건 5 솔로몬 성전 건축 시작 (솔로몬 4년 제2월 2일, 주전 966년 4월 25일 수요일) 후 11일째 (대하 3:2)

사건 6 주전 458년 2차 포로 귀환 시 제1월 1일 바벨론을 떠난 후 42일째로 아하와 강을 떠난 지 31일째 (스 7:6-9, 8:15-36)

사건 7 하만이 제12월 13일에 유대인들을 죽이라는 조서를 써서 보낸 후 30일째 (더 3:12)

오늘은 노아를 택하신 하나님께서 홍수로 세상을 심판하시겠다고 작정하신 후 노아가 구원의 메시지를 세상에 선포했던 것을 살펴보겠습니다.

❶ 하나님께서 물로 심판하실 것을 전한 노아

하나님께서는 노아에게 나타나셔서 **"모든 육체의 마지막이 내 앞에 이르렀다 왜냐하면 그 땅에 그들로 말미암아 폭력이 가득 찼기 때문이다 보라! 내가 그들을 그 땅과 함께 진멸하겠다"**(창 6:13)고 말씀하신 후 **"너는 잣나무로 방주를 만들어라"**(창 6:14a)라고 선언하셨습니다. 하나님의 말씀을 들은 노아는 이후 순종하여 방주를 만들었을 것입니다. 그런데 노아는 80여 년 동안 방주만 만들지 않았습니다. 아마도 노아는 하나님께서 세상을 물로 심판하기로 작정하셨음을 전파하며 구원받을 수 있는 방법을 전했을 것이고 구원받을 사람들을 위한 식량도 준비했습니다.

창세기에는 노아가 하나님의 심판에 대해 전파했다는 내용은 나타나지 않습니다. 그러나 방주를 만들며 방주에 들어가기까지 하나님께서 홍수로 심판하실 것을 분명하게 전했던 것을 알 수 있습니다. 베드로는 **"노아의 날 방주 예비할 동안 하나님이 오래 참고 기다리실 때에"**(벧전 3:20)와 **"오직 의를 전파하는 노아와"**(벧후 2:5)라는 표현을 통해 노아가 방주를 짓는 동안 하나님께서 물로 심판하실 것이라는 사실을 선포했음을 깨닫고 언급했습니다.

> 그들은 전에 노아의 날 방주를 준비할 동안 하나님이 오래 참고 기다리실 때에 복종하지 아니하던 자들이라 방주에서 물로 말미암아 구원을 얻은 자가 몇 명뿐이니 겨우 여덟 명이라(벧전 3:20)
> 옛 세상을 용서하지 아니하시고 오직 의를 전파하는 노아와 그 일곱 식구를 보존하시고 경건하지 아니한 자들의 세상에 홍수를 내리셨으며(벧후 2:5)

노아 600세(아담력 1656년, 서기력 2458년) 제2월 10일에 나타나신 하나님께서는 7일 후면 40일 동안 밤낮으로 비를 내리실 것이라고 선포하셨습니다. 이제 7일 후면 땅의 모든 생명을 심판하시겠다는 말씀을 들은 노아는 하나님께서 지시하신 대로 정결한 짐승과 공중의 새를 일곱 쌍씩, 정결하지 못한 짐승을 한 쌍씩 방주에 태우는 것을 7일 동안 준행 했습니다. 7일 전 홍수 심판이 있을 것을 알게 된 노아와 그의 가족들은 아마도 7일 동안 방주 안에 머물렀지만 낮에는 밖으로 나가 하나님께서 맡기신 짐승을 태우는 일을 하면서 열심히 하나님의 심판에 대해 외쳤을 것입니다. 노아와 그의 가족들은 비가 내리는 전날까지 의를 전파하며 하나님의 경고의 메시지를 사람들에게 전하였을 것입니다. 창세기 7:13은 어순 도치되어 부사어('베에첸 하욤 하제', הַזֶּה הַיּוֹם בְּעֶצֶם, 바로 그날에)를 강조하며 노아와 그의 아들들과 아내와 자부들과 하나님께서 보내신 짐승들이 (창 7:14) 방주로 들어갔다고 언급합니다. 노아와 그의 7식구들은 비가 내리는 날짜를 알았기에 7일, 6일, 5일, 4일, 3일, 2일, 마침내 하루 밖에 남지 않았다고 매일매일 전했을 것입니다.

창세기 7:16a는 어순 도치되어 주어인 '육체를 가진 모든 암수들이'가 강조되어 '하나님께서 그에게 명하신 대로 육체를 가진 모든 암수들이 들어갔다'고 말하며 언급되었는데 홍수 심판 후 새로운 땅에 번성하게 하실 동물들을 암수 쌍으로 태우셨음을 강조하고 있습니다. 또한 '완료' 시제가 사용되어 모든 일이 마쳐졌음을 보여주는데 이후 바로 창세기 7:16b는 '와우계속법-미완료'를 사용해서 연속적인 사건으로 '그리고 여호와께서 그의 뒤에서 닫으셨다'고 언급하며 방주를 통한 구원의 마무리는 여호와 하나님께서 행하고 계심을 보여줍니다.

❷ 방주를 만들며 많은 식량을 준비한 노아

노아에게 처음 나타나신 하나님께서는 장차 이 땅을 홍수로 심판하실 것을 말씀하셨고 방주를 지어 생명을 보존할 것을 명령하셨습니다. 그리고 방주의 제도와 방주에 탈 동물들을 지정하셨고 또한 먹을 것을 준비하라(창 6:21) 명하셨습니다. 원어로 보면 먹을 양식을 준비하라는 명령을 하실 때 '아타'(2인칭 대명사, 너는)를 쓰고 있음을 볼 수 있습니다(창 6:21a). 대부분의 명령형은 주어가 생략된 채(명령형 술어에 포함된 형태로) 사용되는데 여기서는 '아타'(너는)라는 '2인칭 남성 단수 인칭대명사'가 사용하여 강조하고 있습니다.

> **너는 먹을 모든 양식을 네게로 가져다가 저축하라 이것이 너와 그들의 먹을 것이 되리라**(창 6:21)

방주를 만드는 것은 하나님께서 명하신 크기가 있었기에 그대로 만들면 되었습니다. 하지만 이 방주에 탈 동물들이나 사람들의 수는 알 수 없었습니다. 그래서 노아는 어느 정도의 먹을 것을 준비해야 하는지 알 수 없었고 하나님께서도 말씀해 주지 않으셨습니다. 그리고 방주에 탈 짐승들은 홍수가 나기 7일 전부터 방주로 나오기 시작했기에 구체적으로 얼마의 식량을 준비하여야 하는지 알 수 없었습니다. 그러나 결과적으로 노아는 방주에 탄 모든 짐승들이 13개월 동안 아니 방주에서 나와 먹을 것을 얻을 수 있을 동안까지 사람들과 짐승들이 먹을 많은 식량을 준비했던 것을 알 수 있습니다. 노아가 이렇게 많은 식량을 준비할 수 있었던 것은 하나님께서 방주의 크기를 말씀해 주셨기 때문입니다. 그러나 방주에 머무를 시기를 알 수 없었고 결과적으로 13개월 이상 먹을 양식을 준비해야 했는데 노아가 하나님의 말씀에 순종할 때 얼마나 큰 마음과 큰 믿음을 소유했는지 생각하게 합니다.

노아는 온 세상을 심판하는 홍수가 단시일 내에 끝날 것이라 생각하지 않았습니다. 그리고 자신의 가족들만이 아니라 다른 사람들도 구원받을 수 있다는 가능성을 두고 먹을 양식을 준비했을 것입니다. 그랬기에 엄청난 양의 식물을 준비했던 것입니다. 하나님의 하시는 일에 대한 노아의 큰 믿음은 하나님의 역사를 이룰 수 있는 큰 그릇이었습니다.

❸ 굶어 죽은 사람들

아마도 방주에 타지 않은 사람들도 40일 동안 내린 비로 홍수가 났지만 바로 죽지 않았을 것입니다. 성경은 비가 계속 내려 물이 불어 오르자 방주가 떠올랐고 물이 점차 불어 천하의 모든 산이 덮였다고 말합니다. 그렇다면 물이 불어 오르기 시작하여 온 천지에 물이 덮인 것은 여러 날 이후의 일로 생각할 수 있습니다. 그렇다면 대부분의 사람들은 살기위해 높은 곳으로 높은 곳으로 이동하였을 것입니다. 마침내는 더 오를 곳이 없는 사람들은 결국 죽게 되었습니다. 한편 배나 뗏목, 물에 빠졌지만 물에 떠다니는 것에 몸을 의지한 사람들의 죽음을 생각해 봅시다. 이들은 물로부터는 어쩌면 안전할 수 있었을 것입니다. 그러나 이들도 죽을 수밖에 없었습니다. 그것은 생명을 이어갈 양식을 준비하지 못했을 것이기 때문입니다. 결국 이들은 굶어 죽을 수밖에 없었습니다.

하나님께서 하실 일 곧 하나님의 계획을 아는 것은 중요합니다. 왜냐하면 미리 대비할 수 있기 때문입니다. 그리고 방주를 짓는 일 외에 노아의 많은 식량을 준비하기 위해 노력한 수고가 얼마나 큰지 알 수 있습니다. 그것은 방주에 탄 8식구와 모든 동물들이 377일* 동안 아니 더 많은 날 들을 먹고 지낼 수 있는 양의 식물을 저장했기 때문입니다. 노아가 준비한 식물은 방주에서 나온 이후 식물을 얻을 수 있을 때까지의 양식이

*　1년을 360일로, 방주에 들어가 생활한 날을 2월 10일로 계산할 때

었다면 더 많은 양을 준비해야 했습니다.

성도 여러분!
하나님께서는 당신의 계획을 선지자에게 알리시고 실행하시는 분이
십니다. 사람들이 구원을 받을 수 있는 준비할 시간을 주셨습니다. 이 글
을 읽고 성경을 연구하며 하나님의 말씀을 묵상하시는 모든 분들이 하
나님께서 이 시대에 요구하시는 큰 그릇이 되어 나와 내 가족 나아가서
하나님께서 정하신 구원받을 수많은 백성을 위해 필요한 모든 것을 준
비하는 큰 믿음을 가지시길 소망합니다. 오늘도 장차 하나님께서 이 땅
을 심판하실 것이라는 사실을 세상에 전하며 믿는 나에게 맡겨진 하나
님의 일을 감당함에 있어 노아처럼 큰 믿음을 가지고 잘 감당하는 하루
가 되시길 기도합니다.

창세기에 나타난
하나님의 언약을
감당하고 계승하는 사람들

제2月

오늘 날짜가 언급된 성경 사건은 없습니다. 오늘 날짜가 포함된 사건은 다음과 같습니다.

사건 1   제2월 10일부터 방주에 들어가 하나님의 명령을 감당하는 4일째

사건 2   노아 601년 제1월 1일 땅 위에 물이 마른 지 43일째로 땅이 완전히 말라 제2월 27일에 방주를 나오기까지 방주에 머무름

사건 3   라암셋을 떠난 지 29일째 날(제1월을 30일로 계산함)

사건 4   홍해를 건너 시나이 반도로 들어와 광야를 걷기 시작한 22일째 날

사건 5   솔로몬 성전 건축 시작(솔로몬 4년 제2월 2일, 주전 966년 4월 25일 수요일) 후 12일째(대하 3:2)

사건 6   주전 458년 2차 포로 귀환 시 제1월 1일 바벨론을 떠난 후 43일째로 아하와 강을 떠난 지 32일째(스 7:6-9, 8:15-36)

사건 7   하만이 제12월 13일에 유대인들을 죽이라는 조서를 써서 보낸 후 31일째(더 3:12)

오늘은 창세기에 기록된 노아를 통한 하나님의 홍수 심판을 어떻게 모세가 알 수 있었고 창세기를 기록할 수 있었는지 생각해 보겠습니다. 노아 홍수 사건뿐 아니라 그 이전의 아담의 사건이나 노아 이후 아브라

함에 이르기까지 하나님의 구속사를 모세가 어떻게 기록할 수 있었는지 그 가능성에 대해 살펴보겠습니다.

성경은 역사적으로 각 시대마다 하나님께서 택하신 인물들을 통해 하나님의 구속사가 진행된 내용이 기록되어 있습니다. 믿음의 자손들 중 후대의 누군가 하나님께서 약속하시고 행하신 구속사가 어떻게 이루어졌는지를 깨닫고 내용을 선별해 기록했기 때문입니다. 하나님께서는 각 시대마다 뜻을 깨닫는 믿음의 사람들을 통해 역사하셨고 그 사건이 있는 후 후대의 저자들에 의해 기록된 글들이 정경 형성의 과정을 통해 구약성경과 신약성경으로 모여진 것입니다. 그렇기에 성경은 각 시대에 행하신 하나님의 구속사에 대해 깨달은 후손이 자신(원저자는 하나님)의 의도대로 기록한 것입니다. 결국 후대의 자손이 성경을 기록할 때 '하나님의 구속사가 어떻게 자신의 시대까지 진행되어 왔는지에 초점을 맞추었다'라고 할 수 있습니다. 성경은 하나님의 구속사, 하나님의 뜻, 곧 '여자의 후손'이 누구의 계통으로 이어졌는가에 초점을 맞추고 있고 그와 관련된 두 개의 흐름과 관련한 사건들을 기록하고 있습니다.

❶ 하나님의 언약을 감당했던 공동체와 떠난 공동체를 비교해 보여주는 '톨도트'

하나님께서는 세상을 창조하셨고 에덴동산을 만드신 후 아담에게 **'에덴동산을 지키고 다스리라'**고 명령하셨습니다. 그런데 아담은 하나님의 말씀에 순종하지 못함으로 범죄 하여 에덴동산에서 쫓겨났습니다. 이후 아담의 자손들은 가인계통처럼 하나님과 언약을 맺은 가정에서 태어났지만 언약공동체를 떠나 세상으로 향한 후손들과 아벨(셋)계통처럼 믿지 못하고 방황하는 때도 있었지만 다시 하나님의 언약공동체를 이루어 하나님의 구속사를 감당했던 후손들로 구별됩니다. 창세기는 아담의 후손들

중 하나님의 언약을 이어가는 믿음의 사람들과 하나님을 떠났던 각 시대 두 후손들의 흐름을 구별하여 기록하고 있습니다. 창세기에는 10개의 '톨도트'(족보, 계보, 세계, 세대로 번역됨)가 기록되어 있습니다. 똑같은 구조인 '베엘레 톨도트 에솨'(אֵלֶּה תֹּלְדֹת עֵשָׂו, 그리고 이것들은 에서의 세대들이다)가 에서에게서 두 번 언급되는(창 36:1, 9) 것으로 보면 11번입니다. 그런데 이 '톨도트'는 '하나님께서 약속하신 여자의 후손이 누구의 계통으로 이어졌는가?'를 보여 줍니다. 또한 하나님의 언약의 가정에서 태어났지만 언약 공동체에서 떠난 가인(정확히 '톨도트'라는 명칭을 쓰지 않음), 이스마엘, 에서의 자손들의 대한 것을 기록함으로 회개하고 돌이키기를 바라시는 하나님의 뜻을 보여주기도 합니다.

◉ 창세기에 나타난 10개의 톨도트

창 1:1-2:3 서언 : 말씀으로 창조된 세상, 천지 창조 이야기

① 창 2:4-4:26 (첫 번째 toledoth) – 하늘과 땅에 대한 '톨도트'

② 창 5:1-6:8 (두 번째 toledoth) – 아담의 '톨도트'

③ 창 6:9-9:29 (세 번째 toledoth) – 노아의 '톨도트'

④ 창 10:1-11:9 (네 번째 toledoth) – 노아의 아들의 '톨도트'

⑤ 창 11:10-26 (다섯 번째 toledoth) – 셈의 '톨도트'

⑥ 창 11:27-25:11 (여섯 번째 toledoth) – 데라의 '톨도트'

⑦ 창 25:12-18 (일곱 번째 toledoth) – 이스마엘의 '톨도트'

⑧ 창 25:19-35:29 (여덟 번째 toledoth) – 이삭의 '톨도트'

⑨ 창 36:1-37:1 (아홉 번째 toledoth) – 에서의 '톨도트'

⑩ 창 37:2-50:26 (열 번째 toledoth) – 야곱의 '톨도트'

이 '톨도트'는 창세기 이후 룻기 4장에서도 나타납니다. 룻기 저자는 룻이 오벳을 낳는 사건을 기록하며 뜬금없이 창세기에 애굽으로 내려

가는 야곱의 가족에 포함된(주전 1876년 경) 인물인 베레스부터 다윗까지(주전 1020년 경)의 10대까지의 '톨도트'를 기록하고 있습니다. 이처럼 하나님께서 약속하신 '여자의 후손'이 어느 계통으로 누구의 자손으로 오시게 되었는지를 알려주는 것이 구약성경입니다. 구약시대의 두 개의 흐름 중 창세기에 기록된 사건들을 어떻게 모세가 알 수 있었는지 생각해 봅시다.

❷ 창세기 전체가 계시 되었는가?

창세기 저자는 모세입니다. 그렇다면 모세는 자신이 태어나기 이전의 내용인 창세기를 어떻게 알 수 있었을까요? 하나님의 계시입니까? 아니면 전승(가르침)을 통해 알게 되었습니까? 아마도 하나님께서 세상을 만드시는 과정인 천지창조(창 1:1-2:3)에 대해서는 이 땅의 어느 누구도 경험할 수 없는 것이기에 계시를 통해 알게 되었음이 분명합니다. 누구에게 계시 되었는가를 알 수 없지만, 만약 모세 이전 누군가에게 계시되었다면 계속해서 전승(가르침) 되어 모세가 알게 되었고 그렇지 않다면 하나님께서 광야시대 모세에게 직접 계시한 것으로 보아야 합니다.

① 아담의 가르침과 후손들의 계승

천지창조 내용 이후 나오는 에덴동산에서의 아담과 하와가 경험한 사건은 오직 두 사람만이 아는 내용입니다. 그렇다면 에덴동산에서 있었던 이야기는 어떻게 창세기에 기술될 수 있었을까요? 아담과 하와가 경험했던 사건들은 에덴동산에서 쫓겨난 이후 태어난 그들의 자손들에게 가르쳐지고 전해질 수 있었습니다. 그러나 그의 자손들을 통해 전승되었다 하더라도 노아 때 홍수 심판을 통해 모든 사람들이 죽었기에 노아와 그의 가족들을 통한 전승 이외에는 더 이상의 전승은 없었습니다. 아담으로부터 가르쳐지고 후손들을 통해 전승된 내용들은 노아와 그의 아들들을 통해 가르쳐지고 전승되었음이 분명합니다.

하나님의 은혜를 입었고 의인이며 당대에 완전한 자요 하나님과 동행했던 노아는 아담 이후 홍수 심판까지 성경에 기록된 내용들은 조상들로부터 배우고 깨닫고 하나님의 구속사를 감당한 인물임이 틀림없습니다. 아담과 에녹과는 동시대를 살지 못했기에 가장 중요했던 에덴동산에서의 사건들과 에녹이 300년 동안 하나님과 동행하다 데려감을 당한 것은 당사자에게 직접 듣지는 못했을 것이지만 조상들에게서 배웠을 것입니다. 또한 언약공동체 안에서 태어났지만 하나님의 뜻을 감당하지 못하고 떠난 가인계통의 사람들의 굵직한 이야기도 전해 들을 수 있었을 것입니다.

② **가인 계통의 사건들의 계승**

가인은 아벨을 죽인 후 땅에서 유리하는 자가 되어 아담의 공동체에서 분리되어 살았던 것으로 생각됩니다. 그렇다면 창세기 4:16-24까지 가인의 후손들에 대한 사건들은 어떻게 모세가 알게 되었을까요? 하나님께서 모세에게 계시해 주신 것이 아니라면 가인과 가인의 후손들의 이야기는 당시의 사람들에게 회자되었고 노아와 노아의 아들들을 통해 홍수 이후 세대에게 전승되어야 합니다. 만약 노아를 통해 그 이전 시대의 사건들이 전해진 것으로 인정하지 않는다면 모세에게 하나님께서 직접 계시하신 것으로 생각할 수밖에 없습니다.

이후 언약에서 벗어난 가인 계통의 함, 이스마엘, 에서의 사건들에 대한 성경의 기록도 모세가 하나님으로부터 직접 계시 되었다기보다 당시의 왕래와 전승을 통해 모세가 듣고 기록했을 가능성이 큽니다.

③ 노아를 통한 하나님의 홍수 심판 사건의 계승

노아 홍수 사건과 아담으로부터 그 이전의 전승들은 노아와 그의 아들들에 의해 후손들에게 가르쳐지고 전승되었음이 분명합니다. 문제는 노아와 셈의 직계로 이어지는 아브라함의 아비 데라가 다른 신을 섬겼다는 것입니다. 언제, 누구로부터 여호와 하나님 신앙을 떠나 다른 신을 섬겼는지 알 수 없지만, 다른 신을 믿고 있는 '데라가 하나님의 구속사를 자손들에게 가르쳤고 전승했느냐?'의 문제가 발생합니다. 아담으로부터 노아까지 그리고 그 이후의 사건들이 아브라함에게 어떻게 전승되었느냐에 대한 것은 세 가지로 생각할 수 있습니다.

첫째, 아브라함의 아버지 데라가 다른 신을 믿었다고 하더라도 그 이전까지의 전승(가르침)에 대해서는 아들들에게 전해질 수 있습니다. 다만 여호와 하나님과의 언약공동체로서가 아니라 다른 신의 이름으로 전해졌을 것입니다. 이러한 예는 아브라함이 이삭을 번제로 드린 사건이 이스마엘의 후손들에게는 아브라함이 이삭을 번제로 드린 것이 아니라 이스마엘을 번제로 드렸다는 것만 바뀌어 그 내용이 전승되는 것으로 생각할 수 있습니다.

둘째, 만약 데라가 아브라함에게 이전의 전승들을 가르치지 않았다 하더라도 문제가 될 것은 없습니다. 홍수 심판에서 살아남은 그의 세 아들들은 노아에게서 배우고 하나님의 홍수 심판을 직접 경험했습니다. 이들은 그의 자손들에게 또한 가르쳤을 것입니다. 함과 야벳의 후손들이 다른 신을 섬겼을 가능성은 있지만 나름대로 아담부터 홍수 심판까지의 사건이 어떤 형태로든 전해졌을 것입니다. 바벨론의 문헌에 창조와 홍수심판에 대한 내용들이 등장한다는 것이 후대에게 내용이 전해졌다는 증거입니다.

셋째, 만약 위 두 가지의 경우가 아니더라도 노아의 아들 셈이 아브라함보다 더 오래 살았다는 것을 생각하면 셈에 의해 전파된 하나님의 구속사가 아브라함에게 알려졌을 가능성이 있습니다. 셈이 직접 아브라함과 만나 가르쳤다는 내용이나 전승은 없지만 셈은 자신이 만난 여호와 하나님의 유일신 신앙을 계속 전파했을 것이기에 아브라함이 충분히 전해들을 수 있었을 것입니다.

셈	아르박삿	(313)	(283)					
100/1658	35/1693	셀라	에벨	(219)	(187)	(148)		
		30/1723	34/1757	루우	스룩	나홀	(128)	
	403		209	32/1819	30/1849	29/1878	데라	(58)
502	438	403	239/1996	207	200	148/1997	70/1948	아브라함
600		433		239/2026	230/2049		205/2083	100/2048
	2096							175/2123
2158		2126						

셈과 셈의 9대 후손들의 태어남과 죽은 시기

만약 이 세 가지의 경우인 앞선 세대를 통해 전승(가르침)이 있었다는 것을 부정한다면 모세는 그 내용을 알 수 없고 이 또한 하나님께서 모세에게 계시해 주셨다고 보아야 합니다. 모세에게 직접 하나님께서 알려 주셨다고 해도 문제 될 것은 하나도 없지만 각 시대 하나님의 뜻을 깨닫고 하나님의 구속사를 감당했던 믿음의 선배들에 의해 후배들에게 가르쳐졌고 마침내 모세에게 알려져 기록되었을 것입니다.

성도 여러분!
하나님의 구속사는 아직 이 땅에서 이루어지지 않고 진행되고 있음을 기억합시다. 각 시대 하나님의 구속사는 깨달은 믿음의 선배들에 의해 선포(전승, 가르침)되었고 그 선포된 말씀을 깨달은 사람과 공동체를 통해 하나님의 구속사가 지금 나에게까지 전달되었음을 기억합시다. 그리고 내 당대 하나님의 뜻을 감당할 수 있도록 노아처럼 하나님의 은혜를 구하고 당대에 완전한 자라 칭함을 받으며 하나님과 동행합시다. 오늘도 진행되는 하나님의 구속사와 함께 동행하며 세상에 하나님의 구원 계획을 선포하는 하루가 되시길 기도합니다.

14일

히스기야 왕이
종교개혁을 단행하고
유월절을 지킴

제
2
월

오늘 날짜가 언급된 성경 사건은 히스기야가 단독 통치를 시작할 때 종교개혁을 단행하고 유월절을 지킨 사건이 있습니다. 오늘 날짜가 포함된 사건은 다음과 같습니다.

사건 1   방주를 다 지은 노아에게 하나님께서 두 번째 나타나신 5일째

사건 2   노아 601년 제1월 1일 땅 위에 물이 마른 지 44일째로 땅이 완전히 말라 제2월 27일에 방주를 나오기까지 방주에 머무름

사건 3   라암셋을 떠난 지 30일째 날이고 홍해를 건너 시내 반도로 들어와 광야를 걷기 시작한 23일째 날

사건 4   솔로몬 성전 건축 시작(솔로몬 4년 제2월 2일 주전 966년 4월 25일 수요일) 후 13일째

사건 5   히스기야 왕이 종교개혁을 단행하고 성전 청결케 한 후 유월절을 지킴

사건 6   주전 458년 2차 포로 귀환 시 제1월 1일 바벨론을 떠난 후 44일째로 아하와 강을 떠난 지 33일째(스 7:6-9, 8:15-36)

사건 7   하만이 제12월 13일에 유대인들을 죽이라는 조서를 써서 보낸 후 32일째 (더 3:12)

오늘은 아버지 아하스 왕과의 공동 통치가 끝난 후 단독 통치를 시작한 히스기야가 성전을 성결케 하고 제2월 14일에 유월절을 지킨 사건을

살펴보겠습니다(제1월 1일 히스기야 왕이 단독 통치를 시작하며 성전을 성결케 함, 제1월 8일 히스기야 가 여호와의 낭실까지 성전을 성결케 함, 제1월 16일 히스기야 왕이 성전 성결케 하는 것을 완료함, 제1월 17일 무교절을 지키라! 무교병을 먹으라 참조).

히스기야는 아버지 아하스 왕과의 공동 통치를 끝내고 25세에 단독 통치를 시작하는 첫째 해 첫째 달 첫날 여호와의 전 문을 열고 수리를 시작했습니다(대하 29:1-3, 17). 그가 단독 통치하는 첫날 종교개혁을 시작할 수 있었던 것은 아하스와 공동 통치를 하며 왕과 백성들이 여호와 하나님 신앙에서 떠났음을 깨달았고 자신이 힘이 있을 때 바로잡기 위해 공동 통치하며 준비했기 때문입니다. 히스기야 종교개혁을 하기 위해 먼저 성전을 성결케 했습니다. 그런데 성전을 성결케 한때가 유월절(제1월 14일 저녁=15일이 시작하는 날)이 지나고 무교절에 속한 날이었기에 유월절 양을 잡아 번제로 드릴 수 없었습니다. 히스기야 왕은 둘째 달 14일에 유월절을 지키기로 한 후 이스라엘 모든 백성에게 예루살렘에 모이게 했습니다. 역대하 30:15-27에는 히스기야가 왕이 둘째 달 14일 유월절 양을 잡아 번제를 드리고, 14일 동안 화목제를 드리며 무교절을 지킨 내용이 나옵니다. 하나님께서 정하신 유월절은 첫째 달 14일인데 한 달 늦게 절기를 지키게 된 이유와 히스기야 왕의 행적을 살펴봅시다.

히스기야의 아버지 아하스 왕은 여호와 보시기에 정직히 행치 아니 하고 이방 사람의 가증한 일을 본받고 산당과 작은 산 위와 모든 푸른 나무 아래서 제사를 드리며 분향했으며 앗수르 왕 디글랏 빌레셀을 만나러 다메섹에 갔다가 거기 있는 단을 보고 예루살렘에 똑같은 단을 만들게 하고 단 앞에 나아가 제사를 드렸습니다. 또한 성전 앞에 있던 놋 단을 옮겼고 물두멍 받침의 옆판을 떼어내고 물두멍과 놋바다를 옮기고 성전 문을 닫아 여호와께 드리던 성전제사를 멈추게 하며 망령되이 행하였습니다(왕하 16:1-18, 대하 28:1-27).

아하스 왕과의 공동 통치가 끝나고 단독 통치를 시작한 히스기야는 바로 종교개혁을 단행했습니다. 히스기야는 정월 초하루에 성결케 하기를 시작하여 8일에 낭실에 이르렀고 16일에 여호와의 전을 성결케 하기를 마쳤습니다. 히스기야는 여호와의 전에 올라가서 제사장으로 하여금 수소를 잡아 속죄제를 드리게 하여 백성들을 깨끗하게 했고 깨끗하게 하심에 대한 감사 제물을 가져오게 하였는데 그 수효가 너무 많아 레위 사람들이 일을 감당하지 못할 정도였습니다(대하 29:17-36).

성전을 성결하게 한 히스기야는 유다는 물론 멸망당한 북 이스라엘 백성에게 편지를 보내어 예루살렘 여호와의 전에 와서 유월절을 지키도록 백성들에게 통보했습니다. 백성들은 둘째 달 14일에 유월절 양을 잡았고 제사장들은 그 피를 받아 제단에 뿌렸습니다. 이때 제사장과 레위 사람이 부끄러워했습니다. 이는 그동안 유월절을 지키지 못했고, 이제 성전을 성결케 한 후 유월절을 지키고 있지만 하나님께서 모세를 통해 정해 주신 첫째 달 14일이 아닌 둘째 달 14일에 지키게 되었기 때문일 것입니다(대하 30:15). 원문에는 어순 도치 되어 주어 '제사장들과 레위 사람들이' 강조되어 '제사장들과 레위 사람들이 부끄러워했다'고 기록되었습니다(대하 30:15b).

백성 가운데 많은 사람이 자신을 성결케 하지 못하여 레위 사람들이 모든 부정한 사람들을 위하여 유월절 양을 잡았고 피를 제사장에게 주어 제단에 뿌려 그들을 여호와 앞에서 성결하게 했습니다. 이유는 성결케 하지 않은 백성이 많아 유월절 어린 양을 직접 잡을 수 없었기 때문이었습니다(대하 30:15-17).

둘째 달 열넷째 날에 유월절 양을 잡으니 제사장과 레위 사람이 부끄러워하여 성결하게 하고 번제물을 가지고 여호와의 전에 이르러(대하 30:15) **규례대로 각각 자기들의 처소에 서고 하나님의 사람 모세의 율법을 따라 제사장들이 레위 사람의 손에서 피를 받아 뿌리니라**(대하 30:16) **회중 가운데 많은 사람이 자신들을 성결하게 하지 못하였으므로 레위 사람들이 모든 부정한 사람을 위하여 유월절 양을 잡아 그들로 여호와 앞에서 성결하게 하였으나**(대하 30:17)

역대하 30:16b는 명사문장으로 '제사장이 레위 사람의 손에서 피를 받아 뿌렸다'고 상황을 설명하고 있습니다. 유월절 어린 양은 어린 양을 함께 먹을 집의 대표자가 직접 잡았고, 이때 어린 양의 피를 제사장에게 주면 제사장이 받아 제단에 뿌리는 의식을 했습니다. 예수님께서도 유월절 식사 준비를 위해 두 제자를 보내셨습니다(막 14:12-13).

무교절의 첫날 곧 유월절 양 잡는 날에 제자들이 예수께 여짜오되 우리가 어디로 가서 선생님께서 유월절 음식을 잡수시게 준비하기를 원하시나이까 하매(막 14:12) **예수께서 제자 중의 둘을 보내시며 이르시되 성내로 들어가라 그리하면 물 한 동이를 가지고 가는 사람을 만나리니 그를 따라가서**(막 14:13)

백성들은 그 밤에 유월절 어린 양을 먹었는데 에브라임과 므낫세와 잇사갈과 스불론의 많은 무리가 자신을 성결하게 하지 않고 유월절 양을 먹어 기록한 규례를 어겨 죄를 지었습니다. 역대하 30:18a은 이 상황을 어순 도치하여 주어인 '에브라임과 므낫세와 잇사갈과 스블론의 많은 사람들 대부분이'를 강조합니다. 또한 '말비트'(많음, 다수, 증가, 큼)와 '라브'(많은, 큰)가 겹쳐 쓰여 '많은' 백성을 강조하고, 타헤르(깨끗하다, 정결하다, 순결하다)가 '히트파엘〈재귀형〉완료'로 '로'(부정어, 아니다)와 쓰여 "스스로 깨끗하게 하지 못했다"라고 강조하고 있습니다.

히스기야는 이것을 위해 "선하신 여호와여 사하옵소서! 하나님 곧 그의 조상들의 하나님 여호와를 구하는 사람은 누구든지 비록 성소의 결례대로 스스로 깨끗하게 못하였을지라도 사하옵소서"라고 여호와께 기도했습니다. 이때 역대하 30:18b는 어순 도치되어 주어 '선하신 여호와'를 강조하고 30:19에서는 목적어인 '그의 마음에 모든 것을'이 강조되었습니다. 여호와께서는 히스기야의 기도를 들으시고 백성을 고치셨습니다(대하 30:18-20).

예루살렘에 모인 이스라엘 자손은 크게 즐거워했고 계속해서 칠 일 동안 무교절을 지켰습니다. 레위 사람들과 제사장들은 날마다 여호와를 칭송하며 큰 소리 나는 악기를 울려 여호와를 찬양했고 히스기야는 여호와를 섬기는 일에 능숙한 모든 레위 사람들을 위로했습니다. 칠 일 동안에 절기를 지키는 동안 백성들이 먹고, 화목제를 드리며 그의 조상들의 하나님 여호와께 감사했습니다(대하 30:21-22).

> 예루살렘에 모인 이스라엘 자손이 크게 즐거워하며 칠 일 동안 무교절을 지켰고 레위 사람들과 제사장들은 날마다 여호와를 칭송하며 큰 소리 나는 악기를 울려 여호와를 찬양하였으며(대하 30:21) 히스기야는 여호와를 섬기는 일에 능숙한 모든 레위 사람들을 위로하였더라 이와 같이 절기 칠 일 동안에 무리가 먹으며 화목제를 드리고 그의 조상들의 하나님 여호와께 감사하였더라(대하 30:22)

유월절 어린 양을 잡을 때 레위인들이 찬양하는 모습
출처 "The Holy Temple in Jerusalem" by Carta Jerusalem

성도 여러분!

히스기야는 아버지 아하스 왕과 공동 통치를 할 때에는 아하스가 종교적으로 잘못을 저질러도 어쩔 수 없이 아하스의 의견을 따랐습니다. 하지만 히스기야는 단독 통치를 시작하며 여호와 하나님께서 말씀하신 대로 성전 제의를 지키고 절기를 지키기 위해 종교개혁을 단행하고 하나님께서 모세에게 말씀하신 대로 제1월에 지키지 못한 유월절을 제2월 14일에 지켰습니다. 권한이 없어 어쩔 수 없는 상황에서도 여호와 신앙에 대해 정확한 생각을 가지고 있으면 언젠가는 하나님께서 원하시는 일을 할 수 있음을 히스기야는 보여 주었습니다. 오늘도 아직 내가 영향을 미칠 수 없는 사회적 환경에 처해 있더라도 유일신 여호와 하나님 신앙을 정확히 인지하고 믿고 생활함으로 때를 기다리는 하루가 되시기 바랍니다.

신광야까지의 출애굽 여정 ⑦

(엘림과 시내산 사이 신광야에 도착함, 출 16:1-12)

오늘 날짜가 언급된 성경 사건은 제1월 15일 애굽의 라암셋을 떠난 이스라엘 자손은 숙곳, 에담, 믹돌, 엘림을 거쳐 오늘(제2월 15일) 엘림과 시내산 사이 신광야에 이르는 사건이 있습니다.

사건 1 　제2월 10일부터 방주에 들어가 하나님의 명령을 감당하는 6일째

사건 2 　노아 601년 제1월 1일 땅 위에 물이 마른 지 45일째로 땅이 완전히 말라 제 2월 27일에 방주를 나오기까지 방주에 머무름

사건 3 　라암셋을 떠난 지 31일째(제1월을 30일로 계산함), 홍해를 건너 시나이 반도로 들어와 광야를 걷기 시작한 24일째 날

사건 4 　엘림과 시내산 사이 신광야에 진을 침

사건 5 　솔로몬 성전 건축 시작(솔로몬 4년 제2월 2일, 주전 966년 4월 25일 수요일) 후 14일째 (대하 3:2)

사건 6 　히스기야 왕이 종교개혁을 단행하고 성전 청결케 한 후 유월절을 지키고 무 교절 첫째 날

사건 7 　주전 458년 2차 포로 귀환 시 제1월 1일 바벨론을 떠난 후 45일째로 아하 와 강을 떠난 지 34일째(스 7:6-9, 8:15-36)

사건 8 　하만이 제12월 13일에 유대인들을 죽이라는 조서를 써서 보낸 후 33일째 (더 3:12)

오늘은 제1월 15일 애굽의 라암셋을 떠난 이스라엘 자손이 숙곳, 에
담, 믹돌, 엘림을 거쳐 한 달 만에 엘림과 시내산 사이 신광야에 이르러
장막을 치기까지의 사건을 살펴보겠습니다.

**이스라엘 자손의 온 회중이 엘림에서 떠나 엘림과 시내 산 사이에 있는 신 광야에 이
르니 애굽에서 나온 후 둘째 달 십오일이라**(출 16:1)

이스라엘 백성들은 홍해를 건너기 전 에담에 있을 때, 불 기둥과 구름
기둥의 인도함을 받았습니다. 이후 하나님께서는 홍해를 가르시고 마르
게 하신 후 이스라엘 백성들이 건너게 하셨고, 이스라엘 백성들은 홍해
를 마른 땅으로 건넌 후 바로의 군대를 홍해에 수장시키는 하나님의 능
력을 체험했습니다. 그러나 이스라엘 백성들은 홍해를 건넌지 불과 사
흘이 되었을 때 물이 없어 불평하기 시작했습니다. 불평 중에도 쓴 물만
이 있는 마라에서는 모세를 통한 하나님의 기적, 곧 쓴 물에 한 나무를

가시나무와 가끔 나타나는 싯딤나무와 로뎀나무 뿐인 광야

던져 넣음으로 물이 달아지게 되는 기적을 체험했습니다. 그리고 물 좋은 샘과 종려나무가 있는 엘림에 진을 치고 머물기도 했습니다. 그런데 엘림을 떠나 신광야에 도착했을 때 이제는 물이 아니라 먹을 것 때문에 불평을 시작했습니다.

이스라엘 백성들은 애굽을 떠날 때 아주 급하게 떠났기 때문에 발교 (발효)되지 못한 반죽 담은 그릇을 옷에 싸서 나왔습니다(출 12:34). 이들이 광야에서 한 달 동안 먹은 것은 딱딱하고 맛없는 빵이었는데 그마저도 떨어졌습니다. 이로 인해 이스라엘 백성들은 모세와 아론을 원망하며 **"너희가 이 광야로 우리를 인도하여 내어 이 온 회중으로 주려 죽게 하는도다"**라고 원망하였던 것입니다. 광야에서의 굶주림은 곧 죽음을 의미합니다. 광야 어디에서 먹을 것을 얻을 수 있겠습니까? 이스라엘 백성들은 먹을 것으로 인해 약속대로 애굽을 떠나게 하신 하나님의 은혜, 홍해를 마른 땅으로 건너게 하시고 애굽 군대를 수장시키신 능력을 잊었습니다. 그리고 430년 동안 종살이하며 괴롭힘을 받았던 애굽을 생각하며 **"우리가 애굽 땅에서 고기 가마 곁에 앉았던 때와 떡을 배불리 먹던 때에 여호와의 손에 죽었더면 좋았겠다"**(출 16:3)라고 말하며 원망했습니다.

여호와께서는 이스라엘 백성들의 소리를 들으신 후 모세에게 **"보라 내가 너희를 위하여 하늘에서 양식을 비같이 내리리니 백성이 나가서 일용할 것을 날마다 거둘 것이라 이같이 하여 그들이 나의 율법을 준행하나 아니 하나 내가 시험하리라 제 육일에는 그들이 그 거둔 것을 예비할지니 날마다 거두던 것의 갑절이 되리라"** 말씀하셨습니다. 하나님께서는 이스라엘 백성들이 머무는 신광야에서 만나로 하나님의 법도를 지키는지 그렇지 않은지(제 7일 안식일을 지키는지)를 시험하셨습니다(출 16:4-5).

하나님께서 명하신 후 모세와 아론은 온 이스라엘 자손에게 **"저녁이 되**

광야의 해질 때

면 너희가 여호와께서 너희를 애굽 땅에서 인도하여 내셨음을 알 것이요 아침에는 너희가 여호와의 영광을 보리니 이는 여호와께서 너희가 자기를 향하여 원망함을 들으셨음이라 우리가 누구관대 너희가 우리를 대하여 원망하느냐 여호와께서 저녁에는 너희에게 고기를 주어 먹이시고 아침에는 떡으로 배불리시리니 이는 여호와께서 자기를 향하여 너희의 원망하는 그 말을 들으셨음이니라 우리가 누구냐 너희의 원망은 우리를 향하여 함이 아니요 여호와를 향하여 함이로다"(출 16:6-8)라고 전했습니다. 이때 모세는 저녁과 아침을 강조했습니다.

출애굽기 16:6b와 17a를 보면 명사인 '에레브'(저녁)와 '보케르'(아침)를 쓴 후, '와우계속법+칼 완료'로 시작하는 아주 독특한 표현으로 기술 했습니다. '접속사 + '에레브/보케르' + '야다'의 미완료'로 표현했어야 할 것을 '한 단어 + 한 문장'으로 나누어 쓰고 있습니다. 이것은 '에레브'(저녁)와 '보케르'(아침)를 먼저 언급하여 시기를 정한 후, 저녁에는 메추라기로, 아침에는 만나로 여호와께서 행하심을 깨닫게 하시고 보게 하실 것임을 강조한 것입니다.

여호와께서 이스라엘 백성들에게 저녁에는 메추라기를 주심으로 '여호와께서 이스라엘 백성을 애굽 땅에서 인도하셨다'는 것을 알게 하시

시내산 일출

고, 아침에는 만나를 주심으로 '여호와의 영광을' 보게 하신 것은 이스라엘 자손의 원망함을 들었기 때문입니다. 이미 애굽을 떠났지만 불평할 때 다시 마음이 애굽으로 돌아가는 것이 잘못되었음을 깨우치기 위한 과정이었습니다.

모세는 아론에게 여호와께서 이스라엘 자손의 원망함을 들으셨다는 것을 체험하게 하기 위해 모이도록 했고 백성들은 모여 광야를 바라 보았습니다. 이스라엘 자손들은 여호와의 영광이 구름 속에 나타난 것을 보았습니다. 이때 어순 도치되어 주어 '여호와의 영광이'가 강조되어 '여호와의 영광이 구름 속에서 보여졌다(나타났다)'가 어순 도치되어 강조되었습니다.

> **모세가 또 아론에게 이르되 이스라엘 자손의 온 회중에게 말하기를 여호와께 가까이 나아오라 여호와께서 너희의 원망함을 들으셨느니라 하라**(출 16:9) **아론이 이스라엘 자손의 온 회중에게 말하매 그들이 광야를 바라보니 여호와의 영광이 구름 속에 나타나더라**(출 16:10)

이스라엘 백성들은 모세와 아론을 원망한 것이 아니라, 아직 조상들과 약속하셨던 하나님의 언약에 대해 깨닫지 못했기에 자신들의 형편만 보고 여호와 하나님을 원망했던 것입니다. 그들의 원망 소리를 들으신 하나님께서는 아침에 만나를 통해 보여주실 영광을 모든 백성이 모이게 한 후 보여 주셨습니다.

하나님께서는 다시 한번 모세에게 말씀하시며 '저녁'과 '아침'에 행하실 일을 통해 이스라엘 백성들이 여호와 하나님께서 이스라엘의 하나님이심을 깨달아야 함을 강조하셨습니다(출 16:11-12). 특히 출애굽기 16:12cd는 어순 도치되어 '베인 하아르바임'(해질 때)과 '바보케르'(아침에)가 강조되었습니. '베인 하아르바임'(해질 때)은 바로 한 달 전, 첫째 달 14일 해질 때 유월절 어린 양을 잡으라고 말씀하셨을 때 똑같이 사용되었습니다(출 12:6).

이 달 열나흗날까지 간직하였다가 해 질 때에('베인 하아르바임') **이스라엘 회중이 그 양을 잡고**(출 12:6)

같은 시간인 해질 때, 양은 아니지만 메추라기를 잡아 고기를 먹게 하시는 것은 아마도 여호와 하나님의 말씀에 순종하여 죽음이 넘어가게 했던 유월절 밤을 기억하고, 먹을 것을 걱정하지 말고 하나님의 말씀에 순종하기를 바라셨기 때문일 것입니다. 이렇게 저녁(해질 때)과 아침을 강조하시는 것은, 그 일이 이루어질 때 하나님의 영광을 체험하고 언약을 이루시고 계시는 하나님의 백성으로 불평하지 않고 순종하기를 바라셨기 때문일 것입니다.

성도 여러분!
하나님의 언약공동체(교회)로 일원으로 산다는 것은 하나님께서 세상의 모든 것을 주관하고 섭리하신다는 것을 고백하는 삶일 것입니다. 나와 관련된 일이 잘 풀릴 때에는 하나님께서 살아계시고 나의 삶을 주관하시고 계신다는 것을 쉽게 고백합니다. 하지만 힘들고 어려운 상황을 겪는 과정에서는 이 또한 하나님께서 당신의 구속사를 이루게 하시는 과정 가운데 겪게 하시는 과정이라고 고백하기는 쉽지 않다는 것도 고백할 수밖에 없습니다. 오늘도 어떤 처지를 만나게 하시더라도 불평보다는 먼저 감사하고 그 일을 통해 하나님께서 내게 말씀하시는 것이 무엇일지를 생각하는 하루가 되시길 기도합니다.

16일

신광야 머물며
약속하신 첫 만나를
거둠 (출 16:4-19)

오늘 날짜가 언급된 성경 사건은 없습니다. 오늘 날짜가 포함된 사건은 다음과 같습니다.

사건 1   제2월 10일부터 방주에 들어가 하나님의 명령을 감당하는 7일째

사건 2   노아 601년 제1월 1일 땅 위에 물이 마른 지 46일째로 땅이 완전히 말라 제2월 27일에 방주를 나오기까지 방주에 머무름

사건 3   라암셋을 떠난 지 32일째(제1월을 30일로 계산함), 홍해를 건너 시나이 반도로 들어와 광야를 걷기 시작한 25일째 날

사건 4   엘림과 시내산 사이 신광야에 진을 치고 거한 첫째 날

사건 5   히스기야 왕이 종교개혁을 단행하고 성전 청결케 한 후 유월절을 지키고 무교절 2일째

사건 6   주전 458년 2차 포로 귀환 시 제1월 1일 바벨론을 떠난 후 46일째로 아하와 강을 떠난 지 35일째(스 7:6-9, 8:15-36)

사건 7   하만이 제12월 13일에 유대인들을 죽이라는 조서를 써서 보낸 후 34일째 (더 3:12)

오늘은 신광야에 머물 때 먹을 것이 없어 걱정하는 이스라엘 백성들에게 하나님께서 만나와 메추라기를 주신 사건에 대해 살펴보겠습니다.

❶ 만나와 메추라기를 주시겠다는 하나님의 약속

신광야에 도착하여 진을 친 백성들은 먹을 것이 떨어지자 원망했습니다. 그들은 모세와 아론을 향해 **"우리가 애굽 땅에서 고기 가마 곁에 앉아 있던 때와 빵을 배불리 먹던 때에 여호와의 손에 죽었더라면 좋았을 것인데 당신들이 우리를 이 광야로 데리고 나와 이 온 회중을 굶어 죽게 합니다."**(출 16:3)라고 말했습니다. 백성들의 원망소리를 들으신 하나님께서는 모세에게 **"보아라, 내가 너희를 위해 양식을 하늘에서 비같이 내릴 것이니, 백성들이 나가서 매일 그날 분량을 거두도록 하여라. 내가 이같이 하여 그들이 내 법에 따라 행하는지 그렇지 않은지 시험할 것이다. 여섯째 날에는 그들이 거둔 것을 준비할 것이니, 날마다 거둔 것의 갑절이 될 것이다."**(출 16:4-5)라고 말씀하셨습니다.

하나님의 말씀을 들은 모세와 아론은 이스라엘 자손들에게 **"여호와께서 너희를 애굽 땅에서 인도해 내셨다는 사실을 너희가 저녁에 알게 될 것이며 아침에는 여호와의 영광을 볼 것이니, 이는 너희가 여호와를 향해 원망하는 소리를 여호와께서 들으셨기 때문이다. 우리가 누구이기에 너희가 우리를 대항하여 원망하느냐?"**(출 16:7), **"여호와께서 저녁에는 너희에게 고기를 주어 먹게 하시고, 아침에는 빵으로 배부르게 하실 것이니, 여호와께서 너희가 그분을 원망하는 말을 들으셨기 때문이다. 우리가 누구냐? 너희 원망은 우리에게 하는 것이 아니라 여호와께 하는 것이다"**(출 16:8)라고 말했습니다.

모세는 또 아론에게 **"이스라엘 자손의 모든 회중에게 '여호와께서 너희의 원망을 들으셨으니, 여호와께 가까이 나아오라'하고 말하십시오."**(출 16:9)라고 말했고 아론은 이스라엘 자손의 모든 회중에게 말했습니다. 그때 그들이 광야를 바라보니 여호와의 영광이 구름 속에 나타났습니다(출 16:10).

마침내 여호와께서는 모세에게 **"내가 이스라엘 자손의 원망을 들었다. 너는 그들에게 '너희가 해질 때에 고기를 먹고 아침에는 빵으로 배부를 것이니, 내가 여호와 너희 하**

제 2 월

나님인 것을 너희가 알게 될 것이다'라고 말하여라."(출 16:12)라고 말씀하셨습니다.

❷ 만나를 거두는 이스라엘 백성들

하나님께서 약속하셨던 대로 아침이 되니 이슬이 진 주위에 내렸습니다. 이때 저녁에 메추라기가 진에 덮이는 상황은 '와우계속법+칼 미완료'로 '그리고 저녁이 되었다'(출 16:13a), '그리고 메추라기가 왔다'(출 16:13b), '그리고 진에 덮였다'(출 6:13c)로 기록되었는데 아침에 만나가 내리는 사건은 어순 도치하여 부사어 '아침에'를 강조하고 '접속사+완료'를 써서 "아침에 이슬이 진 사면에 내렸다"(출 16:13d)고 기록했습니다.

이슬이 마른 후에 광야 지면에는 작고 둥글며 서리 같은 가는 것이 있었습니다(출 16:13b). 이스라엘 자손은 그것이 무엇인지 알지 못하여 서로 이르되 **"이것이 무엇이냐?"**라고 말했는데 그 말이 히브리어로는 '만 후'(מן הוא)인데 음가로 '만나'가 되었습니다. 백성들이 기이히 여길 때에 모세는 **"이는 여호와께서 너희에게 주어 먹게 하신 양식이라 여호와께서 이같이 명하시기를 너희 각 사람의 식량대로 이것을 거둘지니 곧 너희 인수대로 매명에 한 오멜씩 취하되 각 사람이 그 장막에 있는 자들을 위하여 취하라"**라고 말했습니다(출 16:16).

일부 사람들이 만나라 주장하는 광야의 식물
하지만 광야시대 매일 내렸던 만나는 초자연적인 하나님의 역사이다.

이스라엘 자손은 모세가 시키는 대로 거두었습니다. 그 거둔 것이 많기도 하고 적기도 하였지만 오멜(2.2리터)로 되어 보니 많이 거둔 자도 남음이 없고, 적게 거둔 자도 부족함이 없이 각 사람은 먹을 만큼만 거두었습니다(출 16:17-18). 출애굽기 17:18을 직역하면 **"그리고 그들은 오멜로 측정했다 그런데 많이 거둔 사람도 남음이 없게 했다**(히필:사역) **그리고 적게 거둔 사람도 부족함이 없게 했다**(히필:사역) **그들은 각자 자기의 먹는 입에 따라 거두었다"**인데 18b와 18c에 동사의 히필형〈사역〉을 써서 양을 조정했음을 보여줍니다. 그리고 18c, 18d는 각각 어순 도치 되어 '주어(적게 거둔자)'와 '부사어(각자 자기의 먹는 입에 따라)'가 강조되었습니다. 이것은 욕심을 내어 더 많이 거두거나 미리 다음 날 것을 미리 거두지 못하게 하여 매일매일 주시는 하나님의 만나를 경험하게 하는 조치였을 것입니다.

백성들은 아침에 만나를 거두었는데 모세는 이들에게 **"아무도 그것을 아침까지 남겨두지 말라"**라고 명령했습니다. 다 같이 한 오멜의 같은 분량을 취했기에 더 많이 거두어 남기지 말라는 것이 아니라 하나님께서 약속하셨기에 내일 일을 걱정하여 덜먹고, 내일을 위해 남겨 두지 말라는 의미일 것입니다.

여호와께서는 대대 후손을 위하여 만나를 간수하게 하였습니다. 아론은 항아리에 한 오멜의 만나를 넣은 후, 증거판 앞에 두어 간직했습니다. 이 만나는 이스라엘 자손이 사람 사는 땅(약속의 땅 가나안)에 이르기까지 사십 년 동안 만나를 먹었는데, 곧 가나안 땅에 이르러 그 땅의 식물을 먹은 다음 날 만나가 그쳤습니다(출 16:33-36).

성도 여러분!
라암셋을 떠나 홍해를 건너 광야로 나온 지 한 달이 넘는 때가 되었고 먹을 것이 떨어졌기에 굶어 죽게 되었다고 원망하는 것은 당연하다고 생각됩니다. 그런데 이들이 가지고 있던 먹을 것이 떨어지게 된 때 여호와 하나님께서는 이미 만나와 메추라기를 주시려고 준비하고 계셨습니다. 10가지 재앙과 홍해를 마른 땅으로 건넌 이적, 그리고 마라와 엘림을 지나며 경험한 여호와의 능력을 체험하고도 아직 여호와께서 하나님이시라는 고백을 하지 못하는 이스라엘 백성들에게 만나와 메추라기를 주시며 깨닫기를 바라셨습니다. 그것은 이스라엘 백성들은 인도하시고 계시는 신, 그들의 조상들이 믿었던 신이 여호와이시며 그분이 하나님이시라는 것입니다. 함께 하시며 인도하시고 문제를 해결해 주고 계시지만 아직 이스라엘 백성들은 여호와 하나님에 대해 정확히 알지 못했기에 원망이 앞섰고 아직 알지 못하는 이들에게 하나님께서는 책망 보다는 그들의 필요를 채워주시며 깨닫기를 기다리셨습니다. 오늘도 내 문제에 집착해 하나님의 언약공동체로서의 해야 할 사명을 잊는 것이 아니라 문제가 생겼을 때 오히려 감사하고 하나님께 지혜를 구하는 하루가 되시길 기도합니다.

노아 육백세, 아담력 1656년,
주전 2458년 40주야
비가 내리기 시작함(창 7:10-16)

오늘 날짜가 언급된 성경 사건은 하나님께서 노아에게 말씀하신 대로 40주야 비가 내리기 시작한 사건이 있습니다. 오늘 날짜가 포함된 사건은 다음과 같습니다.

사건 1 제2월 10일부터 방주에 들어가 하나님의 명령을 감당하는 8일째로 하나님께서 말씀하신 대로 40일 동안 비가 내리기 시작함

사건 2 노아 601년 제1월 1일 땅 위에 물이 마른 지 47일째로 땅이 완전히 말라 제2월 27일에 방주를 나오기까지 방주에 머무름

사건 3 라암셋을 떠난 지 33일째(제1월을 30일로 계산함) 홍해를 건너 시나이 반도로 들어와 광야를 걷기 시작한 26일째 날

사건 4 엘림과 시내산 사이 신광야에 진을 치고 거한지 둘째 날

사건 5 히스기야 왕이 종교개혁을 단행하고 성전 청결케 한 후 유월절을 지키고 무교절 3일째

사건 6 주전 458년 2차 포로 귀환 시 제1월 1일 바벨론을 떠난 후 47일째로 아하와 강을 떠난 지 36일째(스 7:6-9, 8:15-36)

사건 7 하만이 제12월 13일에 유대인들을 죽이라는 조서를 써서 보낸 후 35일째(더 3:12)

오늘은 하나님께서 노아 600세 제2월 10일에 나타나셔서 말씀하신 대로 40일 동안 비가 내린 사건을 살펴보겠습니다.

아담력 1656년, 서기력 2458년, 노아 600세, 제2월 17일 오늘은 7일 전에 하나님의 말씀대로 비가 내리기 시작했습니다. 창세기 7:10은 '와우계속법-칼 미완료'인 **"그리고 일곱째 날이 되었다"**(7:10a)로 시작한 후 '접속사-칼 완료'로 '주어(홍수가)'가 강조된 '주어(홍수가) + 술어(있었다) + 부사어(땅에)'(7:10b)로 서술됩니다. 하나님께서는 제2월 10일에 나타나셔서 노아에게 말씀하셨고 칠일이 지나자 땅에 비를 내리셨고 홍수가 나게 하셨습니다(창 7:10). 창세기 7:10b는 어순 도치되어 주어인 '그 홍수 곧 물들이'('메이 하맙불', מֵי הַמַּבּוּל)가 강조되었습니다. '메이'는 물의 복수형이고 '맙불'은 홍수(단수)라는 뜻입니다. 술어로는 '하야'의 복수형이 쓰였는데 직역하면 '그리고 그 홍수 곧 물들이 땅 위에 있었다/덮였다'입니다. 계속해서 창세기 7:11a는 어순 도치되어 부사어(하나님께서 노아 육백 세 되던 해, 제2월, 그 달 제 10일에, 그날에)가 강조되었고, 7:11c는 '주어(하늘의 창들이)'가 강조된 **"주어(하늘의 창들이) + 술어(열렸다)"**로 노아에게 말씀하신 지 7일 후 홍수가 있었음을 밝히고 있습니다.

하나님의 말씀대로 깊음의 샘들이 터졌고(7:11a), 하늘의 창들이 열렸으며(7:11b) 40주야 동안 내린 비로 인해 홍수가 땅을 덮었습니다(7:12). 이 심판으로 방주에 타지 않은 생명이 있어 숨을 쉬는 생명들은 모두 물에 수장되어 죽었습니다. 오직 방주에 들어간 노아 가족 8식구와 선택받은 동물들만이 살 수 있었습니다. 창세기 7:13은 어순 도치되어 '베에 쳄 하욤 하제'(בְּעֶצֶם הַיּוֹם הַזֶּה, 바로 그날에)가 강조되었는데 **"바로 그날에 노아와 그의 아들들 셈과 함과 야벳 그리고 노아의 처와 세 며느리가 방주에 들어갔다"**라고 기록되어 홍수심판을 받는 바로 그날이 노아와 그의 가족에게는 구원의 날이었음을 깨닫게 합니다. 여기서 '바로 그날에'는 언제일까요? 이 날은 7:17절에 언급된 40일 동안 비가 내리기 시작한 제2월 17일입니다. 그렇기에 창세기 7:1과 7:17을 종합하면 노아와 그의 가족들은 10일에 방주로 들어가 머물며 17일까지 방주에 타기 위해 나온 짐승들을 태웠고 하나님께서 말씀하신 모든 일을 완전히 마친 후 방주로 들어간 것은 제2월 17일임을 알 수 있습니다. 하나님의 말씀대로 방주에 탈 짐승들이 나아와 방주로 들어갔을 때 여호와께서는 그를(노아)를 들여보내고 문을 닫으셨습니다(창 7:16).

> 들어간 것들은 모든 것의 암수라 하나님이 그에게 명하신 대로 들어가매 여호와께서 그를 들여보내고 문을 닫으시니라(창 7:16)

7일 전 나타나신 하나님께서 말씀하신 대로 짐승들을 배에 태운 노아와 그의 가족은 제2월 17일에 방주로 들어갔습니다(창 7:13). 그리고 여호와께서는 방주의 문을 닫으셨습니다. 창세기 7:16b는 '바이쓰고르 아도나이 바아도'(וַיִּסְגֹּר יְהוָה בַּעֲדוֹ)로 "그리고 여호와께서 그의 뒤에서 닫으셨다"로 직역됩니다. 방주의 문은 하나님께서 닫아 주셨다고 표현한 것은 모든 것이 하나님의 은혜임을 고백하게 합니다.

> 곧 그날에 노아와 그의 아들 셈, 함, 야벳과 노아의 아내와 세 며느리가 다 방주로 들어갔고(창 7:13)
> 들어간 것들은 모든 것의 암수라 하나님이 그에게 명하신 대로 들어가매 여호와께서 그를 들여보내고 문을 닫으시니라(창 7:16)

7일 전 홍수 심판이 있을 것을 알게 된 노아와 그의 가족들은 아마도 7일 동안 방주 안과 밖에서 생활하였을 것입니다. 하나님께서 명하신 대로 정결한 짐승과 부정한 짐승을 나누어 방주에 태웠고 비가 내리는 전날까지 의를 전파하며 하나님의 경고의 메시지를 사람들에게 전하였을 것입니다. 창세기 7:13은 부사어('베에첸 하용 하제', 바로 그날에)를 강조하며 노아와 그의 아들들과 아내와 자부들과 하나님께서 보내신 짐승들이 (7:14) 방주로 들어갔다고 언급합니다. 노아와 그의 7식구들은 비가 내리기까지 분명히 하나님의 일을 감당했고, 아마도 하나님의 말씀을 전했을 것입니다.

창세기 7:16a는 '주어(그리고 육체를 가진 모든 암수들이) + 술어(들어갔다) + 부사어(하나님께서 그에게 말씀하신 대로)'라 기록되었는데 '모든 동물의 암수들이' 방주에 탄 것을 강조하고 있습니다. 하나님께서는 홍수 심판 후 새로운 땅에 번성하게 하실 동물들을 암수 쌍으로 태우셨습니다. 그리고 숨 쉬는 모든 동물이 방주로 들어간 후 노아가 마지막으로 들어갔고 하나님께서는 방주의 문을 닫으셨습니다. 창세기 7:1b에서 '사가르'(סָגַר)는 '닫다, 잠그다'는 뜻을 가진 동사입니다. 그런데 그 주어는 여호와로 **"여호와께서는 그의 뒤를 닫으셨다"**(여호와께서 노아 뒤에서 문을 닫으셨다)고 번역할 수 있습니다. 7일 동안 하나님께서 작정하신 동물들이 방주에 탔고 마지막으로 노아가 들어갔으며 그가 들어간 후 여호와께서 방주의 문을 닫으셨던 것을 알 수 있습니다. 이것은 하나님의 일을 감당한 노아가 마지막으로 방주에 탔고 그를 책임 지신 분이 하나님이심을 보여줍니다.

하지만 당시의 사람들은 홍수가 나서 멸하기까지 먹고 마시고 장가들고 시집가기에 급급했습니다(마 24:38, 눅 17:20). 베드로는 **"노아의 날 방주 예비할 동안 하나님이 오래 참고 기다리셨다"**라고 증거하며 그들이 하나님의 명령에 순종하지 않아 물에 빠져 죽을 수 없었음을 전하고 있습니다(벧전 3:20). 결국 하나님께서는 지면의 모든 생물을 쓸어버리셨는데 곧 사람과 짐승과 기는 것과 공중의 새까지 죽었습니다.

홍수 전에 노아가 방주에 들어가던 날까지 사람들이 먹고 마시고 장가들고 시집가고 있으면서(마 24:38)

노아가 방주에 들어가던 날까지 사람들이 먹고 마시고 장가들고 시집가더니 홍수가 나서 그들을 다 멸망시켰으며(눅 17:27)

그들은 전에 노아의 날 방주를 준비할 동안 하나님이 오래 참고 기다리실 때에 복종하지 아니하던 자들이라 방주에서 물로 말미암아 구원을 얻은 자가 몇 명뿐이니 겨우 여덟 명이라(벧전 3:20)

성도 여러분!

하나님의 일을 감당하는 사람이 끝까지 남아 일을 처리하는 모습을 노아가 방주에 타는 사건으로 깨달을 수 있습니다. 그리고 끝까지 일을 처리하는 사람을(노아) 하나님께서 지키시고 책임 지시는 모습을 '여호와께서 그의 뒤를 닫으셨다'(여호와께서 노아 뒤에서 문을 닫으셨다)는 말씀으로 깨달을 수 있습니다. 제2월 17일에 노아가 마지막으로 방주에 타는 모습은 하나님께서 심판하시는 마지막 날까지 언약공동체(교회)가 해야 할 일이 무엇인지를 가르쳐 주고 있습니다. 오늘도 하나님께서 구원하시기로 작정한 사람에게 복음을 전하고 구원의 방주로 나올 수 있도록 말씀을 전하고 전도하는 하루가 되시길 기도합니다.

18일

40일 동안
비가 내리기 시작한 후
사람들의 모습은?

오늘 날짜가 언급된 성경 사건은 없습니다. 오늘 날짜가 포함된 사건은 다음과 같습니다.

사건 1   제2월 10일부터 방주에 들어가 하나님의 명령을 감당하는 9일째로 하나님께서 말씀하신 대로 40일 동안 비가 내린 2일째

사건 2   노아 601년 제1월 1일 땅 위에 물이 마른 지 48일째로 땅이 완전히 말라 제2월 27일에 방주를 나오기까지 방주에 머무름

사건 3   라암셋을 떠난 지 34일째(제1월을 30일로 계산함), 홍해를 건너 시나이 반도로 들어와 광야를 걷기 시작한 27일째 날

사건 4   엘림과 시내산 사이 신광야에 진을 치고 거한지 셋째 날

사건 5   히스기야 왕이 종교개혁을 단행하고 성전 청결케 한 후 유월절을 지키고 무교절 4일째

사건 6   주전 458년 2차 포로 귀환 시 제1월 1일 바벨론을 떠난 후 48일째로 아하와 강을 떠난 지 37일째(스 7:6-9, 8:15-36)

사건 7   하만이 제12월 13일에 유대인들을 죽이라는 조서를 써서 보낸 후 36일째 (더 3:12)

하나님께서는 노아와 그의 가족이 방주에 들어간 후 비가 내리게 하셨습니다. 오늘은 비가 내리기 시작한 후 땅 위에서 벌어진 사건에 대해 생각해 보겠습니다.

❶ 비가 내려 물이 불어났고 방주가 물 위를 떠다님

성경은 노아 600세 제2월 17일부터 큰 깊음의 샘들이 터지고 하늘의 창문들이 열려 40일 주야 동안 비가 내렸다고 말합니다(창 7:10-12, 2월 17일 노아 육백세, 아담력 1656년, 주전 2458년 40주야 비가 내리기 시작함 참조).

> **칠 일 후에 홍수가 땅에 덮이니**(창 7:10) **노아가 육백 세 되던 해 둘째 달 곧 그 달 열 이렛날이라 그날에 큰 깊음의 샘들이 터지며 하늘의 창문들이 열려**(창 7:11) **사십 주 야를 비가 땅에 쏟아졌더라**(창 7:12)

창세기 7:17을 직역하면 "홍수가 땅에 40일 동안 있었다. 물이 많아졌다. 물은 방주를 들었다. 그리고 방주는 땅으로부터 올랐다"입니다. 번역 성경과 비교하면 창세기 7:17c에서 "방주가 올랐다"와 "그것은(물은) 방주를 들었다"로 차이가 있습니다. 방주는 스스로 떠 오른 것이 아니라 창일한 물에 들어 올려 졌습니다. 이것은 하나님의 언약을 믿고 순종하며 죄와 분리되어 있으면 죄가 관영하게 될 때 스스로 죄로부터 분리되려하지 않아도 죄로 인해 분리된다는 생각을 하게 됩니다.

성경은 물이 불어나는 모습을 세 번에 걸쳐 묘사하고 있습니다. 물이 많아져 방주가 땅에서 떠올랐고(창 7:17), 물이 더 많아져 땅에 창일하매 방주가 물 위에 떠 다녔으며(창 7:18), 물이 더 많아져 더욱 창일하매 천하에 높은 산이 다 덮였다(창 7:19)고 말합니다. 홍수 심판은 단 기간에 내린 비로 이루어진 것이 아니라, 사십 주야 밤낮으로 비가 내렸고 물이 계속 불어난 후 모든 산들을 덮은 것임을 알 수 있습니다.

아마도 전 세계를 덮는 홍수가 되려면 사십 주야 밤낮으로 비가 내려야 하는 것은 당연하다 생각합니다. 만약 전 세계를 덮는 비가 되지 않으면 땅 위에 호흡을 가진 것들이 살아날 가능성이 있어 철저한 심판이 되지 못했을 것입니다. 성경은 이 철저한 심판에 대해 **'물이 불어서 십 오 규빗이 오르매 산들이 덮인지라 땅 위의 움직이는 생물이 다 죽었으니 곧 새와 육축과 들짐승과 땅에 기는 모든 것과 사람이라'**(창 7:20-21)고 기록하고 있습니다.

❷ 물이 불어나는 상황에서 방주에 타지 못한 사람들의 모습

성경은 물이 불어서 산들을 덮었고 땅 위에 움직이는 생물이 다 죽었다고 말합니다(창 7:20-21). 그렇다면 노아의 방주에 타지 못한 사람들은 비가 내리고 물이 불어난 후 언제 죽게 되었을까요? 땅 위의 모든 사람들이 비가 내리고 물이 불어난지 얼마 안 되어 물에 빠져 익사했다고 볼 수는 없습니다. 왜냐하면 물이 불어 올라 산을 덮는 과정이 있고 한편으로는 배를 타고 물 위를 떠다녔던 사람도 있었을 것이기 때문입니다.

비가 계속 내려 물이 불어 오르자 물은 점점 불어나 천하의 모든 산을 덮었고 방주도 물에 떠올랐습니다. 물이 불어나는 과정은 아마도 여러 날 걸렸을 것으로 생각되고 생각지 못한 비가 계속 내려 물이 불어나 위험에 처한 사람들은 점점 높은 곳으로 이동했을 것입니다. 그러다 더는 높은 곳으로 갈 수 없을 때 사람들을 물에 빠져 죽게 되었을 것입니다.

한편 배나 뗏목 그리고 물에 빠졌지만 물에 떠다니는 것을 몸에 의지

한 사람들은 좀 더 살았을 가능성이 있습니다. 이들은 잠시 동안은 물로부터 안전할 수 있었습니다. 그러나 이들도 죽을 수밖에 없었습니다. 이유는 생명을 이어갈 양식을 준비하지 못했을 것이기 때문입니다. 잠시 동안 물에 떠 생명을 연장할 수 있었을지 모르지만 이들은 먹을 것을 준비하지 못했기에 결국은 물 심판에서 구원받을 수 없었습니다. 이에 비해 노아와 그의 가족들이 만든 방주에 탄 생명들은 하나님께서 명하셔서 노아가 준비한 식물로 생명을 유지할 수 있었습니다. 하나님의 물 심판으로부터 구원을 받기 위해서는 방주를 만드는 것으로만 끝나지 않았다는 것을 기억합시다.

❸ 하나님의 명령에 따라 먹을 식물을 준비한 노아

노아의 방주에 탄 노아와 그의 가족 8식구 그리고 동물들은 결과적으로 물이 빠지고 마르기까지 377일(노아 시대 1년을 360일로 방주에 들어가 생활하기 시작한 날을 제2월 10일로 계산 할 때) 동안 방주에 머물렀습니다. 이 기간 동안 방주에서 식물을 공급받았기에 생명을 유지할 수 있었는데 노아가 많은 양의 식물을 저장했기 때문입니다. 노아는 얼마나 많은 양의 식물을 저장했을까요? 노아가 준비한 식물은 방주에서 나온 이후 식물을 얻을 수 있을 때까지의 양식이었기에 377일 동안이 아닌 더 긴 기간 먹을 수 있는 양식을 준비해야 했었던 것입니다.

노아에게 처음 나타나신 하나님께서는 장차 이 땅을 홍수로 심판하실 것을 말씀하셨고 방주를 지어 생명을 보존하라고 명령하셨습니다. 그리고 방주의 제도와 방주에 탈 동물들을 지정하셨고 또한 **"너는 먹을 모든 식물을 네게로 취하라! 그리고 모으라. 그러면 이것이 너와 그들의 먹을 것이 될 것이다."**(창 6:21)라고 말씀하셨습니다. 원어로 보면 이 명령을 하실 때 '아타'(אַתָּה, 너는)

를 써서 강조하고 있음을 볼 수 있습니다. 대부분의 명령형은 주어가 생략된 채(명령형 술어에 포함된 형태로) 사용되는 여기서는 '2인칭 남성 단수 인칭 대명사'인 '아타'를 사용하여 강조하고 있습니다. 노아는 방주를 만드는 것 외에도 많은 양의 식물을 준비해야 했습니다. 그런데 노아는 얼마나 많은 양의 식물을 준비했을까요?

물로부터 구원을 받기 위한 방주를 만드는 것은 하나님께서 명령하신 크기와 모양대로 만들면 됩니다. 하지만 얼마나 많은 양식을 준비해야 하는지 모르는 상태에서 하나님께서 '먹을 것을 준비하라'고 하신 말씀만 듣고 노아는 양식을 준비했습니다. 이때 노아는 물로 심판받는 기간이 얼마인지? 얼마나 많은 짐승들이 방주에 탈 것인지? 알 수 없었습니다. 결과적으로 노아는 많은 양의 식물을 준비했는데 1년 이상의 기간 동안 방주에 탄 식구들과 짐승들이 먹을 수 있는 양의 식물을 준비했음을 알 수 있습니다. 이것이 하나님께서 정하신 물 심판에서 구원받을 수 있었던 노아의 믿음입니다.

노아는 온 세상을 심판하는 기간이 단시일 내에 끝이 나지 않는다고 생각했을 것입니다. 그랬기에 노아는 적당한 양이 아니라 차고 넘칠 정도의 엄청난 식물을 준비했음을 알 수 있습니다. 노아는 하나님께서 하시는 일에 대해 큰 믿음으로 대비하여 하나님의 구속사를 감당한 큰 그릇이었습니다.

성도 여러분!
이 글을 읽고 성경 사건을 생각하며 하나님의 말씀을 함께 연구하시는 모든 분들이 하나님께서 이 시대에 요구하시는 큰 그릇이 되어 나와 내 가족 나아가 이 사회와 전 세계를 살리는 하나님의 도구가 되시길 기도합니다. 오늘도 노아와 같이 큰 믿음을 소유하여 하나님께서 큰일을 맡기실 때 확실하게 감당할 수 있도록 현재 맡겨주신 직분에 충성하는 하루가 되시길 기도합니다.

19일

인자의 임함은
노아 때

오늘 날짜가 언급된 성경 사건은 없습니다. 오늘 날짜가 포함된 사건
은 다음과 같습니다.

사건 1   제2월 10일부터 방주에 들어가 하나님의 명령을 감당하는 10일째로 하나
　　　　님께서 말씀하신 대로 40일 동안 비가 내린 3일째

사건 2   노아 601년 제1월 1일 땅 위에 물이 마른 지 49일째로 땅이 완전히 말라 제
　　　　2월 27일에 방주를 나오기까지 방주에 머무름

사건 3   라암셋을 떠난 지 35일째(제1월을 30일로 계산함), 홍해를 건너 시나이 반도로
　　　　들어와 광야를 걷기 시작한 28일째 날

사건 4   엘림과 시내산 사이 신광야에 진을 치고 거한지 넷째 날

사건 5   히스기야 왕이 종교개혁을 단행하고 성전 청결케 한 후 유월절을 지키고 무
　　　　교절 5일째

사건 6   주전 458년 2차 포로 귀환 시 제1월 1일 바벨론을 떠난 후 49일째로 아하
　　　　와 강을 떠난 지 38일째(스 7:6-9, 8:15-36)

사건 7   하만이 제12월 13일에 유대인들을 죽이라는 조서를 써서 보낸 후 37일째
　　　　(더 3:12)

하나님께서는 물로 세상을 심판하실 것이라고 노아에게 말씀하셨는데 그 후 80여 년을 기다리시며 참으셨는데 사도 베드로는 **"노아의 날 방주 예비 할 동안 하나님이 오래 참고 기다리셨다"**라고 증거하고 있습니다. 오늘은 노아 홍수와 관련하여 예수님께서 말씀하신 '인자의 임함은 노아 때'라는 것을 기억하여 노아 당시의 모습에 대해 생각해 보겠습니다.

❶ 여러 날 비가 내리는 상황을 맞이한 사람들

노아 시대의 오늘은 계속해서 비가 내렸습니다. 하나님께서 작정하신 비는 40일 동안 내리는 것입니다. 비가 처음 내린 어제 사람들은 아마도 하루 종일 비가 내림으로 인해 많은 생각에 잠겼을 것입니다. 처음에 많은 비가 내릴 때 그들은 그저 비가 많이 오는구나 생각했을 것입니다. 왜냐하면 큰 깊음의 샘들이 터지며 하늘의 창들이 열려 비가 내린 사실을 사람들은 몰랐을 것이기 때문입니다.

하루 종일 내린 비는 강과 호수에 몰려들어 넘치기 시작하였을 것이고 심각함을 느낀 사람들은 대피하려고 준비했을 것입니다. 대피하면서 아마도 노아가 전했던 홍수 심판을 떠 올렸을 것이며 비가 그치기를 바라며 믿지 못한 것을 후회하면서 살려달라고 애원하였을 것입니다. 그들은 죽어가면서 후회하였을 것인데 이것은 홍수 심판의 전주곡에 지나지 않았습니다.

하나님의 심판은 완전합니다. 땅에 있어 호흡이 있는 모든 것들을 멸하시기로 작정하셨기에 이틀 정도의 비로는 모든 기식 있는 것들을 멸할 수 없습니다. 그래서 사십 주야를 작정하셨고 완전한 심판을 행하려 하신 것입니다. 땅 위에 사는 숨 쉬는 생명에 대한 완전한 심판에 대해

"땅 위에 움직이는(기어 다니는) 모든 육체가 숨이 끊어졌다"라고 서술되면서 '나는 피조물(새, 곤충)과 짐승(네 발 가진 가축)과 그리고 짐승(스스로 사는 짐승) 그리고 땅 위에서 떼를 지어 우글거리는 모든 것과 그리고 모든 사람들'(창 7:21)이라고 구체적으로 언급하고 있습니다. 계속해서 창세기 7:22은 '와우계속법 + 칼 미완료'로 진행되던 문장이 '칼 완료'로 진행되며 어순 도치되어 '주어(마른 땅에 있는 모든 것들 가운데 자기의 코로 생명들의 숨('루아흐', 호흡하는 모든 것들은) + 술어(죽었다)'로 강조됩니다. 코가 있어 숨 쉬는 모든 것을 언급하며 숨에 해당하는 두 단어 '네샤마'(숨, 호흡, 호흡하는 것)와 '루아흐'(숨, 바람, 영)를 마켑(-)으로 연결하여(נִשְׁמַת רוּחַ) 강조하고 있음을 볼 수 있습니다. 더 나아가 창세기 7:23에서는 '마하'(씻다, 닦아내다)를 두 번 반복해서 사용하며 "그가 땅 위에 모든 생물, 곧 사람과 짐승과 기는 것과 공중의 새까지 쓸어버리셨다 그리고 그가 땅으로부터 쓸어버리셨다"(창 7:23ab)고 언급합니다. 결국 "노아만 홀로 남았다 그리고 그와 함께 방주에 있던 자가(남았다, 생략됨)"(창 7:23ab)라고 언급하며 하나님께서 방주에 타지 않은 숨 쉬는 모든 생명체를 홍수로 멸하셨음을 강조하고 있습니다.

이틀 동안의 비로 물이 불어 오르기 시작하자 사람들은 높은 곳으로 높은 곳으로 이동하였을 것입니다. 배를 가진 사람들은 아마도 배를 타고 비가 그치기를 바랐을 것입니다. 또한 노아가 지은 방주를 생각하고 방주가 있는 곳으로 갔을 지도 모릅니다. 그러나 하나님께서 닫아 넣으신 방주의 문은 열리지 않았습니다. 그들은 이미 경고의 나팔을 무시했기 때문입니다. 예수님께서는 "홍수가 나서 저희를 다 멸하기까지 깨닫지 못하였다"라고 말씀하셨습니다(마 24:38-39).

> 홍수 전에 노아가 방주에 들어가던 날까지 사람들이 먹고 마시고 장가들고 시집가고 있으면서(마 24:38) 홍수가 나서 그들을 다 멸하기까지 깨닫지 못하였으니 인자의 임함도 이와 같으리라(마 24:39)

❷ 노아의 때와 같이 인자의 임함도 그러하리라

노아 때의 홍수 심판은 무엇을 생각하게 합니까?

하나님의 아들들이 사람들의 딸들의 아름다움을 보고 자기들의 아내를 삼고, 하나님을 떠나 육체가 된 그들을 물로 심판하셨습니다. 사람들은 홍수가 나서 멸하기까지 먹고 마시고 장가들고 시집가기에 급급했습니다(마 24:38, 눅 17:20). 베드로는 **"노아의 날 방주 예비할 동안 하나님이 오래 참고 기다리셨다"**라고 증거하며 그들이 하나님의 명령에 순종하지 않아 물에 빠져 죽을 수 없었음을 전하고 있습니다(벧전 3:20). 결국 지면의 모든 생물을 쓸어버리셨는데 곧 사람과 짐승과 기는 것과 공중의 새까지 죽었습니다. 홍수 심판이 끝난 후 방주에서 나온 노아에게 하나님께서는 다시는 물로 심판하지 않으리라 약속하셨습니다. 그러나 노아로 인해 퍼진 사람들은 시간이 지나자 또다시 하나님을 떠난 생활을 하고 있습니다.

> 홍수 전에 노아가 방주에 들어가던 날까지 사람들이 먹고 마시고 장가들고 시집가고 있으면서(마 24:38)
> 노아가 방주에 들어가던 날까지 사람들이 먹고 마시고 장가들고 시집가더니 홍수가 나서 그들을 다 멸망시켰으며(눅 17:27)
> 그들은 전에 노아의 날 방주를 준비할 동안 하나님이 오래 참고 기다리실 때에 복종하지 아니하던 자들이라 방주에서 물로 말미암아 구원을 얻은 자가 몇 명뿐이니 겨우 여덟 명이라(벧전 3:20)

예수님께서는 십자가를 통해 구원을 이루신 후 다시 오실 종말에 대해 말씀하셨습니다. 인자의 임함이 노아 때와 같을 것을 말씀하고 계십니다(마 24:37). 이것은 홍수로 다시 멸하겠다는 것이 아니라 사람들의 죄악상이 멸망하기까지 하나님의 뜻을 깨닫지 못할 것이라는 뜻입니다. 또한 예수님께서는 너희들이 생각지 않은 때에 인자가 올 것이므로 깨어 있으라고 경고하셨습니다. 인자가 임할 그날과 그 시를 알지 못함으로 충성되고 지혜로운 청지기처럼, 등과 여분의 기름을 준비한 다섯 처녀처럼, 다섯 달란트와 두 달란트를 받아 주인이 돌아오기까지 충성하여 종들처럼 깨어있으라고 말씀하셨습니다(마 24:36-25:30).

성도 여러분!
나 자신의 생활을 돌아봅시다. 주님을 믿기로 작정한 후 주님이 맡기신 사명을 완수하기 위해 말씀을 듣고, 성경을 읽으며, 깨어서 기도하며, 천국 건설을 위해 전도하고 있습니까? 오늘도 언제 오실지 모르는 주님을 만나기 위해 자신이 처한 어느 곳에서나 주님의 사랑을 전하며 말씀을 전해 죽어가는 영혼을 구원하시는 신령한 복음의 메신저가 되는 하루가 되시길 기도합니다.

성막을 덮은
구름을 따라 이동하는
이스라엘 백성들

오늘은 시내광야에 11개월 20일 머문 이스라엘 백성이 약속의 땅을 향해 떠나는 날입니다. 오늘 날짜가 포함된 사건은 다음과 같습니다.

사건 1   제2월 10일부터 방주에 들어가 하나님의 명령을 감당하는 11일째로 하나님께서 말씀하신 대로 40일 동안 비가 내린 4일째

사건 2   노아 601년 제1월 1일 땅 위에 물이 마른 지 50일째로 땅이 완전히 말라 제2월 27일에 방주를 나오기까지 방주에 머무름

사건 3   라암셋을 떠난 지 36일째(제1월을 30일로 계산함), 홍해를 건너 시나이 반도로 들어와 광야를 걷기 시작한 29일째 날

사건 4   엘림과 시내산 사이 신광야에 진을 치고 거한지 다섯째 날

사건 5   시내광야에 11개월 20일 머물던 이스라엘 백성이 하나님의 명령에 따라 약속의 땅을 향해 떠남

사건 6   히스기야 왕이 종교개혁을 단행하고 성전 청결케 한 후 유월절을 지키고 무교절 6일째

사건 7   주전 458년 2차 포로 귀환 시 제1월 1일 바벨론을 떠난 후 50일째로 아하와 강을 떠난 지 39일째(스 7:6-9, 8:15-36)

사건 8   하만이 제12월 13일에 유대인들을 죽이라는 조서를 써서 보낸 후 38일째 (더 3:12)

이스라엘 백성들은 주전 1446년 제1월 15일 밤 애굽을 떠나 3월에 시내 광야에 도착해 11개월 20일을 머물렀습니다. 그리고 오늘 날짜인 주전 1445년 제2월 20일 시내 광야를 떠났습니다(민 10:11-12). 오늘은 성막을 덮었던 구름의 지시에 따라 이동했던 상황에 대해 살펴보겠습니다.

❶ 성막을 덮은 구름의 명령에 따라 이동하는 이스라엘 백성들

출애굽 한 해 제3월에 시내 광야에 도착한 이스라엘 자손들은 11개월 20일을 머물렀습니다. 시내 광야에 머물며 이스라엘 자손들은 하나님의 백성으로 살 것을 약속했고 하나님께서 주신 십계명과 율법을 받았습니다. 그리고 여호와께서 모세에게 명령하신 대로 성막을 완성했고 법궤를 모신 후(1월 1일 모세가 성막을 세움 참조) 하나님의 군대가 되어(2월 1일 전쟁에 나갈 수 있는 남자를 계수하는 모세 참조) 주전 1445년 제2월 20일인 오늘 시내 광야를 떠났습니다(민 10:11-12).

> 둘째 해 둘째 달 스무 날에 구름이 증거의 성막에서 떠오르매(민 10:11) 이스라엘 자손이 시내 광야에서 출발하여 자기 길을 가더니 바란 광야에 구름이 머무니라(민 10:12)

광야 여정 중 백성이 진을 치거나 진을 쳤던 곳을 떠나는 것은 백성들의 마음대로 하지 않았고 성막을 덮었던 구름이 행하는 대로 순종했습니다. 구름이 장막 위에 하루를 머물다 떠나면 백성들이 떠났고, 구름이 장막 위에 머무는 날이 오랠 때에는 이스라엘 자손이 진행치 않고 머물렀고 말합니다(민 9:17-22).

> 구름이 성막에서 떠오르는 때에는 이스라엘 자손이 곧 행진하였고 구름이 머무는 곳

에 이스라엘 자손이 진을 쳤으니(민 9:17) 이스라엘 자손이 여호와의 명령을 따라 행진하였고 여호와의 명령을 따라 진을 쳤으며 구름이 성막 위에 머무는 동안에는 그들이 진영에 머물렀고(민 9:18) 구름이 성막 위에 머무는 날이 오랠 때에는 이스라엘 자손이 여호와의 명령을 지켜 행진하지 아니하였으며(민 9:19) 혹시 구름이 성막 위에 머무는 날이 적을 때에도 그들이 다만 여호와의 명령을 따라 진영에 머물고 여호와의 명령을 따라 행진하였으며(민 9:20) 혹시 구름이 저녁부터 아침까지 있다가 아침에 그 구름이 떠오를 때에는 그들이 행진하였고 구름이 밤낮 있다가 떠오르면 곧 행진하였으며(민 9:21) 이틀이든지 한 달이든지 일 년이든지 구름이 성막 위에 머물러 있을 동안에는 이스라엘 자손이 진영에 머물고 행진하지 아니하다가 떠오르면 행진하였으니(민 9:22)

원어 성경을 볼 때 민수기 9:15a는 '성막을 세우는 날에 구름이 증거막의 성막을 덮었다'라고 번역됩니다. '카사'(כָּסָה, 덮다, 숨기다, 감추다)의 '피엘〈강조〉완료'인 '키사'가 쓰여 구름이 성막을 덮었음이 강조되고 구름과 관련하여 설명할 때 어순 도치되어 부사어인 '성막을 세우는 날에'가 강조되었습니다. 출애굽 한 후 광야 길로 들어서기 바로 전인 에담에서 나타난 구름 기둥은 이스라엘 자손이 시내 광야까지 이동하는 동안 함께하며 길을 안내했었는데 이제 성막을 세운 날에 성막을 덮는 모습으로 나타났습니다. 이후 구름의 상태에 따라 이스라엘 자손들은 진행하거나 장막을 치고 머물렀습니다.

구름에 대해 설명할 때 민수기 9:16-9:23b에서 '미완료' 동사를 써서 서술하고 있습니다. 번역 성경은 이 과정에서 '덮었다, 이동했다, 진을 쳤다, 지켰다, 떠올랐다'로 과거로 번역하는데 이것은 히브리어 미완료가 '미완료 과거'(과거 진행)를 포함하기 때문입니다. 문법적으로 미완료 형태는 어떤 행위의 계속성과 습관을 제시하기 때문에 사건보다는 **"누가"**에 더 관심을 갖게 됩니다. 그렇기에 민수기 9:15b-23b까지는 '구름과 이

시내 반도
이스라엘 자손이 이동했을 가능성이 있는 와디의 모습으로 구름 기둥의 보호 없이 낮에 이동하는 것은 쉽지 않다. by Terra Explorer

스라엘 자손'에 대해 집중하고 있음을 알 수 있습니다. 이처럼 원어 성경으로 보면 성막 위에 덮인 구름이 인도하는 대로 구름이 성막에서 떠 오르면 이스라엘 자손은 행진하고 구름이 멈추면 장막을 치고 머물렀는데 구름과 이스라엘 자손에 집중하고 있음을 알 수 있습니다.

또한 성경은 이스라엘 자손이 여호와의 명을 좇아 진행하였고 여호와의 명을 좇아 진을 쳤다고 말합니다(민 9:18-20, 23ab). 그렇다면 여호와의 명이 곧 구름의 이동으로 나타났다고 볼 수 있는데, 광야에서 성막을 덮은 예사 구름이 아님을 알 수 있습니다. 광야 여정 중 홍해를 건너기 전에담에서 나타난 불 기둥과 구름 기둥은 하나님께서 그의 백성 이스라엘 자손을 지키시며 보호하시고 인도하심을 알게 합니다. 이스라엘 자손들은 구름이 오래 머물면 장막을 치고 오래 머물렀고 밤이든 낮이든 구름이 떠오르면 장막을 걷고 떠났습니다. 이것은 하나님의 백성으로 살기로 한 이스라엘 백성들이 하나님께서 원하시는 대로 진행하고 머물러야 했음을 깨닫게 합니다.

❷ 구름을 따라 이동하지 않았다면

한 가지 생각해 볼 것은 구름이 떠올랐고 다 구름을 따라 모두 이동하는데 함께 이동하지 않고 남아 있으면 어떻게 되었을까요? 만약 구름 기둥과 함께 이동하지 않고 구름 기둥의 범위에서 벗어난 사람들은 얼마 가지 못해 시내 광야 길에서 다 죽었을 것입니다. 왜냐하면 낮의 더위와 밤의 추위도 문제지만 매일 진 주변에 내리는 만나를 먹어야 살 수 있었기 때문입니다. 이처럼 출애굽 한 이스라엘 백성이나 섞여 사는 무리들은 살아남기 위해서는 어쩔 수 없이 구름 기둥과 함께 해야 했습니다.

현재 낙타를 목축하는 베두인들이 시내 반도 곳곳에서 살아가기는 하지만 애굽에서 종살이하며 풍요의 땅에서 살던 이스라엘 백성이나 섞여 살던 무리들은 시내 반도에서 살아갈 수 없었을 것입니다. 구름 기둥과 함께 하지 않으면 낮에 그늘에 피할 수 없어 더위로 인해 탈수 증상을 보일 것이고 불 기둥이 아니면 밤의 추위로 며칠을 버티지 못했을 것입니다. 또한 구름 기둥을 따라 이동하며 진을 치지 않을 때 생기는 제일 큰 문제는 매일 진 사면에 주어지는 만나를 거둘 수 없기에 먹을 것이 없는 광야에서 어느 누구라도 살아남기 힘들었을 것입니다.

시내 반도의 상황을 생각해 보면 출애굽 한 이스라엘 백성들이나 섞여 사는 사람들은 구름, 곧 여호와의 명령대로 움직이지 않을 수 없었는데 죽지 않으려고 따라가는 사람들도 있었을 것입니다. 이렇게 구름 기둥으로 하나님의 명을 따라 움직일 수밖에 없게 만드신 것은 하나님의 백성으로 순종하며 살게 하려는 하나님의 강권적인 역사라 생각됩니다. 이스라엘 자손들은 여호와의 명령대로, 곧 구름이 떠오르면 장막을 걷어 이동했고 구름이 머물면 장막을 치고 머물렀습니다. 민수기 9:23c는 어순 도치되어 '목적어(여호와의 명령을)'을 강조하며 **"그들이**(이스라엘 자손들) **모세**

에게 전한 여호와의 명을 따라 여호와의 명령을 지켰다'라고 언급합니다. 그런데 여호와의 명령을 따라 움직이던 이스라엘 자손은 끝까지 순종하지는 못합니다. 오래지 않아 불평하며 모세와 아론을 원망했고 더 나아가 하나님을 원망하다 광야에서 죽게 되었습니다.

성도 여러분!
오늘은 하나님의 백성으로 살기로 작정한 이스라엘 백성이 시내 광야를 떠나 약속의 땅으로 떠나는 날입니다. 예수를 그리스도라 고백하고 믿기로 작정했던 날이 구체적으로 언제인지 알 수 없지만, 복음을 듣고 믿고 감격하여 예수를 그리스도라 고백하고 사랑하며 하나님의 일을 감당하기로 작정했던 그때를 생각해 보는 하루가 되시기 소망합니다.

만나를 두 배로 거두고
안식일을 준비하는
여섯째 날

오늘 날짜가 언급된 성경 사건은 없습니다. 오늘 날짜가 포함된 사건은 다음과 같습니다.

사건 1 제2월 10일부터 방주에 들어가 하나님의 명령을 감당하는 12일째로 하나님께서 말씀하신 대로 40일 동안 비가 내린 5일째

사건 2 노아 601년 제1월 1일 땅 위에 물이 마른 지 51일째로 땅이 완전히 말라 제2월 27일에 방주를 나오기까지 방주에 머무름

사건 3 라암셋을 떠난 지 37일째(제1월을 30일로 계산함), 홍해를 건너 시나이 반도로 들어와 광야를 걷기 시작한 30일째 날

사건 4 엘림과 시내산 사이 신광야에 진을 치고 거한지 여섯째 날로 만나를 두 배 거둔 날

사건 5 시내광야에 11개월 20일 머물던 이스라엘 백성이 하나님의 명령에 따라 약속의 땅을 향해 떠난 지 2일째

사건 6 히스기야 왕이 종교개혁을 단행하고 성전 청결케 한 후 유월절을 지키고 무교절 7일째

사건 7 주전 458년 2차 포로 귀환 시 제1월 1일 바벨론을 떠난 후 51일째로 아하와 강을 떠난 지 40일째(스 7:6-9, 8:15-36)

사건 8 하만이 제12월 13일에 유대인들을 죽이라는 조서를 써서 보낸 후 39일째 (더 3:12)

오늘은 신광야에 도착해 하나님께서 주신 만나를 거두는 6일째 날입니다. 만나를 거누는 6일째인 날은 다른 날과는 달리 두 배의 만나를 거두는 날입니다. 오늘은 일주일 동안 만나를 어떻게 거두어야 했는지 만나를 거두는 법칙에 대해 살펴보겠습니다.

❶ 5일 동안 매일 아침 한 오멜씩 거두라

모세는 5일 동안 매일 아침 만나를 거두는데 하루에 한 오멜의 같은 분량만 거두라는 하나님의 말씀을 백성들에게 전했습니다. 그리고 **"아무도 그것을 아침까지(다음 날) 남겨두지 말라"**라고 말했습니다(출 16:19). 모세의 말은 어순 도치되어 주어인 '아무도'가 강조되었습니다. 또한 미완료가 쓰여 '누가'에 관심을 두는데 주어로 쓰인 '아무도'에 관심을 둡니다. '아무도'로 번역된 '이쉬'(אִישׁ)는 '각 사람', '아무든지'에 해당하며 종합해 볼 때 '만나를 남길 수 있는 사람은 없다'는 것을 강조합니다.

매일 만나를 거둠에 있어 앞에서도 이야기했듯이 모든 사람이 한 오멜의 같은 분량을 취했기에 더 많이 거두어 남기지 말라는 것이 아니라, 하나님께서 약속하셨기에 내일 일을 걱정하여 덜 먹고, 내일을 위해 남겨 두지 말라는 의미일 것입니다. 그런데 다음 날 먹을 것에 대해 걱정하여 남겼는지, 먹고 남아서 남겼는지는 알 수 없지만 다음 날 아침까지 남겨둔 사람이 있었습니다. 남겨둔 만나에는 벌레가 생겼고 냄새가 났습니다. 이에 모세는 그들을 책망했습니다(출 16:20).

> **그들이 모세에게 순종하지 아니하고 더러는 아침까지 두었더니 벌레가 생기고 냄새가 난지라 모세가 그들에게 노하니라**(출 16:20)

출애굽기 16:20은 다섯 개의 문장이 와우계속법-미완료로 진행되며 다섯 개의 사건이 연속적으로 진행된 것으로 다섯 개의 동사로 표현하고 있습니다. 각 문장은 백성들이 모세의 말을 '듣지 않았다', 아침까지 '남겨 두었다', 벌레가 '올라왔다/생겼다', 냄새가 '났다', 모세가 '화를 냈다'로 진행됩니다. 모세의 말을 듣지 않고 다음 날까지 남겨둔 만나에서 벌레가 생기고 냄새가 났다는 사실을 경험한 사람은 물론 그 이야기를 들은 사람들은 만나를 남기지 않았을 것이고 그들은 매일 만나를 거두어야 함을 깨달았을 것입니다.

❷ 제6일째 되는 날은 두 배씩 두 오멜을 거두라!

만나를 거두기 시작한 지 제6일째에는 평소에 거두던 만나의 양에 비해 두 배를 거두었습니다. 오늘 날짜가 만나를 두 배로 거두는 날에 해당합니다. 출애굽기 16:22b는 '와우계속법-미완료'가 아닌 '라카트'의 '완료'를 쓰고 있습니다. 문장에 완료가 쓰이면 목적어에 관심을 두는 것인데 목적어인 '갑절의 빵'을 강조하고 있습니다. 제6일에는 '갑절의 만나'를 거두어야 했습니다.

모세는 각 지파의 리더들에게 여호와께서 말씀하신 것을 전했습니다. 먼저 명사문장으로 **"이것이 여호와께서 말씀하신 것이다"**(출 16:23a)라고 선언했습니다. 그리고 명사문장으로 **"내일은 여호와께 거룩한 안식일로 쉬는날이다."** (출 16:23)라고 일곱째 날에 대한 정의를 내렸습니다. 그리고 **"구울 것을 구워라! 삶을 것을 삶아라! 그리고 남은 모든 것은 너희들을 위해서** (다음 날, 안식일) **아침까지 남겨두라!"**(출 16:23cdf)고 3가지를 명령했습니다.

만나를 거두기 시작한지 6일째가 되는 오늘 아침 이스라엘 자손들은 평소보다 두 배 많은 두 오멜씩 거두어 다음 날 먹을 양까지 굽거나 삶거나 했습니다. 여섯째 날은 다른 날보다 더 바쁘고 분주한 날이었습니다. 분주하긴 했지만 여섯째 날은 하나님께서 정하신 거룩한 제7일째 안식일에 불을 피우지 않고 일을 하지 않기 위한 날이었습니다. 안식일에는 여섯째 날에 거두고 만들어 놓은 만나를 먹으며 일하지 않고 하나님을 기억하며 예배하는 날이었습니다. 출애굽 한 이스라엘 백성들이 처음으로 안식일을 지킨 날이 만나를 두 배로 거눈 날의 해질 때부터 내일(22일) 해질 때까지였습니다.

이스라엘 족속은 매일 거두는 양식을 '만나'('만', מָן: '마'(מָה, 무엇?)에서 유래했으며 '이것은 무엇이냐?'는 의미)라고 불렀는데 깟씨 같이 희고 맛은 꿀 섞은 과자 같았습니다(출 16:31). 모세는 여호와께서 명령하신 **"만나 오멜에 채워서 너희 자손 대대로 보존하여라. 그리하여 내가 너희를 애굽 땅에서 이끌어 낼 대 광야에서 너희를 먹인 양식을 너희 자손이 볼 수 있게 하여라."**(출 16:32)하신 말씀을 전했습니다. 또한 모세는 아론에게 **"항아리 하나를 가져다가 그 속에 만나 한 오멜을 담고 여호와 앞에 두어 대대로 간수하게 하시오."**(출 16:33)라고 말했고 아론은 여호와께서 모세에게 명령하신 대로 그것을(만나 담은 항아리) 증거판 앞에 두어 간수하게 했습니다(출 16:34). 이스라엘 자손은 사람이 사는 땅에 이를 때까지, 곧 가나안 땅의 경계에 이를 때까지 사십 년 동안 만나를 먹었습니다(출 16:35). 정확하게는 요단강을 건너 할례를 행한 후 유월절을 지켰는데 그다음 날 만나가 그쳤습니다.

사람이 사는 땅에 이르기까지 이스라엘 자손이 사십 년 동안 만나를 먹었으니 곧 가나안 땅 접경에 이르기까지 그들이 만나를 먹었더라(출 16:35)

하나님께서는 애굽 땅에서 가져 나온 음식을 다 소비하고 먹을 것이 없어 원망하는 이스라엘 백성들을 위해 아마도 만나를 미리 준비하셨을 것입니다. 그리고 만나를 매일 거두게 하심으로 만나를 내려 주시는 여호와 하나님을 기억하도록 하셨을 것입니다. 만나를 거두는 법칙을 통해서 이스라엘 백성들이 깨달아야 했던 것은 애굽에서 살던 월력 체계를(10일 주기의 체계) 버리고 하나님께서 만들어주신 월력체계로(일주일 주기의 체계) 생활 주기를 바꾸어야 했다는 것입니다. 이스라엘 백성들은 만나를 거두는 법칙을 따라 여호와 하나님에 대해 믿음이 작거나 없던 백성들도 어쩔 수 없이 지키게 되었을 것입니다.

성도 여러분!

하나님께서 정하신 것은 그저 말씀하신 대로 순종하기만 하면 됩니다. 사람의 생각에 이해가 되지 않거나 불합리하더라도 명령하신 것을 순종하는 것이 하나님의 백성으로서의 삶이었습니다. 애굽을 떠났지만 아직 여호와 하나님의 백성으로서의 삶을 살지 못하는 이스라엘 백성에게 하나님께서는 만나를 거두는 법칙을 통해 그들을 구원하시고 인도하시는 분이 여호와 하나님이심을 깨닫게 했습니다. 하나님께서는 만나를 거두는 법칙을 알려주시고 순종하게 하신 것은 광야의 이스라엘 백성들이 여호와께서 하나님이신 것을 알게 하려고 하셨기(출 16:12) 때문임을 잊지 맙시다. 오늘도 '너희 하나님인 것을 너희가 알게 하려고 하신 것'을 기억하고 하루하루의 삶을 여호와 하나님과 동행하는 삶을 사시길 기도합니다.

22일

신광야에서 지킨
첫 번째 안식일

오늘 날짜가 언급된 성경 사건은 없습니다. 오늘 날짜가 포함된 사건은 다음과 같습니다.

사건 1 제2월 10일부터 방주에 들어가 하나님의 명령을 감당하는 13일째로 하나님께서 말씀하신 대로 40일 동안 비가 내린 6일째

사건 2 노아 601년 제1월 1일 땅 위에 물이 마른 지 52일째로 땅이 완전히 말라 제2월 27일에 방주를 나오기까지 방주에 머무름

사건 3 라암셋을 떠난 지 38일째(제1월을 30일로 계산함), 홍해를 건너 시나이 반도로 들어와 광야를 걷기 시작한 31일째 날

사건 4 엘림과 시내산 사이 신광야에 진을 치고 거한지 일곱째 날로 만나를 거두지 않고 안식일로 지킨 날

사건 5 시내광야에 11개월 20일 머물던 이스라엘 백성이 하나님의 명령에 따라 약속의 땅을 향해 떠난 지 3일째

사건 6 히스기야 왕이 종교개혁을 단행하고 성전 청결케 한 후 유월절을 지키고 무교절 8일째

사건 7 주전 458년 2차 포로 귀환 시 제1월 1일 바벨론을 떠난 후 52일째로 아하와 강을 떠난 지 41일째(스 7:6-9, 8:15-36)

사건 8 하만이 제12월 13일에 유대인들을 죽이라는 조서를 써서 보낸 후 40일째 (더 3:12)

오늘은 신광야에서 지킨 첫 번째 안식일에 대해 살펴보겠습니다.

❶ 온전하게 이스라엘 백성 전체에 의해 지켜지지 못한 첫 번째 안식일

출애굽 한 후 광야에서 첫 번째로 지켜지게 된 안식일에 대부분의 이스라엘 백성들은 어제(만나를 거두기 시작한 지 6일째 날) 이틀 분의 만나를 거두었고 모세가 전한 하나님의 명령대로 그것을 굽고, 삶아 먹은 후 남은 것은 오늘(안식일) 아침까지 간수했습니다. 그런데 오늘(안식일) 아침에는 다른 날과 달리 남겨 둔 만나에서 냄새도 나지 않고 벌레도 생기지 않았고(출 16:24) 해가 뜬 후에도 사그라지지도 않았습니다. 출애굽기 16:24c는 어순 도치되어 주어인 '벌레가'가 강조되어 '그 안에 벌레가 없었다'고 말합니다.

> **그들이 모세의 명령대로 아침까지 간수하였으나 냄새도 나지 아니하고 벌레도 생기지 아니한지라**(출 16:24)

이스라엘 자손들은 신광야에 진을 치고 만나를 거두기 시작한 후 7일째 되는 오늘 신기한 체험을 하게 된 것입니다. 다른 날은 만나를 남겨 이틀이 지나면 냄새가 나고 벌레가 생겼는데 7일째 되는 안식일에는 아무런 냄새도 나지 않고 벌레도 생기지 않는 체험을 하게 된 것입니다. 그런데 이스라엘 백성들은 아무리 생각해 보아도 그 이유를 알 수 없었습니다. 다른 날과 다른 것은 모세를 통한 하나님의 말씀이 있었고 그 말씀에 순종한 것밖에 없습니다. 모세는 변하지 않은 만나를 체험한 이스라엘 자손들에게 **"너희들은 오늘 그것을 먹으라. 왜냐하면 오늘은 여호와께 안식일이기 때문이다. 오늘은 너희들이 들에서 그것을 얻지 못할 것이다."**(출 16:25)라고 말하며 만나가 상하지 않은 이유를 설명했습니다. 그 이유는 제7일 일곱 번째 날이 '여호와께 안식일'이었기 때문입니다. 출애굽기 16:25c는 어순 도치되어 때를 나타내는 부사어 '오늘에'가 강조되었고 미완료를 써서 '너희들이'에 집중하게 하는데 '오늘은 너희들이(이스라엘 백성들) 들에서 만나를 얻지 못할 것이다'라고 기록되었습니다. 계속해서 모세는 **"너희가 그것을 육일 동안은 거둘 것이다. 그러나 제 칠일은 안식일이라. 그날에는 없으리라."**(출 16:26)고 말하며 하나님께서 말씀하신 안식일에 대해 설명했습니다. 출애굽기 16:26a, 26b는 어순 도치되어 부사어 '육일 동안에'와 '제 칠일은 안식일이기에'가 강조되었고 미완료가 사용되어 주어인 '너희가'와 '그날에는'에 집중하게 합니다. 직역하면 '육일 동안에 너희가 거둘 것이다 그러나 제7일은 안식일이기 때문에 그날에는 없으리라'로 번역할 수 있습니다.

그런데 출애굽 한 이스라엘 백성들이 지킨 첫 번째 안식일은 이스라엘 백성 전체가 하나님의 말씀대로 온전하게 지키지 못했습니다. 왜냐하면 몇몇 사람들이 하나님의 말씀에 순종하지 않고 일곱째 날에 만나를 거두기 위해 진 밖으로 나갔기 때문입니다.

❷ 일곱째 날에 만나를 거두기 위해 진 밖으로 나간 사람들

일곱째 날에 만나를 거두기 위해 진 밖으로 나갔던 사람들은 여섯째 날에 두 배로 만나를 거두어야 하는 법칙을 지키지 않고 하루분의 만나를 거두었기에 일곱째 날에도 만나가 필요했습니다. 그러나 그들은 "만나를" 얻지 못했습니다. 모세는 출애굽기 16:27b에서 동사의 '완료' 형을 써서 **"백성들 가운데 그들이(더러) '만나를' 거두기 위해 나갔다. 그러나 '만나를'(얻지) 못했다"**(출 16:27)라고 말하며 강조하고 있습니다. 그런데 정작 문장에서는 강조하려는 목적어인 "만나를"이 생략되어 있습니다. "만나를"에 집중시키고자 하지만 정작 생략함으로 "만나를" 얻기 위해 나갔던 사람들이 아무것도 얻을 수 없었음을 강조하는 표현이라 생각됩니다.

이 상황을 보신 하나님께서는 모세에게 말씀하셨습니다. **"너희가 어느 때까지 내 계명과 내 율법을 거부할 것이냐"**(출 16:28)라고 말씀하셨습니다. 출애굽기 16:28은 '와우계속법-완료'나 '미완료'가 쓰여야 하는데 '완료'형을 쓰고 있습니다. 완료가 명백한 시간을 구분하여 과거에만 쓰이는 것이 아니기에 쓰일 수 있는데 이때에는 말하는 사람의 관점에서 **"어떤 행위의 완결과 성취"**를 기준으로 사용됩니다. 이것은 하나님께서 이스라엘 자손이 미래에까지 지키지 않는 것을 보신 것을 표현하는 것으로 생각할 수 있을 것입니다. 또한 완료는 "무엇을"에 집중하게 하는데 본 절에서는 "내(하나님) 계명과 내(하나님) 율법"에 집중하여 지키지 못한 것을 강조하고 있습니다.

이후 모세는 하나님의 말씀을 듣고 이스라엘 자손들에게 하나님의 말씀을 강하게 명령하여 선포했습니다. 이스라엘 자손이 만나를 거두지 않는 안식일에 해야 할 일을 선포했습니다.

> **"보아라! 여호와께서 너희에게 그 안식일을 주셨다는 것을"**(명령)
> **"그러므로 그는 제6일 날에는 너희들에게 이틀 분의 빵을 주신다"**
> **"너희는 각기 처소에 머물러라"**(명령)
> **"제7일에는 아무도 자기의 처소로부터 나오지 말라"**(명령)

이스라엘 자손이 안식일에 할 일은 각기 자기 처소에 머물며 나오지 않는 것이고 빵은 전날 거두어 만들어둔 것을 먹으며 하루 종일 묵상하는 것이었습니다. 하나님께서는 제7일에 만나를 주시지 않으시며 강제로 안식하게 하셨습니다(출 16:30).

결국 이스라엘 자손은 안식일을 지키며 애굽을 떠나게 하셨던 하나님께서 이제도 함께 하시고 이후로도 계속해서 함께 하시며 지키시고 보호하신 다는 것을 깨달아야 했습니다. 그리고 이스라엘 자손들은 하루 종일 자신의 장막에 머무르며 하나님께서 정하신 안식일에 하나님의 백성으로 살아가는 것에 대해 묵상해야 했고 순종해야 했습니다.

성도 여러분!

신광야에서 최초로 지켜졌던 안식일이 온전하게 지켜지지 못한 것은 몇몇 순종하지 않은 백성들 때문이었습니다. 이들은 아마도 하루 분만 거두라고 했을 때 더 많은 분량을 거둔 후 남겨 이튿날 냄새가 나고 벌레가 생기는 경험을 했던 사람들일 가능성이 큽니다. 왜냐하면 모세를 통해 전해지는 하나님의 말씀에 집중하지 않았던 사람들이기 때문입니다. 오늘도 하나님께서 언약공동체를 통해 하시는 일이 몇몇 사람들 혹 나로 인해 온전하게 이루어지지 않는 일은 없는지 생각해 보고 만일 순종하는 한 사람에 속한다면 회개하고 앞으로는 모든 하나님의 말씀에 순종할 수 있기를 소망합니다.

다시 7일 동안
무교절을 지키기 시작하는
히스기야 왕과 백성들

오늘 날짜가 언급된 성경 사건은 없습니다. 오늘 날짜가 포함된 사건은 다음과 같습니다.

사건 1　제2월 10일부터 방주에 들어가 하나님의 명령을 감당하는 14일째로 하나님께서 말씀하신 대로 40일 동안 비가 내린 7일째

사건 2　노아 601년 제1월 1일 땅 위에 물이 마른 지 53일째로 땅이 완전히 말라 제2월 27일에 방주를 나오기까지 방주에 머무름

사건 3　라암셋을 떠난 지 39일째(제1월을 30일로 계산함), 홍해를 건너 시나이 반도로 들어와 광야를 걷기 시작한 32일째 날

사건 4　엘림과 시내산 사이 신광야에 진을 치고 거한지 일곱째 날로 안식 후 첫날

사건 5　시내광야에 11개월 20일 머물던 이스라엘 백성이 하나님의 명령에 따라 약속의 땅을 향해 떠난 지 4일째

사건 6　히스기야 왕이 종교개혁을 단행하고 성전 청결케 한 후 유월절을 지키고 무교절 9일째

사건 7　주전 458년 2차 포로 귀환 시 제1월 1일 바벨론을 떠난 후 53일째로 아하와 강을 떠난 지 42일째(스 7:6-9, 8:15-36)

사건 8　하만이 제12월 13일에 유대인들을 죽이라는 조서를 써서 보낸 후 41일째(더 3:12)

히스기야 왕이 단독 통치를 시작하며 성전을 성결케 했고 솔로몬 왕이후로 없었던 유월절과 무교절을 지켰습니다(17년 2월 14일 히스기야가 둘째 달에 유월절을 지킴 참조). 그런데 7일 동안 유월절과 무교절을 지킨 백성들은 감격하여 다시 7일을 지키기를 결의하였습니다. 오늘은 7일을 연장해 무교절을 지키는 2일째인데 이 사건에 대해 살펴보겠습니다.

❶ 다시 7일 동안 무교절을 지키기로 정한 백성들

히스기야 왕이 성전을 성결케 하고 유월절과 무교절을 지키며 여호와 하나님께서 정하신 절기를 지켰는데 백성들 가운데에는 자신을 성결하게 하지 못하고 절기를 지킨 백성들이 많았습니다. 히스기야 왕은 정한 방법대로 절기를 지키지 못했음을 용서해 달라고 기도했고 하나님께서는 히스기야의 기도를 들어 주셨습니다. 히스기야 왕과 백성들은 7일 동안 여호와 앞에서 먹으며 화목제를 드리고 여호와 그들 조상의 하나님께 감사드렸습니다. 또한 히스기야 왕은 여호와를 섬기는 일을 훌륭하게 감당한 모든 레위 사람을 격려했습니다(대하 30:22).

> 히스기야는 여호와를 섬기는 일에 능숙한 모든 레위 사람들을 위로하였더라 이와 같이 절기 칠 일 동안에 무리가 먹으며 화목제를 드리고 그의 조상들의 하나님 여호와께 감사하였더라(대하 30:22)

하나님께서 정하신 대로 유월절과 무교절을 지키지 못하고 한 달 늦은 제2월 14일에 유월절을 지키고 7일 동안 무교절을 지켰던 백성들은 늦게 지킨 것마저도 감격했습니다. 백성들은 다시 7일 동안 무교절을 지키기로 결의하였습니다. 백성들이 다시 7일 동안 절기를 지킬 수 있었던 것은 히스기야 왕이 백성들을 위해 수송아지 천 마리와 양 칠천 마리

유월절 어린 양을 잡는 모습
유월절 어린 양은 어린 양을 함께 먹을 집의 대표자가 성전 제단 북편에서 직접 잡았다. 이때 어린 양의 피를 제사장이 받아 제단에 뿌리는 의식을 했다. by The Temple in Jerusalem

를 주었고, 방백들은 수송아지 천 마리와 양 만 마리를 주었고 7일이 지나는 동안 자신을 성결케 한 제사장도 많았기 때문입니다(대하 30:23-24). 역대하 30:24a는 어순 도치되어 주어인 '유다 왕 히스기야'를 강조하고 '완료'를 써서 목적어인 '수송아지 천 마리와 양 칠천을'에 집중하게 합니다. 또한 24b도 어순 도치되어 주어인 '방백들은'이 강조되었고 '완료'를 써서 목적어인 '수송아지 천 마리와 양 일만 마리를'에 집중하여 하나님께 드린 제물에 집중하게 합니다.

다시 7일 동안 절기를 지키며 아마도 유월절 양을 잡는 것부터 다시 했을 가능성이 있습니다. 아마도 성결하게 하지 못하고(성결하게 되는 기간은 7일이 지나야 함) 지킨 유월절과 무교절에 대해 회개하고 다시 어린 양을 잡고, 무교절을 지켰을 것입니다. 만약 다시 어린 양을 잡았다고 생각하면 히스기야와 방백이 내어 준 어린 양이 17,000마리였기에 170,000명 정도가 모였을 것으로 추정됩니다.

다시 7일을 더해 14일 동안 절기를 지키는 동안 예루살렘에는 큰 기쁨이 있었습니다. 유다 온 백성과 제사장들과 레위 사람들과 이스라엘에서 온 모든 백성과 이스라엘 땅에서 나온 나그네들과 유다에 사는 나그네들이 다 즐거워하여 예루살렘에 큰 기쁨이 있었던 것입니다(대하 30:25). 이러한 기쁨은 다윗의 아들 솔로몬 때부터 예루살렘에 없었던 기쁨인데, 제사장들과 레위 사람들이 일어나서 백성을 위하여 축복하였습니다. 축복하는 소리가 하늘에 들리고 그 기도 소리가 여호와의 거룩한 처소와 하늘까지 이르렀습니다(대하 30:26-27).

> 예루살렘에 큰 기쁨이 있었으니 이스라엘 왕 다윗의 아들 솔로몬 때로부터 이러한 기쁨이 예루살렘에 없었더라(대하 30:26) 그때에 제사장들과 레위 사람들이 일어나서 백성을 위하여 축복하였으니 그 소리가 하늘에 들리고 그 기도가 여호와의 거룩한 처소 하늘에 이르렀더라(대하 30:27)

7일 동안 절기를 더 지킨 후에 온 이스라엘은 유다 성읍들로 나가 기둥 우상을 깨뜨리고 아세라 목상을 찍어 버렸고 유다와 베냐민과 에브라임과 므낫세 온 땅에서 산당들과 제단들을 모조리 부수어 없앴습니다. 그런 후 이스라엘 백성들은 각기 자신들의 성읍으로 돌아갔습니다(대하 31:1).

성도 여러분!
하나님의 절기를 지키며 기쁨을 맛본 백성들은 스스로 기간을 연장하여 절기를 지키기로 했습니다. 그리고 그 결정을 들은 히스기야 왕과 방백들은 자신의 재산을 내 주어 하나님 앞에 감사의 절기를 지키게 했습니다. 단독 통치를 시작하며 종교개혁을 시작한 것은 히스기야 왕의 결단이었지만 그의 결단은 절기를 지키며 깨달은 백성들의 마음을 움직였고 다시 한번 하나님 앞에 감사의 절기를 지키려 했습니다. 하지만 당장

제물이 없었는데 히스기야 왕과 방백들은 자신의 재산을 내어 주어 백성들의 마음이 제물과 함께 하나님께 드려지게 했습니다. 한 사람의 결단과 헌신이 다른 사람에게 영향을 주어 여호와 하나님 신앙이 회복되는 과정을 살펴본 오늘 나의 삶이 다른 사람들의 신앙의 삶에 본이 되고 영향을 주는 하루가 되시길 기도합니다.

제 2 月

24일

광야 여정을 계속하는
이스라엘 자손

오늘 날짜가 언급된 성경 사건은 없습니다. 오늘 날짜가 포함된 사건은 다음과 같습니다.

사건 1   제2월 10일부터 방주에 들어가 하나님의 명령을 감당하는 15일째로 하나님께서 말씀하신 대로 40일 동안 비가 내린 8일째

사건 2   노아 601년 제1월 1일 땅 위에 물이 마른 지 54일째로 땅이 완전히 말라 제2월 27일에 방주를 나오기까지 방주에 머무름

사건 3   라암셋을 떠난 지 40일째(제1월을 30일로 계산함), 홍해를 건너 시나이 반도로 들어와 광야를 걷기 시작한 33일째 날

사건 4   시내광야에 11개월 20일 머물던 이스라엘 백성이 하나님의 명령에 따라 약속의 땅을 향해 떠난 지 5일째

사건 5   히스기야 왕이 종교개혁을 단행하고 성전 청결케 한 후 유월절을 지키고 무교절 10일째

사건 6   주전 458년 2차 포로 귀환 시 제1월 1일 바벨론을 떠난 후 54일째로 아하와 강을 떠난 지 43일째(스 7:6-9, 8:15-36)

사건 7   하만이 제12월 13일에 유대인들을 죽이라는 조서를 써서 보낸 후 42일째 (더 3:12)

신광야에 머물며 안식일을 지킨 이스라엘 자손들은 이후 계속해서 광야 여정을 진행하여 '돕가', '알루스', '르비딤'을 지나 하나님께서 모세를 만나셨던 시내산까지 이동합니다. 오늘은 '신광야'에서 '돕가'까지의 이동 과정을 살펴보겠습니다.

제2月

❶ 와디를 이용한 이동 경로

시나이 반도 내 출애굽 여정을 고고학적으로 추적한 학자들의 주장하는 장소 중 공통적으로 언급되는 곳이 신광야 다음에 진을 친 '돕가'입니다. '돕가'는 '세라빗 엘 카딤'으로 불리는 곳으로 당시 애굽에 속한 광산입니다. 또 한 곳은 '알루스' 다음에 진을 친 '르비딤'으로 물이 없어 백성들이 원망했고, 아말렉과의 전쟁이 있었던 곳입니다. 이스라엘 백성이 신광야를 떠나 돕가와 알루스를 지나 르비딤에 진을 치기까지 이

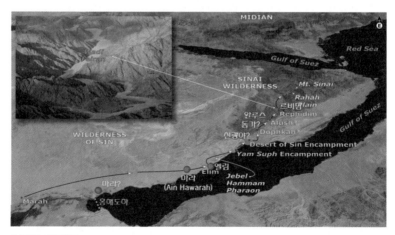

추정되는 이동경로
이스라엘 자손은 시나이 반도의 해안 평지나 산 사이의 '와디'를 통해 이동했을 것이다.

물이 흘렀던 흔적이 있는 와디　　　　　　　　　　　　와디를 통한 이동

동한 동선을 생각해 보면 와디를 따라 이동하고 있음을 알 수 있습니다.

> **신 광야를 떠나**(민 33:12) **돕가에 진을 치고 돕가를 떠나 알루스에 진을 치고**(민
> 33:13) **알루스를 떠나 르비딤에 진을 쳤는데 거기는 백성이 마실 물이 없었더라**
> (민 33:14)

　와디는 건곡이라고도 불리는 마른 하천, 마른 계곡 지형입니다. 광야
나 사막으로 언급되는 곳에 비가 내리면 땅속으로 흡수되지 못한 물이
모여 흐르고 물이 흘러가고 나면 평소에는 물이 흐르지 않게 되는 지형
으로 이곳이 와디입니다. 건기 때나 비가 내리지 않을 때에는 군대나 상
인들이 이동하는 통로로 사용했습니다.

❷ 돕가(세라빗 엘 카딤)에 진을 침

　이스라엘 자손들이 진을 쳤던 '돕가'는
'세라빗 엘 카딤'으로 알려져 있습니다.
'세라빗 엘 카딤' 주변에 와디 마그하라

마그하라 산의 광산

출애굽 추정 경로
와디 마그하라 북쪽 지역은 '세라빗 엘 카딤'이 있는 높은 산지로 200만 명 이상이 자유롭게 이동할 수 있
는 곳은 아니다.

(Wadi Maghara)가 있고, 와디의 주변의 여러 산에서 귀중한 광물, 주로 터
키석과 구리를 채굴했습니다. 현재 시나이 반도 서쪽 해안도로 중간에
위치한 '아브제니마' 동쪽 약 30Km 부근으로 이곳에서 애굽의 초기 통
치자의 비문이 발견되었습니다. 이곳에서 채집된 광물을 당시 애굽 본
토로 보냈던 마카(Markha) 항구에는 지금도 산으로부터 아래로 연결 되
었던 고대의 궤도(an ancient track)가 남아있습니다. 이스라엘 자손들은 산
지에 있는 '세라빗 엘 카딤'으로 불리는 광산 자체를 지나간 것이 아니
라 광산 주변의 낮은 지역인 '와디 마그하라' 주변에 진을 쳤고 지나갔
을 것입니다.

세라빗 엘 카딤 by Terra Explorer

성도 여러분!

하나님의 구속역사가 진행되었던 성경의 땅은 우리가 살고 있는 환경과는 많이 다릅니다. 그렇기에 성경 속 사건을 이해함에 있어 현장의 배경을 이해하는 것은 아주 중요합니다. 구름 기둥과 불 기둥으로 인도하시고 있지만 길 자체는 험했기에 시내산까지 이동하는 과정은 매우 힘들었습니다. 출애굽 한 이스라엘 백성들이 광야 길을 걸으며 불평을 하는데 왜 그들이 불평할 수밖에 없었을까? 하는 궁금증과 함께 지리적, 환경적 배경도 생각하며 그들의 상황을 이해해 봅시다. 하지만 하나님께서 그들의 조상들에게 약속하셨던 것을 믿고 따라가고 구름 기둥과 불 기둥으로 함께 하시는 하나님께서 모든 것을 책임져 주신다고 믿었다면 하나님의 백성으로 태어나기 위해 시내산으로 가는 길이 힘든 여정을 아니었을 것입니다. 오늘도 나와 함께 하시는 하나님을 체험하고 이 시대에도 나를 통해 하나님의 구속사를 이루어 가신다는 확신을 가지고 맡겨주신 직분을 잘 감당하는 하루가 되시길 기도합니다.

25일

물이 없던 르비딤에서의
모세와 다투는
이스라엘 백성들

제2月

오늘 날짜가 언급된 성경 사건은 없습니다. 오늘 날짜가 포함된 사건은 다음과 같습니다.

사건 1 제2월 10일부터 방주에 들어가 하나님의 명령을 감당하는 16일째로 하나님께서 말씀하신 대로 40일 동안 비가 내린 9일째

사건 2 노아 601년 제1월 1일 땅 위에 물이 마른 지 55일째로 땅이 완전히 말라 제2월 27일에 방주를 나오기까지 방주에 머무름

사건 3 라암셋을 떠난 지 41일째(제1월을 30일로 계산함), 홍해를 건너 시나이 반도로 들어와 광야를 걷기 시작한 34일째 날

사건 4 시내광야에 11개월 20일 머물던 이스라엘 백성이 하나님의 명령에 따라 약속의 땅을 향해 떠난 지 6일째

사건 5 히스기야 왕이 종교개혁을 단행하고 성전 청결케 한 후 유월절을 지키고 무교절 11일째

사건 6 주전 458년 2차 포로 귀환 시 제1월 1일 바벨론을 떠난 후 55일째로 아하와 강을 떠난 지 44일째(스 7:6-9, 8:15-36)

사건 7 하만이 제12월 13일에 유대인들을 죽이라는 조서를 써서 보낸 후 43일째 (더 3:12)

날짜별로 본 오늘의 성경 사건   353

오늘은 어제에 이어 '돕가'에서 '르비딤'까지 이동 과정을 살펴보겠습니다.

❶ 돕가를 출발하여 알루스에 진을 침

이스라엘 자손들은 '돕가'에서 출발하여 '알루스'에 진을 쳤습니다. 그런데 '알루스'가 어디인지 정확히 알 수 없고 또한 알루스에서 일어난 사건도 나타나지 않습니다. 지형적으로 접근해 보면 '돕가'를 떠난 이스라엘 자손들은 '와디 파이란'(Wadi Feiran)을 따라 '르비딤'까지 이동했을 것입니다(이 르비딤은 '파이란 오아시스'(Feiran Oasis)이며 물이 많이 나는 곳으로 현재 많은 베두인들이 살고 있습니다). 그렇다면 '돕가'를 떠난 이스라엘 자손들은 '와디 파이란'을 따라 이동하다 그중간 어딘가에 진을 치고 머물렀을 것인데 그곳이 '알루스'입니다(민 33:13-14).

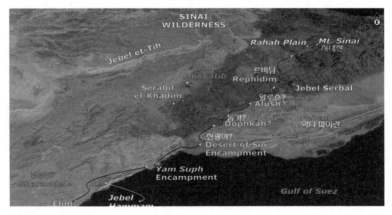

와디를 통한 이동경로
돕가를 떠나 이스라엘 자손은 와디 파이란(Wadi Feiran)을 통해 르비딤까지 이동했을 것이다.

돕가에 진을 치고 돕가를 떠나 알루스에 진을 치고(민 33:13) 알루스를 떠나 르비딤
에 진을 쳤는데 거기는 백성이 마실 물이 없었더라(민 33:14)

출애굽기에는 "이스라엘 자손의 온 회중이 여호와의 명령대로 신 광야에서 떠나 그 노
정대로 행하여 르비딤에 장막을 쳤다"(출 17:1a)고 말하며 '알루스'에 머물렀던 것
은 언급하지 않습니다. 이것은 '알루스'가 여러 날을 머문 곳이 아니라
와디 '파이란'을 통해 시내산으로 가던 중 잠깐 하루 정도 머물며 휴식을
취했던 곳으로 생각됩니다.

❷ 알루스를 떠나 르비딤에 진을 침

'알루스'에 진을 쳤던 이스라엘 자손은 다시 '알루스'를 떠나 와디 파
이란 계곡을 따라 이동하던 중 '르비딤'에 진을 쳤습니다. 그런데 이곳
은 백성이 마실 물이 없었습니다(출 17:1). 백성들은 모세에게 "우리에게 물을
주어 마시게 하라"라고 요구했고, 모세는 "어찌하여 너희가 나와 다투느냐? 어지하여
너희가 여호와를 시험하느냐"라고 말하며 다투었습니다(출 17:2).

백성들은 물이 없어 목마르게 되어 모세를 원망하며 "왜 이런 일을 행했느
냐? 너는 우리들을 나를 그리고 나의 아이들과 나의 가축들을, 목말라 죽게 하기 위해 애굽에
서부터 올라오게 했느냐?"라고 따졌습니다(출 17:3).

모세는 하나님께 "제가 이 백성들에게 어떻게 행해야 합니까? 조금 있으면 그들이 나
에게 돌로 죽일 것입니다"라고 부르짖었습니다(출 17:4). 이런 모세에게 하나님
께서는 네 번의 명령을 하셨습니다(출 17:6).

   "너는 백성들 앞을 건너 지나가라!",

르비딤
현재 '파이란 오아시스'(Feiran Oasis)지역을 르비딤으로 추정한다.

> **"너는 너와 함께 이스라엘 장로들을 취하라!",**
>
> **" 그리고 그것으로 하수(나일강)를 쳤던 너의 지팡이를 네 손에 잡으라!"**
>
> **" 그리고 너는 행하라!"**

4번의 명령 가운데 세 번째 명령은 어순 도치되어 '그것으로 하수(나일강)를 쳤던'으로 수식되는 '목적어(네 지팡이를)'가 강조되었습니다.

계속해서 하나님께서는 **"보라! 내가 네 앞에, 호렙산 반석 위에, 거기에 설 것이다"**(명사문장, 선언)라고 모세에게 선언하셨습니다. 그리고 계속해서 **"너는 그 반석을 치라 그러면 그것으로부터 물이 나올 것이다 그리고 그 백성들이 마실 것이다"**라고 말씀하셨습니다. 모세는 여호와 하나님께서 말씀하신 대로 이스라엘 장로들의 앞에서 그대로 행했습니다(출 17:6). 이 말씀대로라면 백성들은 모세가 반석을 쳐서 물을 내게 했던 것을 볼 수 없었습니다. 모세가 여호와 하나님의 명령대로 반석을 쳐서 물을 낸 것을 체험한 사람들은 장로들이었습니다. 이들의 체험이 이스라엘 자손들에게 전해졌을 것입니다.

모세는 이곳 이름을 '맛사' 또는 '므리바'고 불렀습니다. 이유는 이스라엘 자손이 다투었기 때문입니다. 그리고 그들은 **"여호와께서 우리들 가운데 계시느냐? 계시지 않느냐?"**라고 말하며 여호와를 시험했기 때문이었습니다(출 17:7).

> **그가 그곳 이름을 맛사 또는 므리바라 불렀으니 이는 이스라엘 자손이 다투었음이
> 요 또는 그들이 여호와를 시험하여 이르기를 여호와께서 우리 중에 계신가 안 계신
> 가 하였음이더라**(출 17:7)

현재 시나이 반도 내 대표적 오아시스로 많은 베두인들이 머무는 곳이 되었는데 이스라엘 자손들이 이곳을 지나갈 때에는 마실 물이 없었습니

현재 와디 파이란의 모습
와디 파이란 중 4Km정도 되는 지역에 종려나무가 자라는 파이란 오아시스가 있다. 이곳이 르비딤으로 추정되는 장소이다. by Terra Explorer

현재 르비딤(파이란 오아시스) 한 장소의 모습

다. 그렇다면 백성들의 원망을 들으신 하나님께서 모세를 통해 르비딤의 반석을 침으로 물을 주셨는데 이때 터진 샘이 현재까지 이곳을 오아시스로 만들었던 것을 생각할 수 있습니다.

　성도 여러분!

　하나님의 백성으로 살 것을 약속하고 지켜야 할 규례를 듣고 배웠지만 시내산을 떠나 얼마 지나지 않아 이스라엘 백성들은 자신들의 필요를 채우지 못했을 때 하나님을 원망하고 모세와 다투었음을 기억합시다. 생명을 유지하게 하는 물이 없었기에 다툼이 일어났지만 근본적인 것은 이스라엘 백성들의 인도자 되시고 구름 기둥과 불 기둥으로 인도하시는 하나님의 임재를 믿지 못했기 때문일 것입니다. 예수를 그리스도라 고백하고 하나님의 인도하심과 동행하심을 믿고 사는 오늘의 나는 내 필요를 채울 수 없다고 느꼈던 때가 있습니까? 만약 그때 하나님을 믿고 의지하지 못하고 사람이나 다른 수단을 통해 자신의 필요를 채우려 했다면 르비딤에서 하나님의 인도하심을 기다리지 못하고 모세를 대적하고 다투었던 이스라엘 백성들의 모습과 똑 같습니다. 말씀을 읽고 묵상하며 연구하는 것은 신앙의 선배들의 모습을 통해 지금 현재 나의 신앙을 점검하고 하나님의 구속사를 나의 삶을 통해 이루기 위한 것이라고 생각합니다.

오늘도 어려움을 만났을 때 르비딤에서 필요를 채워주실 때를 기다리지 못하고 다투었던 이스라엘 백성들과 같은 모습이 아니라 믿고 기다리며 하나님의 은혜를 구하는 하루가 되시길 기도합니다.

26일

르비딤에서
하나님이 도우심으로 승리한
아말렉과의 전쟁

오늘 날짜가 언급된 성경 사건은 없습니다. 오늘 날짜가 포함된 사건은 다음과 같습니다.

사건 1 제2월 10일부터 방주에 들어가 하나님의 명령을 감당하는 17일째로 하나님께서 말씀하신 대로 40일 동안 비가 내린 10일째

사건 2 노아 601년 제1월 1일 땅 위에 물이 마른 지 56일째로 땅이 완전히 말라 제2월 27일에 방주를 나오기까지 방주에 머무름

사건 3 라암셋을 떠난 지 42일째(제1월을 30일로 계산함), 홍해를 건너 시나이 반도로 들어와 광야를 걷기 시작한 35일째 날

사건 4 시내광야에 11개월 20일 머물던 이스라엘 백성이 하나님의 명령에 따라 약속의 땅을 향해 떠난 지 7일째

사건 5 히스기야 왕이 종교개혁을 단행하고 성전 청결케 한 후 유월절을 지키고 무교절 12일째

사건 6 주전 458년 2차 포로 귀환 시 제1월 1일 바벨론을 떠난 후 56일째로 아하와 강을 떠난 지 45일째(스 7:6-9, 8:15-36)

사건 7 하만이 제12월 13일에 유대인들을 죽이라는 조서를 써서 보낸 후 44일째 (더 3:12)

이스라엘 백성들이 르비딤에 머물 때 아말렉 족속이 힘이 없고 약해 일행에서 뒤떨어진 사람들을 죽였습니다. 이에 하나님께서는 아말렉과 싸우게 하셨는데 오늘은 아말렉과의 전쟁에 대해 살펴보겠습니다.

➊ 신광야에서 르비딤에 이르는 길

물이 없어 불평했던 이스라엘 자손들은 물 문제가 해결된 후 어느 정도 르비딤에 머물렀을 것입니다. 왜냐하면 신광야를 떠나 알루스를 거쳐 르비딤까지 오면서 와디를 통해 이동했는데 이 길이 700미터까지 높아지기 때문에 약하고 힘이 없었던 어린아이와 노약자들이 뒤떨어졌기 때문입니다. 신광야를 떠나 와디 파이란을 통해 진행하는 동안은 신광야 까지 이르는 해변 길보다 이동하기 힘들었을 것입니다. 산 사이의 와디를 이동했기에 행렬이 길게 늘어서게 되어 힘들고 지친 사람들은 점

신광야와 르비딤
신광야가 해변의 넓은 지역이라면 르비딤은 파이란 와디의 한 곳이다.

점 뒤로 밀려났을 것입니다.

넓은 광야지역이 아닌 파이란 와디를 통과하고 있기 때문에 진을 칠 때에도 하나님께서 말씀하신 대로 진을 치지 못했을 것입니다. 이처럼 힘든 여정으로 피곤하여 뒤떨어진 약한 자들이 있었는데 아말렉 족속은 힘들고 피곤해서 지쳐 뒤떨어진 백성들을 죽였습니다. 모세는 출애굽 40년이 마치는 해 **"곧 그들이**(아말렉) **하나님을 두려워하지 아니하고 너를 길에서 만나 너의 피곤함을 타서 네 뒤에 떨어진 약한 자들을 쳤느니라"**(신 25:18)고 언급합니다.

❷ 아말렉과의 전쟁에서 승리함

출애굽기 17:8은 **"그리고 아말렉이 이르렀다 그리고 그는**(아말렉은) **이스라엘과 르비딤에서 싸웠다"**로 시작합니다. '와우계속법-미완료'로 시작되는 아말렉과의 전쟁 사건은 반석을 통해 물을 준 사건과 시간적으로 맞물려 계속 진행되는 상황을 표현하고 있습니다.

모세는 여호수아에게 **"너는 우리를 위하여 사람들을 택하라!**(9a) **그리고 나가라!**(9b) **아말렉과 싸우라**(9c)"라고 명령합니다. 아말렉과의 전쟁 장면에서 처음으로 '여호수아'가 등장하는데 모세는 계속해서 여호수아에게 **"내일 내가 설 것이다"**(9d)라고 선언합니다. 모세는 인칭대명사 '아노키'(אָנֹכִי, 내가)를 써서 자신을 강조합니다. 하지만 모세는 자신을 강조하는 것이 아닙니다. 바로 다음에 모세는 **"내 손에는 그 하나님의 지팡이가 있다"**(8e)라고 말합니다. 이것은 '내가'(모세) 산 위에 설 것인데 더 중요한 '내 손'에 '하나님의 지팡이'가 있다는 것을 강조하는 것입니다. 출애굽기 17:8e는 명사형 문장으로 '하나님의 지팡이'와 '내 손안에는'이 모두 주어나 술어로 분석될 수 있습니다. 만약 **"주어**(내 손 안에는) **+ '술어'**(하나님의 지팡이가 있다)"로 이해하기를 원했다면 이것은 강조된 문장이고 '하나님의 지팡이'를 강조하고 있는 것입니다.

여호수아는 모세의 말대로 나가 아말렉과 싸웠습니다(출 17:10a). 모세와 아론은 여호수아에게 말했던 것처럼 산꼭대기로 올라갔습니다. 이때 출애굽기 17:10b는 어순 도치되어 '주어(모세와 아론과 훌)'가 강조 되었고, '와우계속법-미완료'로 진행되다 '완료'로 진행되며 '무엇을'이라는 사건에 관심을 갖게 합니다. 이 관심은 결국 모세가 하늘을 향해 '손을 드는 것'이었습니다. 문장은 '와우계속법-완료'로 진행되며 '주어(모세)의 행위가 그다음 행위로 어떻게 연결되는가'를 제시합니다. 11절은 "그리고 모세가 자기의 손을 높이 들고 있었다 그러면 이스라엘이 이겼다 그리고 그의 손을 내리고 (있었다) 그러면 아말렉이 이겼다"로 직역됩니다.

시간이 지나며 모세는 피곤했습니다. 12a는 명사문장으로 **"모세의 손들이(팔들이) 무거워졌다(피곤했다)"**로 시작하며 상황을 설명하고 있습니다. 이후 4개의 '와우계속법-미완료' 문장을 써서 모세의 팔이 내려오지 않게 하기 위해 순차적으로 진행된 상황을 서술하고 있습니다. 12e는 어순 도치되어 '주어(아론과 훌은)'를 강조하고 '완료'를 써서 '모세의 팔을' 드는 것에 관심을 갖게 합니다. 그 결과 모세의 팔은 해가 지도록 내려오지 않았습니다.

결국 여호수아는 아말렉을 쳐서 파했습니다(출 17:13). 여호수아가 승리한 후 여호와께서는 모세에게 말씀하셨습니다(14a). **"이것을 기념하여 책에 기록하라!"**(14b), **"그리고 내가 하늘들 아래에서부터 아말렉 기억하는 것을 완전히 씻어(지워)버리겠다는 사실을 여호수아의 귀에 넣어 두라!"**(14c)고 명령하셨습니다. 17:14c에서 '완전히 씻어(지워)버리겠다'는 '마하르'(씻다, 닦아내다)의 부정사 절대형이 동족목족어로 술어와 함께 쓰여 강조되었습니다.

모세는 단을 쌓았습니다. 그리고 그 단의 이름을 '여호와 닛시'(יְהוָה נִסִּי, 여호와는 나의 깃발이시다)라고 불렀습니다(출 17:15). 그리고 그 이유를 **"왜냐하면 손이 보좌 위에 있기 때문이다 여호와께서 아말렉과 대대로 싸우실 것이다"**(출 17:16)라고 말했습니다.

성도 여러분!
출애굽 한 이스라엘 자손들을 인도하시는 분은 여호와 하나님이십니다. 여호와 하나님께서는 그들의 조상들에게 약속했던 것을 기억하시고 언약을 이루시기 위해 이스라엘 자손들을 시내산으로 인도하고 계십니다. 아말렉 족속이 와서 약한 사람들을 죽였을 때 하나님께서는 아말렉 족속을 용서하지 않으셨습니다. 그런데 잊지 말아야 할 것은 아말렉에 대해 징계를 행하는 것은 여호와 하나님의 명령을 순종하는 여호수아와 싸우러 나간 이스라엘 자손들이고 이스라엘 자손들을 이기게 하시는 분은 여호와 하나님이시라는 것입니다. 전쟁에서 승리하게 된 원인은 하나님의 말씀대로 모세가 든 손이 내려오지 않는 것이었는데 아론과 훌의 도움으로 모세는 승리하기까지 손을 들고 있을 수 있었습니다. 이것은 승리가 전쟁을 하러 나간 이스라엘 백성들이 강함 때문이 아니고 하나님의 말씀을 믿고 순종하는 것에 있다는 것을 깨닫게 합니다. 오늘도 나의 힘으로 선한 싸움을 하는 것이 아니라 하나님을 믿고 그분의 말씀에 순종하는 행동으로 선한 싸움을 한다는 것을 잊지 않고 맡겨 주신 직분을 잘 감당하는 하루가 되시길 기도합니다.

27일

노아와 그의 가족들이
방주에서 나옴

제
2
月

오늘 날짜가 언급된 성경 사건은 노아와 그의 가족이 1년 10일 만에 방주에서 나온 사건이 있습니다. 오늘 날짜가 포함된 사건은 다음과 같습니다.

사건 1 제2월 10일부터 방주에 들어가 하나님의 명령을 감당하는 18일째로 하나님께서 말씀하신 대로 40일 동안 비가 내린 11일째

사건 2 노아 601년 제1월 1일 땅 위에 물이 마른 지 57일째로 땅이 완전히 말라 제2월 27일에 방주를 나오기까지 방주에 머무름

사건 3 라암셋을 떠난 지 43일째(제1월을 30일로 계산함), 홍해를 건너 시나이 반도로 들어와 광야를 걷기 시작한 36일째 날

사건 4 시내광야에 11개월 20일 머물던 이스라엘 백성이 하나님의 명령에 따라 약속의 땅을 향해 떠난 지 8일째

사건 5 히스기야 왕이 종교개혁을 단행하고 성전 청결케 한 후 유월절을 지키고 무교절 13일째

사건 6 주전 458년 2차 포로 귀환 시 제1월 1일 바벨론을 떠난 후 57일째로 아하와 강을 떠난 지 46일째(스 7:6-9, 8:15-36)

사건 7 하만이 제12월 13일에 유대인들을 죽이라는 조서를 써서 보낸 후 45일째 (더 3:12)

오늘은 방주에서 나온 노아와 그의 가족들의 행적에 대해 살펴보겠습니다.

❶ 노아와 그의 가족들 그리고 동물들이 방주에서 나옴

노아 601세 되던 해 제2월 27일인 오늘 땅 위의 물이 걷힌 후 57일 만에 땅이 완전히 말랐습니다(창 8:14). 창세기 8:14은 어순 도치되어 부사어인 '그 달 제2월 27일에'가 강조되었습니다. 하나님께서는 노아에게 **"너는 네 아내와 네 아들들과 네 며느리들과 함께 방주에서 나오라"**(창 8:16)고 명령하셨습니다. **"너와 함께 한 모든 혈육 있는 생물 곧 새와 가축과 땅에 기는 모든 것을 다 이끌어 내라 이것들이 땅에서 생육하고 땅에서 번성하리라"**(창 8:17)고 말씀하셨습니다. 창세기 8:17a는 어순 도치되어 목적어인 '너와 함께 한 모든 혈육 있는 생물을'이 강조되었는데 노아는 여호와 하나님의 말씀에 따라 그 아들들과 그의 아내와 그 며느리들과 함께 방주에서 나왔습니다(창 8:18). 그리고 땅 위의 동물 곧 모든 짐승과 모든 기는 것과 모든 새도 그 종류대로 방주에서 나왔습니다(창 8:19). 창세기 8:19은 어순 도치되어 주어인 '땅 위의 동물 곧 모든 짐승과 모든 기는 것과 모든 새는'이 강조되었습니다. 노아와 그의 가족들은 방주에서 1년하고도 10일을 머물렀습니다.

❷ 노아가 여호와께 제단을 쌓음

방주에서 나온 노아는 먼저 여호와께 제단을 쌓았습니다. 그리고 정결한 새 중에서 제물을 취해 번제로 제단에 드렸습니다(창 8:20). 여호와께서는 그 제물의 향기를 받으시고 그중심에 **"내가 다시는 사람으로 말미암아 땅을 저주하지 아니하리니 이는 사람의 마음이 계획하는 바가 어려서부터 악함이라 내가 전에**

행한 것 같이 모든 생물을 다시 멸하지 아니하리니(21) 땅이 있을 동안에는 심음과 거둠과 추위와 더위와 여름과 겨울과 낮과 밤이 쉬지 아니하리라"(창 8:21-22)고 하셨습니다. 창세기 8:22b는 어순 도치되어 주어인 '심음과 거둠, 추위와 더위, 여름과 겨울, 낮과 밤'이 강조되었습니다.

계속해서 하나님께서는 노아와 그 아들들에게 복을 주시며 그들에게 **"생육하고 번성하여 땅에 충만하라(1) 땅의 모든 짐승과 공중의 모든 새와 땅에 기는 모든 것과 바다의 모든 물고기가 너희를 두려워하며 너희를 무서워하리니 이것들은 너희의 손에 붙였음이니라(2) 모든 산 동물은 너희의 먹을 것이 될지라 채소 같이 내가 이것을 다 너희에게 주노라(3) 그러나 고기를 그 생명 되는 피째 먹지 말 것이니라(4) 내가 반드시 너희의 피 곧 너희의 생명의 피를 찾으리니 짐승이면 그 짐승에게서, 사람이나 사람의 형제면 그에게서 그의 생명을 찾으리라(5) 다른 사람의 피를 흘리면 그 사람의 피도 흘릴 것이니 이는 하나님이 자기 형상대로 사람을 지으셨음이니라(6) 너희는 생육하고 번성하며 땅에 가득하여 그중에서 번성하라"**(창 9:1-7)고 말씀하셨습니다. 창세기 9:3은 어순 도치되어 주어인 '모든 산 동물은'과 간접목적어인 '너희에게'가 강조되었습니다. 창세기 9:4은 어순 도치되어 목적어인 '고기를'이 강조되었습니다. 창세기 9:5c는 어순 도치되어 부사어인 '그 사람의 손으로부터 그 형제의 손으로부터'가 강조되었습니다. 창세기 9:7은 4개의 명령형이 쓰였는데 2인칭 인칭대명사 '너희는'이 쓰여 강조되었습니다.

❸ 하나님께서 노아와 그의 아들들에게 내 언약을 세우심

하나님께서는 노아와 그와 함께 한 아들들에게 **"내가 내 언약을 너희와 너희 후손과(9b) 너희와 함께 한 모든 생물 곧 너희와 함께 한 새와 가축과 땅의 모든 생물에게 세우리니 방주에서 나온 모든 것 곧 땅의 모든 짐승에게니라(10) 내가 너희와 언약을 세우리니 다시는 모든 생물을 홍수로 멸하지 아니할 것이라 땅을 멸할 홍수가 다시 있지 아니하리라"**

날짜별로 본 오늘의 성경 사건   367

(창 9:9b-11)고 말씀하셨습니다. 하나님께서는 **"내가 나와 너희와 및 너희와 함께 하는 모든 생물 사이에 대대로 영원히 세우는 언약의 증거는 이것이니라(12) 내가 내 무지개를 구름 속에 두었나니 이것이 나와 세상 사이의 언약의 증거니라(13) 내가 구름으로 땅을 덮을 때에 무지개가 구름 속에 나타나면(14) 내가 나와 너희와 및 육체를 가진 모든 생물 사이의 내 언약을 기억하리니 다시는 물이 모든 육체를 멸하는 홍수가 되지 아니할지라(15) 무지개가 구름 사이에 있으리니 내가 보고 나 하나님과 모든 육체를 가진 땅의 모든 생물 사이의 영원한 언약을 기억하리라"**(창 9:12-16)고 약속하셨습니다. 창세기 9:9b는 명사문장을 써서 '내가 내 언약을 너희와 너희 후손과 세우리라'고 선언하셨습니다. 창세기 9:13은 어순 도치되어 목적어인 '내 무지개를'이 강조되었습니다. 계속해서 하나님께서는 노아에게 **"내가 나와 땅에 있는 모든 생물 사이에 세운 언약의 증거가 이것이라"**(창 9:17)고 말씀하셨습니다.

성도 여러분!

하나님께서는 방주를 나온 노아와 그의 가족들 그리고 모든 짐승들에게 하나님의 '내언약'을 세우셨습니다. 그 언약은 다시는 물로 심판하지 않으시겠다는 것인데 영원한 언약의 증표로 하나님의 무지개를 구름 속에 두심으로 세상과 언약하셨습니다. 하나님의 언약은 지금까지 지켜지고 있습니다. 하나님께서는 세상을 물로 심판하지 않겠다는 약속은 지키실 것이지만 하나님의 구원을 소유하지 못하는 사람들은 불 심판을 받을 것입니다. 오늘도 하나님의 '내언약'을 기억하며 복음을 전하여 예수를 그리스도라 고백함으로 구원함을 받게 하는 하루가 되시길 기도합니다.

기쁨으로 지켰던 2주 동안 절기와
솔로몬 이후 기쁨이 없었던 이유

　오늘 날짜가 언급된 성경 사건은 없습니다. 오늘 날짜가 포함된 사건은 다음과 같습니다.

사건 1　제2월 10일부터 방주에 들어가 하나님의 명령을 감당하는 19일째로 하나님께서 말씀하신 대로 40일 동안 비가 내린 12일째

사건 2　라암셋을 떠난 지 44일째(제1월을 30일로 계산함), 홍해를 건너 시나이 반도로 들어와 광야를 걷기 시작한 37일째 날

사건 3　시내광야에 11개월 20일 머물던 이스라엘 백성이 하나님의 명령에 따라 약속의 땅을 향해 떠난 지 9일째

사건 4　히스기야 왕이 종교개혁을 단행하고 성전 청결케 한 후 유월절을 지키고 무교절 14일째

사건 5　주전 458년 2차 포로 귀환 시 제1월 1일 바벨론을 떠난 후 58일째로 아하와 강을 떠난 지 47일째(스 7:6-9, 8:15-36)

사건 6　하만이 제12월 13일에 유대인들을 죽이라는 조서를 써서 보낸 후 46일째 (더 3:12)

　오늘은 히스기야 왕이 단독 통치를 시작하며 성전을 청결케 하고 2주 동안의 절기를 지킨 마지막 날입니다. 오늘은 2주 동안 지켜졌던 절기에 대해 살펴보겠습니다.

❶ 솔로몬 때부터 예루살렘에 없었던 기쁨의 2주간

두 번의 절기를 지킨 이유에 대해 역대하 30:26-27에서는 절기를 지키는 것이 기쁨이었기 때문이라고 말합니다. 히스기야 때 성전을 청결케 하고 절기를 지킨 기쁨은 다윗의 아들 솔로몬 때부터 예루살렘에 없었던 기쁨이라고 말합니다. 기쁨이 넘치는 사람들, 곧 제사장들과 레위 사람들이 일어나서 백성을 위하여 축복하였고 축복하는 소리가 하늘에 들리고 그 기도 소리가 여호와의 거룩한 처소와 하늘까지 이르렀습니다. 그렇다면 솔로몬 때 이후 이러한 기쁨이 없었을까요?

> **예루살렘에 큰 기쁨이 있었으니 이스라엘 왕 다윗의 아들 솔로몬 때로부터 이러한 기쁨이 예루살렘에 없었더라**(대하 30:26) **그때에 제사장들과 레위 사람들이 일어나서 백성을 위하여 축복하였으니 그 소리가 하늘에 들리고 그 기도가 여호와의 거룩한 처소 하늘에 이르렀더라**(대하 30:27)

❷ 솔로몬이 여호와 하나님 앞에 범한 범죄

먼저 솔로몬이 하나님께서 머무실 성전을 짓고 절기를 지킬 때 왕과 모든 백성은 기뻐했을 것입니다. 그런데 성전을 지은 이후 솔로몬은 이방 여인을 아내로 삼으며 이방 신들을 위한 신전을 예루살렘에 짓게 하고 그들을 섬기게 했습니다. 당시 외국 공주가 그의 이웃나라의 왕과 결혼할 경우 그녀는 그녀의 새로운 나라에서 그녀의 본국 종교를 예배할 수 있는 시설을 갖게 하는 것이 통상적인 관례였습니다. 이방 신을 섬기는 제단을 세운다는 것은 그 후궁들과 그녀들의 민족에 대한 최대한의 편의를 제공하는 것이며 존경의 의미를 나타내는 것이었습니다.

솔로몬은 많은 외국인 왕비들을 위해 올리브(감람)산 비탈에 그녀들의 신을 예배하기 위해 신전들을 만들어 주었습니다. 이러한 조치는 **"아내를 많이 두어서 그 마음이 미혹되게 말 것이며..."**(신 17:17)라는 맥락에서 열왕기상 11장에서 책망되고 있습니다. 바로의 딸(왕상 3:1, 9:24, 11:1)의 경우에 양국의 관계는 대등한 관계이거나 약간을 솔로몬 측에서 애굽에 대해 복종적인 관계를 가졌지만 다른 대부분의 외국 부인들의 경우는 조공을 바치는 속국들로부터 온 것이거나 팔레스타인 내부나 외국의 봉신국 들에서 왔습니다.

> **솔로몬이 애굽의 왕 바로와 더불어 혼인 관계를 맺어 그의 딸을 맞이하고 다윗 성에 데려다가 두고 자기의 왕궁과 여호와의 성전과 예루살렘 주위의 성의 공사가 끝나기를 기다리니라**(왕상 3:1)
> **바로의 딸이 다윗 성에서부터 올라와 솔로몬이 그를 위하여 건축한 궁에 이를 때에 솔로몬이 밀로를 건축하였더라**(왕상 9:24)

후자의 경우라면 다신을 섬겼던 이방인들이 이스라엘 하나님의 성전에 경배하며 자신들의 신들도 섬기는 상징적인 모습을 만들어 내기 위해 성전 가까이에 외국 신들 이미지(제단)들을 세우도록 의도했을 수 있습니다. 솔로몬에게는 여호와께서 이스라엘 민족적 신 이상이며, 여러 백성들의 신들 위에 잠시 주도권을 행사하는 신이 아님을 보여주려 했을 수도 있습니다. 하지만 이러한 현상은 명백한 우상 숭배는 아닐지라도, **"다른 어떤 신들을 내 앞에 두지 말라"**(출 20:3)고 말씀하신 계명을 명백히 어긴 것입니다. 솔로몬은 이방 여인들을 취해 결혼을 했고 그녀들을 위한 신전을 만들었는데 하나님께서는 이런 솔로몬에게 두 번의 경고를 하셨습니다. 그러나 솔로몬은 깨닫지 못했고 나라가 둘로 나누어질 것이라는 경고를 듣게 됩니다(왕상 11:1-11). 통상외교적인 관례이든 혹은 여호와 신앙이 위대(?)한 것을 보여주려 했던 것이든 예언자들은 이스라엘의 하나님 앞에서 이방인의 종교 시설을 포함한 연합보다도 차라리 아무런 연관이 없는 것을 좋아했습니다.

> 그가 또 그의 이방 여인들을 위하여 다 그와 같이 한지라 그들이 자기의 신들에게 분향하며 제사하였더라(왕상 11:8) 솔로몬이 마음을 돌려 이스라엘의 하나님 여호와를 떠나므로 여호와께서 그에게 진노하시니라 여호와께서 일찍이 두 번이나 그에게 나타나시고(왕상 11:9) 이 일에 대하여 명령하사 다른 신을 따르지 말라 하셨으나 그가 여호와의 명령을 지키지 않았으므로(왕상 11:10) 여호와께서 솔로몬에게 말씀하시되 네게 이러한 일이 있었고 또 네가 내 언약과 내가 네게 명령한 법도를 지키지 아니하였으니 내가 반드시 이 나라를 네게서 빼앗아 네 신하에게 주리라(왕상 11:11)

히스기야 당시 확장된 예루살렘
솔로몬이 이방 신전을 세운 곳은 멸망산이라 불리는데 기드론 골짜기를 가운데 두고 여호와 하나님의 성전과 마주보는 자리이다.

가나안 원주민에게 있었던 바알신앙이 다윗에 의해 제거된 후 솔로몬의 잘못된 정치적 결혼정책으로 주변 나라의 공주들과 함께 이방 신들이 들어올 때 이방 신들의 영향력이 다시 이스라엘에 다시 들어왔습니다. 솔로몬이 이방 여인을 취하여 아내를 삼고 이방의 종교를 허용하고 예루살렘에 이방 신전을 지은 후 그의 아들 르호보암 때 나라는 분열됩니다. 두 나라 곧 남 유다와 북 이스라엘로 나뉘게 되었고 북 이스라엘을 지칭하여 '이스라엘'로 불렀습니다.

❸ 북이스라엘 초대 왕 여로보암의 거꾸로 가는 종교개혁

공회에서 이스라엘의 왕으로 선출된 여러보암은 새롭게 시작하는 왕국의 이념을 새롭게 할 필요가 있었습니다. 따라서 그는 가장 먼저 종교개혁(예루살렘의 여호와 신앙으로부터 거꾸로 가는 종교개혁)을 단행하여 북왕국의 종교적 이념적 기초를 닦았습니다. 종교를 새롭게 하기 위하여 여로보암은 새로운 하나님의 상징이 필요했습니다. 남쪽 유다 왕국이 법궤를 하나님의 임재의 상징으로 여기듯이 북쪽 왕국을 위한 여호와의 상징이 필요했습니다. 따라서 그는 이스라엘의 전통과 가장 가깝고, 고대 근동에서 널리 알려진 송아지를 여호와의 상징으로 채택하여 단과 벧엘에 두었습니다. 금송아지를 여호와가 임재하시고 서 계시는 발판으로 이해하였을 것입니다.

아피스에 대한 제사나 황소 신에 대한 숭배와 같이 금송아지를 숭배한 것이 아니라 금송아지를 보면서 그 위에 형상은 없지만 여호와를 생각하였다고도 생각합니다. 이로써 하나님의 임재의 상징이 남쪽은 법궤와 성전이고, 북쪽은 금송아지가 되어 제의의 대상이 되었습니다. 이후 사마리아(북이스라엘)가 송아지를 숭배하는 것은 호세아 8:5-6과 10:5-6에

단의 제단
여로보암이 만들었던 제단과 성소의 흔적이 남아 있다.

서 단적으로 잘 나타내주고 있습니다. 벧엘과 단에 세운 금송아지는 여호와께서 임재하시는 장소이든, 경배의 대상이든 여호와 신앙이 변질되기 시작하는 시초가 되었고 이것은 여로보암의 큰 죄가 되었습니다.

발굴된 송아지 모양의 형상

> 사마리아여 네 송아지는 버려졌느니라 내 진노가 무리를 향하여 타오르나니 그들이 어느 때에야 무죄하겠느냐(호 8:5) 이것은 이스라엘에서 나고 장인이 만든 것이라 참 신이 아니니 사마리아의 송아지가 산산조각이 나리라(호 8:6)
> 사마리아 주민이 벧아웬의 송아지로 말미암아 두려워할 것이라 그 백성이 슬퍼하며 그것을 기뻐하던 제사장들도 슬퍼하리니 이는 그의 영광이 떠나감이며(호 10:5) 그 송아지는 앗수르로 옮겨다가 예물로 야렙 왕에게 드리리니 에브라임은 수치를 받을 것이요 이스라엘은 자기들의 계책을 부끄러워할 것이며(호 10:6)

솔로몬의 이방 여인과의 결혼, 그리고 그녀들을 통한 이방 신의 영향으로 분열된 왕국은 남유다와 북이스라엘이라는 두 개의 정치체제를 형성하였습니다. 뿐만 아니라 분열된 후 북이스라엘의 여로보암은 북이스

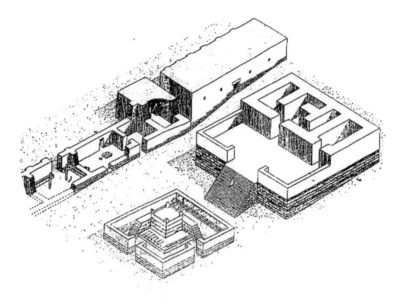
발굴된 근거로 제작한 여로보암이 단에 만들었던 제단과 성소의 상상도

라엘 백성들이 예루살렘과 성전의 영향을 받지 않도록 나름대로 종교정책을 펼쳤습니다. 이처럼 솔로몬이 죽은 후 그의 아들 르호보암 때 통일왕국이 둘로 나뉘고 분할 통치되면서 온 이스라엘이 함께 예루살렘에서 여호와의 절기를 지키지 못했습니다.

❹ 북이스라엘의 경건한 사람들까지 참여한 기쁨의 축제

역대하 30:26-27에서 예루살렘에 큰 기쁨이 있었다는 것은 히스기야의 종교개혁 후 완전하지는 않지만 북쪽의 지파들까지 참여하여 출애굽 하게 하신 여호와 신앙을 깨닫고 회복하는 여호와의 절기를 지켰기 때문입니다.

분열되었던 북이스라엘은 히스기야의 통치시기인 당시 앗수르에 의해 망했고(주전 722년), 남유다도 히스기야의 아버지 아하스 왕의 거꾸로 가는 종교정책으로 백성들의 신앙이 갈팡질팡했습니다. 이때 히스기야 왕은 단독 통치를 시작하며 제일 먼저 성전을 성결케 하고, 여호와 신앙을 회복을 선언하고 주도하였으며, 북이스라엘 백성까지 참여한 유월절과 무교절을 지켰던 것입니다. 이 기쁨으로 인해 2주 동안 절기를 지켰고 하나님께 큰 기쁨으로 감사했습니다. 오늘은 2주 동안 절기를 지킨 마지막 날입니다.

성도 여러분!

이 시대 예수를 그리스도라 고백하는 성도들의 삶에도 나 자신이나, 가족, 주변, 공동체 안의 분열되었던 것을 하나로 만드는 기쁨을 누려야 합니다. 그런데 그 시작은 여호와 하나님 신앙을 우선으로 생각하고 회복하는 것입니다. 사람들의 욕심으로 갈라진 틈에 사단의 영향력이 더해지면 하나님의 구속역사는 문제를 해결할 당사자가 나타날 때까지 기다리게 됩니다. 오늘도 하나님께서 여러분께 맡기신 교회, 공동체가 분열되지 않는 하나의 공동체로 하나님의 일을 감당하기를 기도하고, 분열된 상태라면 하나로 회복되시기를 기도하는 시작하는 하루가 되시길 소망합니다.

르비딤에서
시내 광야로 이동해
진을 침(출 19:1-2)

오늘 날짜가 언급된 성경 사건은 없습니다. 오늘 날짜가 포함된 사건은 다음과 같습니다.

사건 1   제2월 10일부터 방주에 들어가 하나님의 명령을 감당하는 20일째로 하나님께서 말씀하신 대로 40일 동안 비가 내린 13일째

사건 2   라암셋을 떠난 지 45일째(제1월을 30일로 계산함), 홍해를 건너 시나이 반도로 들어와 광야를 걷기 시작한 38일째 날

사건 3   시내광야에 11개월 20일 머물던 이스라엘 백성이 하나님의 명령에 따라 약속의 땅을 향해 떠난 지 10일째

사건 4   주전 458년 2차 포로 귀환 시 제1월 1일 바벨론을 떠난 후 59일째로 아하와 강을 떠난 지 48일째(스 7:6-9, 8:15-36)

사건 5   하만이 제12월 13일에 유대인들을 죽이라는 조서를 써서 보낸 후 47일째 (더 3:12)

오늘은 르비딤을 떠나 시내산 앞에 있는 시내 광야에 이르는 과정을 살펴보겠습니다(출 19:1-2).

이스라엘 자손이 애굽 땅을 떠난 지 삼 개월이 되던 날 그들이 시내 광야에 이르니라
(출 19:1) 그들이 르비딤을 떠나 시내 광야에 이르러 그 광야에 장막을 치되 이스라엘

이 거기 산 앞에 장막을 치니라(출 19:2)

❶ 시내산의 위치 논쟁

먼저 시내산의 위치에 대한 논란은 있습니다. 크게는 시나이 반도 내에 있다는 주장과 사우디아라비아에 있다는 주장이 있습니다. 초기 기독교 전승으로는 시나이 반도 남쪽에 있는 캐더린 수도원이 지어진 시내산이 모세가 올라가 십계명과 율법을 받았던 시내산으로 알려졌고 저도 동의합니다.

큰 맥락에서 사우디아라비아에 있는 라오즈산이 시내산이라고 주장하는 사람들은 이스라엘 자손이 건넌 홍해가 스웨즈만 홍해가 아니라 아카바만 홍해를 건넜다고 주장합니다(제1월 23일 시내산의 위치에 대하여① 참조).

떨기나무에서 주장되는 시내산(Al-Lawz)
떨기나무에서는 전통적으로 주장되는 시내 반도 내 시내산이 아닌 사우디아라비아 반도에 있는 산으로 사진의 왼쪽 윗부분 검게 그을린 산을 시내산이라 주장한다.

아카바만 홍해를 건넜다는 주장도 크게는 누에바 앞에서 홍해를 건넜다는 주장(아래 사진의 노란색 점선 경로)과 더 남쪽인 티란 해협을 건넜다는 주장 두 가지가 있습니다. 그런데 성경 속 사건들을 따라가다 보면 시내산은 최소한 시나이 반도 내에 있어야 합니다.

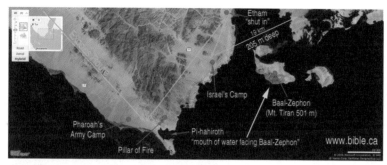

티란해협

사우디아라비아의 라오즈산이 진짜 시내산이며 이스라엘 자손이 건넌 것은 아카바만 홍해라고 주장하는 사람이 말하는 홍해 도하 위치 중, '티란해협(Straits of Tiran)' 역시, 그 18Km인데 바다의 깊이를 고려하지 않을지라도 밤 동안의 시간에 200만이 넘는 사람들과 그들의 가축들과 재물들을 이끌고 건너기는 힘들다.

② 성경을 근거로 한 시내산의 위치

성경적 근거에 의하여 결론을 말한다면 시내산의 위치가 사우디아라비아 쪽에 있다는 주장은 잘못된 것입니다. 기독교 전통적으로 전승되어 온 시내산이 성경적으로 비추어 볼 때 맞는 주장입니다. 시내산의 위치는 성경적으로 볼 때 최소한 시내 반도 안에 있어야 한합니다. 만약 시내산의 위치를 아카바만 홍해를 건넌 사우디아라비아 쪽이라고 주장하려면, 성경적으로 10가지 이상(성경구절로는 더 이상 많은 곳)의 문제를 해결해야 한다. 문제를 해결할 수 있는 방법은 성경내용을 고쳐야 하는 것인데 그럴 수는 없습니다.

성경에는 르비딤을 떠난 이스라엘 백성이 '제3월 1일'에 시내 광야에 도착했다고 말합니다(제3월 1일에 관련해서는 내일 설명). 언제 르비딤을 떠났는지 정확히 기록되지는 않았지만 전통적으로 주장되는 르비딤에서 시내광야까지의 이동이 현재 성지답사시 사용하는 코스였다면(가장 쉽게 접근할 수 있

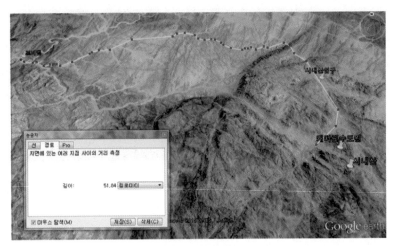

시내 광야까지의 가능한 이동 경로

는 길) 50Km 이상을 이동해야 했습니다. 구글 지도상으로도 더 짧게 보이는 코스가 보이지만 중간에 약간 높은 지역을 지나야 했기에 약 200만 명이 넘는 사람들과 많은 가축들이 이동하기 위해서는 더 편한 길이 선택되어야 했을 것입니다.

르비딤을 떠나 이스라엘 자손은 마침내 하나님께서 모세를 만나셨고 사명을 주셨던 시내산 밑 시내 광야에 도착합니다(제3월 1일). 이들은 이곳에서 11개월 20일을 머무르며 하나님의 백성으로 태어나게 됩니다.

성도 여러분!
'시내산의 위치가 어디인가?'를 알지 못한다고 해도 구원을 받는 것에는 문제가 없을 것입니다. 그런데 성경 내용에 맞지 않는 산이 시내산이라고 말하며 성도들을 혼란케 하는 것은 문제가 있습니다. 더 나아가 정확히 알지 못하고 확인하지 않은 채 말을 옮겨 성도들의 마음을 괴롭

시내산과 모세 기념교회
전통적으로 생각되어 온 시내 반도 남쪽의 시내산 사진의 원 안에 모세 기념교회가 있다.

게 하고 다른 정보를 가진 성도끼리 싸움을 하게 하는 것은 더 문제입니다. 하나님의 구속 역사가 담긴 성경 사건을 더욱 정확하게 알려고 노력하는 모습을 보이고 과학이나 고고학적 근거에 바탕을 두고 성경을 재단하는 것이 아니라 성경에 권위를 인정하고 성경을 우선하여 연구하고 말씀을 이해하는 바른 신앙을 가지시기를 기도합니다.